Michelangelo Picone / Bernhard Zimmermann (Hrsg.) · Ovidius redivivus

Michelangelo Picone /
Bernhard Zimmermann (Hrsg.)

Ovidius redivivus

Von Ovid zu Dante

M&P
VERLAG FÜR WISSENSCHAFT
UND FORSCHUNG

Die Deutsche Bibliothek – CIP-Einheitsaufnahme

Ovidius redivivus : von Ovid zu Dante / Michelangelo Picone ;
Bernhard Zimmermann (Hrsg.). – Stuttgart : M und P, Verl. für
Wiss. und Forschung, 1994
ISBN 978-3-476-45058-6
NE: Picone, Michelangelo [Hrsg.]

ISBN 978-3-476-45058-6
ISBN 978-3-476-04215-6 (eBook)
DOI 10.1007/978-3-476-04215-6

M & P Verlag für Wissenschaft und Forschung
ein Verlag der J. B. Metzlerschen Verlagsbuchhandlung und
Carl Ernst Poeschel Verlag GmbH in Stuttgart

Ursprünglich erschienen bei J. B. Metzlersche Verlagsbuchhandlung und Carl Ernst
Poeschel Verlag GmbH in Stuttgart 1994

Inhalt

Vorwort

Vorliegender Sammelband geht aus einer interdisziplinären Ringvorlesung hervor, die im Wintersemester 1991/92 an der Universität Zürich stattfand. Ziel der Veranstaltung war es, ausgehend von zentralen Aspekten der Werke Ovids, die wichtigsten Etappen seiner Rezeption von der Silbernen Latinität (Statius) über die *ateas Ovidiana* und Troubadourslyrik hin zum *Ovide moralisé* und zu Dante exemplarisch zu beleuchten.

Häufig vorkommende Werke der Sekundärliteratur sind in den Beiträgen nur mit dem Verfassernamen und Jahreszahl zitiert und in die zusammenfassende abschließende Bibliographie aufgenommen.

Zürich/Düsseldorf, im Mai 1994

Michelangelo Picone
Bernhard Zimmermann

Ille ego qui fuerim, tenerorum lusor amorum

Zur Poetik der Liebesdichtungen Ovids

Bernhard Zimmermann
(Heinrich-Heine-Universität Düsseldorf)

I.
Einleitung

"Abstoßend auf den modernen Leser wirkt die große Frivolität, die sich in diesen Dichtungen unverhüllt hervorwagt, dabei noch öfters erborgt ist /.../ Ein Band zwischen Leben und Dichtung besteht nicht. Nur wenige sind von dem Goldschimmer reiner Empfindung umwoben; die Mehrzahl schmeckt durchweg nach den Kunstgriffen und Blendwerken der Rhetorenschule."[1]

Die wenigen Zeilen aus der Römischen Literaturgeschichte von Schanz und Hosius - der entsprechende Band in dem Nachfolgeunternehmen von Herzog und Schmidt liegt noch nicht vor - enthalten wohl alle Vor- und Fehlurteile, denen sich Ovids Liebesdichtungen *(Amores, Ars, Remedia, Heroides)* in der Philologie ausgesetzt sahen. Die Frivolität und Lebensferne, der rhetorische Charakter und die mangelnde Empfindung und schließlich die fehlende Originalität, die Abhängigkeit von griechischen oder römischen Dichtungen, sind die Topoi, mit denen man Ovids Elegien zu charakterisieren oder vielmehr abzuwerten pflegte. Aufgrund dieser Haltung ist Ovid wohl der augusteische Klassiker, der sich der geringsten Beachtung erfreuen konnte und zu dem bis heute bezeichnenderweise eine befriedigende Gesamtdarstellung fehlt.[2]

In den letzten Jahren ist allerdings eine gegenläufige Bewegung zu bemerken.[3] Ovid erfreut sich immer größerer Beliebtheit, nicht nur in der Klassischen Philologie, sondern auch in der modernen Literatur - erinnert sei nur an Ransmayrs Ovid-Roman *Die letzte Welt* (1988)[4]. Die Blüte, die Ovid momentan in der Klassischen Philologie erlebt, hängt sicherlich nicht nur damit zusammen, daß er noch genügend unbeackerten Boden oder noch wenig traktierte Gebiete für neue Studien bietet. Vielmehr wird der

---

1 Schanz - Hosius 1935: 213.

2 Fränkel 1945 stellt eine Ausnahme dar und ist bezeichnenderweise in Amerika erschienen.

3 Vgl. zuletzt Holzberg 1990: 87ff. (mit Literaturüberblick 121ff.); v. Albrecht 1992: 623ff.; Döpp 1992. Bd. 33, 4 von *Aufstieg und Niedergang der römischen Welt (ANRW)* (1981) ist Ovid gewidmet; darin ausführliche Bibliographien und Forschungsüberblicke. - In einer Reihe von Arbeiten hat sich vor allem Erich Burck um die römische Liebeselegie verdient gemacht; jetzt nachgedruckt in Burck 1966 und 1981.

4 Vgl. die Besprechung von M. Fuhrmann, Arbitrium 2, 1989, 250-4.

Hauptgrund darin zu sehen sein, daß Ovid in seiner kritischen Auseinandersetzung mit dem offiziellen Rom des Augustus in der Gegenwart auf größeres Interesse stößt, daß aufgrund der Erfahrungen der Jahre 1993-1945 und des Kalten Krieges ein stärkeres Gespür für die Probleme eines im Exil oder in der Verbannung lebenden Autors erwachsen ist[5] und daß - dieser Aspekt der Dichtungen Ovids rückt gerade in den letzten Jahren immer mehr in das Zentrum des wissenschaftlichen Interesses - das literarische Spiel Ovids unter den Gesichtspunkten der Intertextualitästheorie mehr Beachtung findet.[6]

In der folgenden Untersuchung soll diese Auseinandersetzung des Ovid mit den augusteischen Elegikern Gallus, Properz und Tibull als Ausgangspunkt genommen werden,[7] um auf Besonderheiten von Ovids elegischen Dichtungen hinzuweisen, um seine literarische Technik herauszuarbeiten und um zu zeigen, wie Ovid in der Auseinandersetzung mit seinen Vorgängern und Zeitgenossen sich selbst und sein literarisches Schaffen definiert und in seinen Liebeselegien eine (implizite) Poetik seiner elegischen Dichtungen entwirft.

II.
Liebe und Literatur - Liebe als Literatur

Als programmatische Einleitung der neuen, auf drei Bücher reduzierten Ausgabe der *Amores*[8] kommt dem ersten Gedicht in der Komposition des Werks natürlich eine herausragende Stellung und Bedeutung zu: Vor der Folie der Eröffnungselegien seiner Vorgänger Tibull und Properz gibt Ovid die Eigenheit seiner Dichtung zu erkennen. Die Eröffnung von Ovids Programmgedicht sollte insbesondere vor dem Hintergrund der ersten Verse (1-8) des Eröffnungsgedichts des Properz gelesen werden:

Cynthia prima suis me cepit ocellis,
contactum nullis ante cupidinibus.
tum mihi constantis deiecit lumina fastus
et caput impositis pressit Amor pedibus,
donec me docuit castas odisse puellas
improbus, et nullo vivere consilio.
et mihi iam toto furor hic non deficit anno,
cum tamen adversos cogor habere deos.

---

5 Vgl. Ehlers 1988; Stroh 1981.

6 Vgl. Steudel 1992.

7 Ovids Verhältnis zu Vergil, Horaz und Catull kann in diesem Zusammenhang nicht behandelt werden; vgl. dazu Keul 1989.

8 Vgl. das Eröffnungsepigramm *Qui modo Nasonis fueramus quinque libelli / tres sumus* (Eben noch fünf an der Zahl, von Ovid fünf stattliche Bücher, / Sind wir nun drei).

Cynthia war es zuerst, die mich Ärmsten mit Blicken gefangen;
Hatte mich doch noch nie früher die Liebe berührt.
Da hat mich Amor gezwungen, die Augen in Demut zu senken,
Die so verachtend geschaut, setzte den Fuß mir aufs Haupt,
Bis er mich schließlich gelehrt, die züchtigen Mädchen zu hassen,
Daß ich so ganz ohne Ziel lebe, der grausame Gott.
Und nun verläßt schon ein Jahr mich nie die Glut dieser Liebe,
Da ich zu dulden verdammt, daß mir die Götter nur feind.[9]

Der Erzähler, der über sein Schicksal reflektiert, das elegische Ich, ist von seiner ersten Liebe nicht in der Jugend, sondern in späteren Jahren (17 *tardus Amor*) gepackt worden (1f.). Leitmotivisch steht der Name der Angebeteten an der ersten Stelle: Cynthia. Die Liebe, zu der Cynthia ihn hinreißt, ist wie eine Naturgewalt, der kein Widerstand entgegengebracht werden kann.[10] Er wird gezwungen, die traditionellen Werte der römischen Gesellschaft zu verachten (4f.), ohne Lebensplan *(consilium vitae)*, allein der Liebe ergeben, dahinzuleben.

Eine ähnliche Ablehung der offiziellen römischen Normen drückt auch Tibulls Einleitungsgedicht aus (43ff., besonders 53-58):

te bellare decet terra, Messalla, marique,
ut domus hostiles praeferat exuvias:
me retinent vinctum formosae vincla puellae,
et sedeo duras ianitor ante fores.[11]
non ego laudari curo, mea Delia: tecum
dum modo sim, quaeso segnis inersque vocer.[12]

Dir, Messalla, geziemt der Krieg zur See und zu Lande:
Prangend zeige dein Haus, was du erbeutest vom Feind!
Mich aber halten gefesselt die Bande des lieblichen Weibes,
und vor der fühllosen Tür harr' ich als Hüter getreu.
Mich verlangt's nicht nach Ruhm, meine Delia: dürft' ich bei dir nur

---

9 Übersetzung nach Helm 1965.

10 Das Motiv des Feuers *(ignis)* und des Brandes *(uri)* sowie des Liebeswahnsinns *(furor amoris)* gehören zum traditionellen Motivrepertoire der römischen Liebeselegie; ebenso typisch ist die Umdeutung militärischen Vokabulars auf die Liebe; vgl. Ovids *Militat omnis amans* (*Am.* I 9).

11 Anspielung auf die typische Situation des Paraklausithyrons, des vor verschlossener Tür gesungenen Ständchens; vgl. Ovid, *Am.* I 6. Vgl. dazu Copley 1981.

12 Zu diesem Motiv vgl. Ovid, *Am.* I 9, 31f. *ergo desidiam quicumque vocabat amorem, / desinat: ingenii est experientis Amor.*

Sein, ich ließe mich gern saumselig nenen und träg.[13]

Messalla[14] mag Krieg führen und Ruhm ernten. Tibull dagegen will sein Leben im *servitium amoris* Delia widmen, abseits dem Getriebe der Stadt in einer ländlichen Idylle.[15] Wenn man die Eröffnungsgedichte Tibulls und Properzens vergleicht, hat das Gedicht des Tibull im Hinblick auf die Auseinandersetzung mit dem traditionellen Wertesystem größere Brisanz: Properz siedelt die Schilderung seines *furor amoris* in einer nicht festgelegten, zeitlosen Umgebung an. Lediglich der traditionell römische Hintergrund, von dem sich das elegische Ich absetzen will, wird durch Signalwörter *(consilium vitae; castitas, constantia)* evoziert. Anders Tibull: Durch die Erwähnung seines Förderers Messalla versieht der Dichter die beiden Lebenshaltungen, die des aktiven Politikers und die des nur der Liebe lebenden Dichters, mit Fleisch und Blut, er verankert sie damit im realen Leben.[16]

Wenden wir uns vor der Folie dieser beiden Gedichte dem Eröffnungsgedicht der *Amores* zu:

Arma gravi numero violentaque bella parabam
edere, materia conveniente modis.[17]
par erat inferior versus; risisse Cupido
dicitur atque unum surripuisse pedem.
'quis tibi, saeve puer, dedit hoc in carmina iuris?
Pieridum vates, non tua, turba sumus.
quid, si praeripiat flavae Venus arma Minervae,
ventilet accensas flava Minerva faces?
quis probet in silvis Cererem regnare iugosis,
lege pharetratae virginis arva coli?
crinibus insignem quis acuta cuspide Phoebum
instruat, Aoniam Marte movente lyram?
sunt tibi magna, puer, nimiumque potentia regna:
cur opus adfectas ambitiose novum?
an, quod ubique, tuum est? tua sunt Heliconia tempe?
vix etiam Phoebo iam lyra tuta sua est?
cum bene surrexit versu nova pagina primo,
attenuat nervos proximus ille meos.
nec mihi materia est numeris levioribus apta,
aut puer aut longas compta puella comas."

---

13 Übersetzung nach Willige 1966.

14 Zu Messalla und dem Messalla-Kreis vgl. Tränkle 1990: 12ff.

15 Vgl. 41ff. die behagliche Schilderung der ländlichen Zufriedenheit. Zu Tibull I 1 vgl. Wimmel 1976.

16 Vgl. auch Horaz, *Oden* I 1: Bei Horaz steht jedoch die Mäcenas-Anrede außerhalb der Gedankenführung der Priamel des Gedichts.

17 Vgl. auch *Am*. I 3, 19.

questus eram,[18] *pharetra cum protinus ille soluta*
legit in exitium spicula facta meum
lunavitque genu sinuosum fortiter arcum
"quod"que "canas, vates, accipe" dixit "opus."[19]
me miserum![20] *certas habuit puer ille sagittas:*
uror, et in vacuo pectore regnat Amor.
sex mihi surgat opus numeris, in quinque residat;[21]
ferrea cum vestris bella valete modis.
cingere litorea flaventia tempora myrto,[22]
Musa per undenos emodulanda pedes.

Waffen in wuchtigem Takt und blutige Schlachten zu künden
Schickt ich mich an, und dem Stoff sollte sich fügen die Form.
Gleichlang reihte sich Vers an Vers. Da hat wohl Cupido,
Scheint es, da droben gelacht, stahl aus dem Vers einen Fuß.
"Wer, du grimmiges Kind, wer gab dir ein Recht an Gedichten?
Musen bin ich im Dienst, steh nicht in deiner Gewalt.
Darf wohl Venus die Wehr der blonden Minerva entreißen,
Und Minerva entfacht glimmende Fackeln zum Brand?
Wär es erträglich und recht, wenn im Bergwald Ceres geböte,
Und nach Dianas Geheiß würden die Felder bestellt?
Und für den zarten Apoll wär der Spieß in den Händen das Rechte?
Endlich, was wäre ein Mars, der mit der Leier sich müht?
Groß ist, Knabe, dein Reich und allzumächtig dein Walten:
Hast du denn noch nicht genug, forderst ein neues Gebiet?
Soll dir denn alles gehören? Ist dein auch Helikons Frieden,
Und muß selber Apoll bangen um Leier und Lied?
Kräftig hebt sich und steht Vers eins auf der Seite, der neuen:
Aber der zweite sodann mindert und kürzt mir die Kraft.
Auch an geeigneten Stoffen für leichteren Takt gebricht mirs,
Hab keinen Knaben und kein Mädchen im Lockengeflecht."
Also grollt ich, und schon hat der Gott den Köcher gelüftet,
Hat die Geschosse gewählt, mir zum Verderben gespitzt,

---

18 Entscheidend ist, daß die Klage eine literarische Beschwerde ist.

19 Vgl. Horaz, *Carm.* I 1, 35.

20 Vgl. Properz I 1.

21 Das Ganze ist also eine literarische Entscheidung, impliziert doch die Wahl des Metrums die Wahl der Gattung.

22 Vgl. Horaz, *Carm.* I 1, 29f.

Wölbt mit dem Knie wie ein Mann und spannt den gerundeten Bogen,
ruft: "Empfange, Poet, hier den geeignten Stoff!"
Ach und ich Armer! es führt fern treffende Pfeile der Knabe!
Schon erfaßt mich der Brand, Amor befiehlt nun und herrscht.
Sei's denn: es steige das Lied im Sechstakt, sinke in fünfen!
Klirrender Krieg fahr dahin samt deinem heldischen Vers!
Kränze mit Myrte vom Strand deine Stirn und die schimmernden Locken,
Muse, der nun in elf Takten ertönt das Gedicht.[23]

Unverkennbar siedelt Ovid sein Gedicht von Anfang an in einer rein literarisches Umgebung an. Er war dabei, ein Epos im Stile von Vergils Aeneis zu dichten,[24] und verwendete den dazu passenden katalektischen daktylischen Hexameter, als er von Cupido in seinem Tun gestört wurde:[25] Der Liebesgott entwendet ihm lachend einen Versfuß und macht aus dem Hexameter einen Pentameter, zwingt ihn also dazu, in elegischen Distichen zu dichten.

Mit diesen Eröffnungsversen evoziert Ovid den Prolog der *Aitia* des Kallimachos, in dem der Dichter von Apollon dazu aufgefordert wird, sich kleinen Formen der Dichtung zuzuwenden (Fr. 1, 21-29 Pfeiffer). Diese Passage des Kallimachos wurde von Properz (III 3), Vergil (*Ekloge* VI 3f.) und Horaz (*Carm.* IV 15, vgl. auch IV 2, 27f.) aufgenommen.[26] Properz, Horaz und Vergil spielen auf die Kallimacheische Dichterweihe in apologetischer Absicht an, um ihre Ablehung, ein Epos zu verfassen, durch den göttlichen Auftrag sozusagen abzusichern *(Recusatio-Topik)*. Indem Ovid in seinem Eröffnungsgedicht das Kallimacheische Modell aufnimmt, bezweckt er zweierlei: Er stellt sich zunächst einmal in die Tradition der hellenistischen Poetik der Kleinform,[27] damit natürlich auch in die Tradition des Horaz, Properz und der Eklogen des Vergil. Wichtiger jedoch als diese schon topische Bezugnahme auf Kallimachos und die von ihm vertretene Kleinform sind die Unterschiede, durch die sich Ovids Text vor den anderen auszeichnet. Ovid betont, daß nicht mangelnde Könnerschaft oder fehlende Begabung ihn davon abgehalten hätten, ein Epos zu schreiben, und zur Elegie, also zur Kleinform, gebracht hätten, sondern daß es ein Willkürakt Cupidos gewesen sei.[28] Schrieb er doch

23 Übersetzungen aus Ovids *Amores* nach Marg - Harder 1984.

24 Vgl. Ovid, *Am.* I 1,1: *Arma gravi numero* mit Vergil, *Aen.* I 1: *Arma virumque cano;* die metrische Form und Dihärese sind identisch.

25 Vgl. Properz II 34, 63f; McKeown 1989: 12.

26 Vgl. dazu Wimmel 1960.

27 Vgl. Pfeiffer 1949: 9 (zu V. 23).

28 Vgl. auch die Einleitung zum zweiten Buch, V. 3: *hoc quoque iussit Amor*.

bereits an einem Epos.[29] In II 1 wird noch einmal - im Rückblick auf I 1 - unterstrichen, daß Ovid auch genügend Genie für epische Dichtung besitze (II 1, 11f.):

ausus eram, memini, caelestia dicere bella
centimanumque Gyen - et satis oris erat -

Einstmals hatt ichs gewagt und sang die Schlachten der Götter,
Hundertarm und Gigant - und meine Stimme bezwangs.

Daß die Hinwendung zur Elegie deshalb nicht als Entscheidung fürs Leben, sondern nur als vorübergehende Phase seines literarischen Werdegangs aufzufassen ist, betont Ovid mehrfach. In III 1 erwirkt er sich einen kurzfristigen Aufschub von der Tragödie, um sein letztes Buch *Amores* zu vollenden (69f.):[30]

mota dedit veniam (sc. Tragoedia). teneri properentur Amores,
dum vacat: a tergo grandius urguet opus.

Sie war bewegt und gewährts. Eilt, zärtliche Weisen der Liebe,
Wie es noch Zeit! Schon drängt rückwärts ein größeres Werk.

Und in den Abschiedsworten von der Gattung Liebeselegie in III 15 wird ebenfalls auf ein größeres und erhabeneres Werk vorausgewiesen (17-20):

corniger increpuit thyrso graviore Lyaeus:
pulsanda est magnis area maior equis.
inbelles elegi, genialis Musa, valete,
post mea mansurum fata superstes opus.

Bacchus, hörnergeschmückt, hat mit wuchtigem Stab mich berufen:
Mit einem sträkren Gespann muß ich durch weitere Bahn.
Sanftes elegisches Lied,.leb wohl, du heitere Muse!
Sind meine Tage erfüllt, dauerst du weiter, mein Werk!

Diese Passagen verdeutlichen, daß Ovids Hinwendung zur Elegie als rein literarische Entscheidung zu betrachten ist. Seiner Wahl eines

29 Vgl. auch den Rückblick auf I 1 in II 18, 3f.: *nos, Macer, ignava Veneris cessamus in umbra / et tener ausuros grandia frangit Amor.*

30 Die erhabenen Gattungen sind in den *Amores* Epos und Tragödie. Die Verschiebung zur Tragödie kann wohl daraus erklärt werden, daß Ovid inzwischen seine *Medea* verfaßt hatte.

literarischen Genus liegt keine Ausschließlichkeit zugrunde, keine bestimmte Lebenshaltung wie bei Gallus, Properz und Tibull. So ironisiert denn auch Ovid selbst gleich zu Beginn seine Berufung zum elegischen Dichter, seine Dichterweihe durch *dicitur* in V. 4.[31]

Daß Ovids Wahl als rein literarische Entscheidung aufzufassen ist, wird in erster Linie auch dadurch unterstrichen, daß Cupido dem Dichter zunächst, bevor er ihn mit seinem Pfeil trifft, einen Versfuß[32] stiehlt und so den Hexameter zum Pentameter macht:[33] Der Dichter ist also aus metrischen, d.h. formalen Gründen zur Elegie gekommen!

Damit kommen wir zu einem zweiten Unterschied zu Properzens Eröffnungsgedicht:[34] Während Properz durch seine Liebe zu Cynthia, die sein Elegien-Buch leitmotivisch eröffnet, zur Liebesdichtung kommt,[35] fehlt Ovid der passende Stoff (V. 2: *materia conveniens* bzw. V. 19: *materia apta*)[36] zur Liebesdichtung - er wollte ja über *arma* und *bella* schreiben -, es fehlt ihm ein Objekt seiner Liebe und damit eine Protagonistin seiner Liebesdichtung. Amor zwingt ihn zur Liebesdichtung.[37] Dies bringt in nuce den Unterschied zu Properz am deutlichsten zum Ausdruck: Bei Ovid steht vor der Dichtung die literarische Entscheidung, er dichtet, ohne eine *puella* zu lieben, seine Liebesflammen, die Amors Pfeilschuß auslöst, sind unspezifisch, nicht auf eine bestimmte *puella* oder *domina* fixiert. Nicht die *puella* bringt den Dichter zur Liebesdichtung, sondern Amor/Cupido inspiriert das *ingenium* des Dichters, sein dichterisches Genie dazu (vgl. V. 24: *quodque canas, vates, accipe, dixit, opus*).

Die folgenden vier Gedichte des ersten Buchs führen die Folgen von Amors Pfeilschuß vor; die Vorstellung *in vacuo pectore regnat Amor* wird

---

31 *risisse Cupido / dicitur atque unum surripuisse pedem;* vgl. MacKeown 1989: 14.

32 *pes* = metrischer terminus technicus.

33 Vgl. auch II 17, 21f.: *carminis hoc ipsum genus impar, sed tamen apte / iungitur herous cum breviore modo.* Dies mein eignes Gedicht paart ungleiche Zeilen, doch passend / Reihts an den epischen Vers klein und bescheidenes Maß. Vgl. auch *Tristien* III 1, 11f.: *clauda quod alterno subsidunt carmina versu / vel pedis hoc ratio, vel via longa facit* Daß diese Dichtungen hinkend mit zweierlei Versen einhergehn, / kommt von des Versmaßes Art oder der Weite des Wegs. Übersetzung Willige 1990

34 Anders ist es bei Tibull, bei dem die Liebe erst in V. 46 erwähnt wird, Delia gar erst in 57ff.

35 *Cynthia prima suis miserum me cepit ocellis.*

36 Zu *materia* als literarischem terminus technicus vgl. Horaz, *Ars poetica* 38f.: *sumite materiam vestris, qui scribitis, aequam / viribus.* Vgl. Brink 1971: 122f. Zu *convenire, conveniens* als terminus technicus vgl. Horaz, *Ars poetica* 225f. und vor allem 315f.: *ille profecto / reddere personae scit convenientia cuique.* Vgl. auch dazu Brink 1971: 281 und 342; zu *aptus* vgl. Horaz, *Ars poetica* 81.

37 Vgl. V. 26: *uror, et in vacuo pectore regnat Amor.*

ausgefüllt. Ovid läßt die *materia* seiner elegischen Dichtungen langsam vor den Augen seines Lesers entstehen.[38]

So nimmt I 2 unmittelbar den Leitgedanken des *vacuum pectus* und des Pfeilschusses auf:

Esse quid hoc dicam, quod tam mihi dura videntur
strata, neque in lecto pallia nostra sedent,
et vacuus somno noctem, quam longa peregi,
lassaque versati corporis ossa dolent?
nam, puto, sentirem, si quo temptarer amore -
an subit et tecta callidus arte nocet?
sic erit: haeserunt tenues in corde sagittae,
et possessa ferus pectora versat Amor.

Was hat das zu bedeuten? Das Lager kommt mir so hart vor,
Und es fährt auf dem Bett Laken und Decke daher.
Schlaflos hab ich die Nacht - wie währte sie lange! - gelegen,
Hab mich gewälzt und noch jetzt spür ich im Leib das Gebein.
Fiel eine Liebe mich an, ich denk doch, ich müßte es merken.
Oder schleicht sie und wirkt heimlich und listig versteckt?
Das wird es sein! Der Pfeil, der spitzige, hängt schon im Herzen,
Amor ist da! Ein Tyrann herrscht er und wühlt in der Brust.

Die Bezüge zum Eröffnungsgedicht sind überdeutlich, vor allem zwischen I 25f. und II 7f. Doch auch hier läßt sich neben der narrativen Ebene, der Liebeshandlung, die poetologische aufdecken. Hatten in I 25 die Pfeile das Epitheton treffsicher *(certae)*, erhalten sie jetzt das Adjektiv *tenues* 'zart'. *Tenuis* ist, vor allem *grandis* und ähnlichem entgegengesetzt, gleichsam das Programmwort Ovids, um seine Dichtung in die Tradition des Kallimachos zu stellen.[39] So erscheint das Adjektiv nicht zufällig im zweiten Vers von Vergils *1.Ekloge,* und zwar in unmittelbarer Nähe von *Musa*:

Tityre, tu patulae recubans sub tegmine fagi
silvestrem tenui Musam meditaris avena:

Tityrus, unter dem Dach der schattigen Buche gelagert,

38 Zur *puella* als *materia* des Dichters vgl. II 17, 33f.: *nec nisi tu nostris cantabitur ulla libellis / ingenio causas tu dabis una meo.* Ebensowenig wird je mein Lied eine andere loben: / Du und für immer nur du gibst meinem Dichten den Grund.

39 Vgl. auch *Am.* I 1, 18 *attenuare*.

Pfeifst du, dir selber zur Lust, auf geschnittenem Halme dein
Waldlied.[40]

Servius in seinem Kommentar weist auf den Signalcharakter des Epithetons hin: *dicendo ... tenui avena, stili genus humilis latenter ostendit.*[41]

Als neuer Gefangener Amors muß sich der Dichter in den Triumphzug des Gottes einreihen. Mit ihm ziehen die Personifikationen der offiziellen Werte, vertreten durch die *bona mens* und den *pudor*. Ovid setzt damit die Vorstellung, die auch Properzens Eröffnungsgedicht prägte - der siegreiche Amor zwingt den Dichter, die traditionellen Vorstellungen zu mißachten *(castas odisse puellas, nullo vivere consilio, adversos cogor habere deos)*, bildlich um: das *servitium Amoris* wird zum Triumphzug des siegreichen Liebesgottes ausgestaltet.

Der Hinweis auf die Situation des elegischen Ichs in den Vv. 29f. *(ipse ego, praeda recens, factum modo vulnus habebo / et nova captiva vincula mente feram.* Auch ich selbst bin dabei als neueste Beute, die Wunde / Frisch noch, und Fessel und Strick trag ich ergebenen Sinns.*)* wird zu Beginn des dritten Gedichts präzisiert: Nunmehr hat der Dichter ein Objekt seiner Liebe gefunden, die Ursache seiner Liebespein ist eine puella, der er verfallen ist und die ihn offensichtlich nicht beachtet:

Iusta precor: quae me nuper praedata puella est
aut amet aut faciat cur ego semper amem.
a, nimium volui: tantum patiatur amari;
audierit nostras tot Cytherea preces.

Recht ist und billig mein Flehn: das jüngst mich bezwungen,
das Mädchen,
habe mich lieb! Oder stets wecke sie Liebe in mir!
Ach, ich fordre zuviel! Nur dulden soll sie mein Lieben!
Höre mein stetes Gebet, Herrin Cytheras, und hilf!

Amor hat den Verliebten wie einen Sklaven[42] als Beute der *puella* zum Geschenk (V. 12 *me qui tibi donat Amor*) gemacht. Doch der Tonfall der Unterordnung, die Haltung des *servitium*, ändert sich in der zweiten Hälfte des Gedichts. Nach der Aufzählung der charakterlichen Vorzüge,

---

40 Übersetzung R.A. Schröder 1952.

41 "Dadurch, daß er 'mit feinem Rohr' schreibt, verweist er implizit auf den niederen Stilcharakter." Vgl. McKeown 1989: 37; Coleman 1977: 72. *Tenuis* hat im Zusammenhang mit der Flöte natürlich auch die wörtliche Bedeutung 'klein von Gestalt'; von dieser Bedeutung kommt es zu 'zarte, feine Töne hervorbringend' und schließlich dann zur Stilkategorie der Kleinform. Vgl. auch Horaz, *Ars poetica* 202-5.

42 Motiv des *servitium amoris* in V. 5 *accipe, per longos tibi qui deserviat annos* - Du aber nimm ihn denn hin, der Jahr um Jahr dir will dienen!

die er aufweist (13f. *et nulli cessura fides, sine crimine mores, / nudaque simplicitas purpureusque pudor* - Auch meine Treue, von keiner besiegt, mein lauteres Leben, / Schlichter und offener Sinn, Zartheit und fühlende Scheu) und die natürlich in ein recht ironisches Licht getaucht sind, wenn man aus I 2, 32 noch in Erinnerung hat, wie der Pudor von Amor ebenfalls als Gefangener abgeführt wird, weist er auf seinen eigentlichen Vorzug hin, auf sein dichterisches Genie, das ihr, der Geliebten, als seiner *materia* zur Unsterblichkeit verhelfen kann:

te mihi materiem felicem in carmina praebe:
provenient causa carmina digna sua.
carmine nomen habent exterrita cornibus Io
et quam fluminea lusit adulter ave
quaeque super pontum simulato vecta iuvenco
virginea tenuit cornua vara manu.
nos quoque per totum pariter cantabimur orbem
iunctaque semper erunt nomina nostra tuis.

Komm und werde mir du der fruchtbare Stoff meines Dichtens,
und es strömen des Grunds würdig die Lieder hervor.
Lieder, sie machen berühmt: so die ob der Hörner Erschreckte,
Io, und sie, die als Schwan einst der Verführer betrog;
Sie auch, die fern übers Meer auf erlogenem Stiere getragen,
mit jungfräulicher Hand faßt das geschwungene Horn.
Also besingt man dereinst auch uns über Länder und Meere,
und unser Name erklingt ewig, und ewig vereint.

Schien der Dichter zunächst noch der Unterlegene, der demütig Bittende, die *praeda* der *puella* zu sein, haben sich in diesem Teil die Verhältnisse geradezu auf den Kopf gestellt. Die *puella* ist seine *materia*, durch ihn wird sie Unsterblichkeit erlangen. Oder literarisch gesprochen: der Dichter hat sich den neuen Stoff zu eigen gemacht. Um seine Argumentation zu unterstreichen, fügt Ovid drei mythologische Beispiele an: Wie die Liebesgeschichte der Io, Leda und Europa durch die Dichtung unsterblich geworden ist, so wird auch die Liebe des Dichters mit seiner *puella* durch seine Lieder und in ihnen unvergänglich werden. Doch in diesen Versen geht es nicht in erster Linie um einen Lobpreis der Macht der Dichtung *(carmina)*.[43] Die Pointe liegt auf einer anderen Ebene: Ovid betont, die *puella* werde durch die Liebe zu ihm berühmt, ihr Name werde mit seinem verbunden sein, so wie Ios, Ledas und Europas Name durch die Verbindung mit Jupiter Unsterblichkeit gewonnen hat. Ovid setzt sich also mit dem höchsten Gott auf eine Stufe, ja, er übertrifft ihn sogar, da er selbst es ist, der die Gedichte schreiben wird: über der Omnipotenz des höchsten Gottes steht die des Dichters. Auch im Eröffnungsgedicht des

43 Zum Lobpreis der Macht der Dichtung vgl. auch Am. II 1, 23ff.

zweiten Buches nimmt Ovid die Gleichsetzung Dichter - Jupiter vor (V. 15): *in manibus nimbos et cum Iove fulmen habebam* - Unwetter hielt meine Hand und mit Jupiter zuckende Blitze). Als er, wie in I 1 berichtet, sich daran gemacht hatte, ein Epos - hier wird dies präzisiert: eine *Gigantomachie* - zu schreiben, nahm er die Haltung Jupiters ein; doch betört durch die Bitte der *puella*, läßt er Blitz samt Jupiter fahren (17), um zur Liebesdichtung zurückzukehren.[44]

I 4 bringt einen weiteren Baustein in der Liebesgeschichte, ein weiterer Strich wird zum Bild der Geliebten hinzugefügt: sie ist bereits liiert (V. 1: *vir tuus*).[45]Der Erzähler erleidet die ersten Qualen der Eifersucht, da er sich ausmalt, was bei der *cena*, zu der sowohl er als auch die *puella* samt *vir* geladen sind, sich ereignen könnte. Eine Überraschung folgt in den Vv. 45-8:

multa miser timeo, quia feci multa proterve,
exemplique metu torqueor ipse mei:
saepe mihi dominaeque meae properata voluptas
veste sub iniecta dulce peregit opus.

Keck hab ich manches vollbracht, ach, manches muß ich nun fürchten,
Und es quält mich das Bild eignen verwegenen Tuns:
Oft hat der Freundin und mir unter schützender Hülle des Mantels
hastig beschleunigte Lust süß ihr Verlangen gestillt.

Es dürfte aus dem Gedankengang der ersten vier Gedichte eindeutig hervorgehen, daß der Dichter hier über seine früheren Liebesabenteuer mit einer anderen Frau spricht. Er ist also - im Gegensatz zu Properz (I 1f. *me ... / contactum nullis ante cupidinibus*) - kein *rudis ignoto tactus amore*, kein Unerfahrener in Liebesdingen (II 1, 6); für bestehende Liebeserfahrungen spricht auch schon I 2, 5 (*nam, puto, sentirem, si quo temptarer amore* - Fiel eine Liebe mich an, ich denk doch, ich müßte es merken).

Erst in I 5 erhält die anonyme *puella* in der mittäglichen Liebesstunde einen Namen (V. 9: *ecce, Corinna venit*) und wird erst jetzt in all ihrer Schönheit beschrieben.

---

44 Hier liegt natürlich auch wieder die Umkehrung des Verhältnisses elegisches Ich - *puella* vor: nun muß das Mädchen die Haltung der Bittenden einnehmen.

45 Vgl. McKeown 1989: 76-79 zu *vir*. Vgl. auch Hoffmann 1976.

III.
Erzählung und Reflexion

Brechen in hier mit diesem Überblick ab und fassen die Ergebnisse zusammen: Auffallend ist vor allem, daß wir ständig mit drei Schichten rechnen müssen, der narrativen Ebene sowie der poetologischen und der intertextuellen Schicht.

1. narrative Ebene: Der Überblick über die ersten fünf Gedichte hat wohl hinreichend verdeutlicht, daß Ovid den Anfang der Liebesgeschichte zwischen dem elegischen Ich und Corinna nachzeichnet. Kennzeichnend für die narrative Technik Ovids ist die Methode der 'Strichzeichnung' und die Ellipse. Unter 'Strichzeichnung' verstehe ich, wie oben ausgeführt, daß Ovid Strich für Strich von Gedicht zu Gedicht zum Bild der *puella* beiträgt, so daß sie erst allmählich aus der konturlosen, anonymen Person zur schönen Corinna wird. Die Technik der narrativen Ellipse besteht darin, daß Ovid einzelne Stadien der Liebesgeschichte ausspart: So muß zwischen I 2 und 3 ein zeitlicher Sprung anzusetzen sein, in dem sich das elegische Ich verliebt hat, ebenso zwischen I 3 und 4, wo man die ersten Kontakte ansetzen muß, und zwischen I 4 und 5, wo sich die Verbindung zum ersten Rendezvous entwickelt.

Diese narrative Techniken bewirken, daß der Leser ständig dazu genötigt wird, sich die ausgesparten Handlungsabschnitte zu rekonstruieren. Ovid beteiligt den Rezipienten unmittelbar an der Liebesbeziehung, er weist ihm sogar einen aktiven Teil daran zu, indem er ihn zu einer kreativen, rekonstruierenden Lesehaltung bringt. Und genau mit dieser Lesehaltung, die er in den ersten Gedichten aufbaut, treibt Ovid in I 5 sein Spiel. Zunächst drängt er ihn in die Rolle des Voyeurs, der, durchs halbgeöffnete Fenster ins dämmrige Zimmer blickend, der Liebesabenteuer hart, die vorbereitet werden (Vv. 1-6):

Aestus erat mediamque dies exegerat horam;
adposui medio membra levanda toro.
pars adaperta fuit, pars altera clausa fenestrae,
quale fere silvae lumen habere solent,
qualia sublucent fugiente crepuscula Phoebo
aut ubi nox abiit nec tamen orta dies.

Heiß war der Tag und eben vorbei die mittlere Stunde;
Hatte die Glieder bequem mitten aufs Lager gestreckt.
Wenig geöffnet das Fenster, der andere Laden geschlossen,
Wars ein Licht, wie des Walds dämmernder Schatten es birgt,
Oder wie Abendschein nachfolgt der entschwundenen Sonne,
Oder wenn morgens die Nacht weicht und noch säumet der Tag.

Der Leser nimmt als Voyeur am Liebeskampf teil (13-16), ergötzt sich an der ausführlichen Beschreibung der nackten Corinna (17-22) - und wird enttäuscht: Bevor es zum Liebesakt kommt, bricht Ovid ab und verweist den Leser in einer doppelten Praeteritio auf die allgemein bekannten Dinge, die am Ende eines solchen Rendezvous stehen (23-6):

singula quid referam? nil non laudabile vidi,
et nudam pressi corpus ad usque meum.
cetera quis nescit? lassi requievimus ambo.
proveniant medii sic mihi saepe dies.

Aber was zähl ich es her? Ich sah, und ich sah nur
Vollkommnes!
Dichter drückt ich und dicht an mich die nackte Gestalt.
Was dann kam, weiß jeder. Ermattet ruhten wir beide.
Wollt, mir gediehe noch oft also die Mitte des Tags!

Zu Beginn des zweiten Buchs reflektiert Ovid selbst über den intendierten Leser seiner *Amores* (5-10):

me legat in sponsi facie non frigida virgo
et rudis ignoto tactus amore puer;
atque aliquis iuvenum, quo nunc ego, saucius arcu
agnoscat flammae conscia signa suae
miratusque diu 'quo' dicat 'ab indice doctus
conposuit casus iste poeta meos?

Mich aber lese die Braut voll Glut beim Anblick des Liebsten,
lese der Knabe, der scheu erste Verliebtheit gespürt;
lese der jüngere Mann, die Wunde im Herzen, die mich
brennt,
daß er erkenne das Mal wissend der eigenen Brunst,
staune und sinne und 'Wer', so spricht er 'hats ihm verraten,
diesem Dichter? Er singt ganz meinen eigenen Fall!'

Gerade das letzte Distichon verdeutlicht die Intention Ovids: Er will in seinen *Amores* paradigmatisch Liebessituationen schildern, in denen sich die intendierten Leser und Leserinnen wiedererkennen können und durch die sie gefesselt und emotional gepackt werden.[46] Wiedererkennung, *Anagnorisis*, ist ein wesentliches Ziel der *Amores*, wobei dieser Begriff jedoch nicht allein auf die Wiedererkennung gewisser Situationen ausgerichtet ist, sondern vor allem auch literarisch aufzufassen ist: Der Leser soll die intertextuellen Bezüge aufdecken, soll die

46 Vgl. auch I 15, 38: *atque a sollicito multus amante legar* - Und es lese bewegt oft mich ein liebendes Herz.

literarischen Paradigmen wiedererkennen und sie in Bezug zu Ovids Dichtungen setzen.

2. und 3. poetologische und intertextuelle Ebene: Neben oder hinter dieser narrativen Schicht scheint ständig die Ebene der poetischen Reflexion durch. Bei der Besprechung der ersten Gedichte des ersten Buches wurde auf die implizite Poetik hingewiesen, die sich in diesen Gedichten aufdecken läßt. Wesentlich ist der Leitgedanke, den Ovid in der ersten Elegie entwickelt und der vor dem Hintergrund des Eröffnungsgedichts Properzens zu sehen ist: Die Wahl der elegischen Dichtung wird als rein literarische Entscheidung betrachtet. Sie ist keine Lebenshaltung, keine Protesthaltung gegen eine wie auch immer geartete öffentliche Meinung. Der Dichter wäre durchaus in der Lage, sich anderen 'erhabenen' Gattungen zu widmen (Epos, Tragödie). Mehrfach macht er deutlich, daß er sich mit der Elegie nur vorübergehend beschäftigen wolle, um dann zu einem *maius opus* überzugehen bzw. zurückzukehren. Der Dichter steht damit souverän über seinem Stoff, ja, er steht geradezu auf derselben Stufe, wenn nicht sogar höher, wie der höchste der Götter. Durch seine Lieder *(carmina)* verleiht er sich und dem Objekt seiner Dichtung, der *puella*, Unsterblichkeit.

Auffallend ist der reflektierte Umgang mit der Kallimacheischen Poetik: Ovid betont durch das Epitheton *tenuis*, das er den ihn zur Liebesdichtung treibenden Pfeilen Amors verleiht, seine Abhängigkeit von der Kallimacheischen Position der Kleinform. Allerdings besteht ein beträchtlicher Unterschied zwischen Horaz und Properz auf der einen und Ovid auf der anderen Seite:

Properz erzählt in III 3, wie er von Phoebus Apollo mit scharfen Worten davon zurückgehalten worden sei, ein Epos zu dichten (15-18):

Quid tibi cum tali, demens, est <u>flumine</u>? quis te
carminis heroi tangere iussus opus?
non hic ulla tibi speranda est fama, Properti:
mollia sunt <u>parvis</u> prata terenda rotis.

'Was hast du, Tor, mit solch einem Strom zu schaffen? Wer mahnte
Dich, an die Arbeit zu gehn mit einem Heldengedicht?
Hier ist für dich, Properz, niemals ein Ruhm zu erhoffen;
Weiches Gelände allein paßt für ein kleineres Rad.[47]

Die Muse Kalliope unterstützt den Gott der Dichtkunst (39ff.) und heißt Properz, die Liebe zu besingen. So wird er bezeichnenderweise auch mit dem 'Wasser des Philitas', dem heiligen Wasser der Kleinform geweiht (51f.).[48]

47 Übersetzung nach Helm 1965.

48 Philitas steht in diesem Zusammenhang wie immer für die Tradition des *poeta doctus* und der Kleinform.

Ähnlich ist der Gedankengang bei Horaz, *Carmina* IV 15:

Phoebus volentem proelia me loqui
victas et urbis increpuit lyra,
ne parva Tyrrhenum per aequor
vela darem.........

Von Schlachten wollt' ich singen und Städtesieg,
Da rauschte Phöbus' Leier und warnte mich:
"Vertraue doch dein schwaches Segel
nicht der tyrrhenischen Flut!"...[49]

Anders bei Ovid: Auch er ist daran, ein Epos zu dichten, wird davon aber nicht durch den Gott der Dichtung, Apoll, und seine tadelnden Worte - d. h. durch den Hinweis auf die alexandrinische Theorie der Kleinform - abgehalten. Vielmehr bringt ihn Amors willkürlicher Pfeilschuß von seinem *maius opus* ab. Im Gegensatz zu seinen römischen Vorgängern betont denn auch Ovid seine Fähigkeit, auch im heroischen Versmaß dichten oder eine Tragödie schreiben zu können. Entscheidend ist das *ingenium*, das Genie des Dichters, das sich in jeder Gattung und jeder Form zu Hause fühlt. Sehr schön wird dies von Ovid in III 1 deutlich gemacht: die beiden personifizierten Gattungen Elegie und Tragödie werben um die Gunst des Genies, und er will beide zufrieden stellen: zuerst die Elegie, dann wird er sich der Tragödie, der er nach dem Erfolg seiner *Medea* verpflichtet ist, wieder zuwenden. So läßt sich im Bereich der literarischen Theorie dasselbe festhalten, was wir im Bereich der Wahl der Gattung festgestellt haben: Liebesdichtung ist für Ovid keine Lebenshaltung, und genausowenig kann die alexandrinische Theorie der Kleinform für ihn ein literarisches, theoretisches Glaubensbekenntnis sein.

Das Abschlußgedicht des ersten Buchs (I 15) bringt das poetische Selbstverständnis, die literarischen Pole, zwischen die Ovid sich einordnet, besonders deutlich zum Ausdruck:

Quid mihi, Livor edax, ignavos obicis annos
ingeniique vocas carmen inertis opus,
non me more patrum, dum strenua sustinet aetas,
praemia militiae pulverulenta sequi
nec me verbosas leges ediscere nec me
ingrato vocem prostituisse foro?
mortale est, quod quaeris, opus; mihi fama perennis
quaeritur, in toto semper ut orbe canar.
vivet Maeonides, Tenedos dum stabit et Ide,
dum rapidas Simois in mare volvet aquas;
vivet et Ascraeus, dum mustis uva tumebit,
dum cadet incurva falce resecta Ceres;

49 Übersetung nach Färber 1967.

Battiades semper toto cantabitur orbe:
quamvis ingenio non valet arte valet;
nulla Sophocleo veniet iactura cothurno;
cum sole et luna semper Aratus erit;
dum fallax servus, durus pater, improba lena
vivent et meretrix blanda, Menandros erit;
Ennius arte carens animosique Accius oris
casurum nullo tempore nomen habent;
Varronem primamque ratem quae nesciet aetas
aureaque Aesonio terga petita duci?
carmina sublimis tunc sunt peritura Lucreti,
exitio terras cum dabit una dies;
Tityrus et fruges Aeneiaque arma legentur,
Roma triumphati dum caput orbis erit;
donec erunt ignes arcusque Cupidinis arma,
discentur numeri, culte Tibulle, tui;
Gallus et Hesperiis et Gallus notus Eois,
et sua cum Gallo nota Lycoris erit.
ergo cum silices, cum dens patientis aratri
depereant aevo, carmina morte carent:
cedant carminibus reges regumque triumphi,
cedat et auriferi ripa benigna Tagi.
vilia miretur vulgus; mihi flavus Apollo
pocula Castalia plena ministret aqua,
sustineamque coma metuentem frigora myrtum
atque a sollicito multus amante legar.
pascitur in vivis Livor; post fata quiescit,
cum suus ex merito quemque tuetur honos:
ergo etiam cum me supremus adederit ignis,
vivam, parsque mei multa superstes erit.

Machst Du, benagender Neid, mir vergeudete Jahre zum Vorwurf,
Frucht eines müßigen Sinns nennst du und schiltst du mein Lied?
Und ich sollte, solang mein Alter rüstig, erjagen
Staubige Beute im Krieg, wie es die Väter geübt?
Sollte erlernen den Wust der Gesetzestexte und danklos
auf dem Markte verleihn jedermann Stimme und Wort?
Was du suchst, das vergeht; ich such einen Ruhm, der nicht endet,
daß so weit wie die Welt dauert mein Name und klingt.
Lebt doch Homer, solang noch Tenedos steht und der Ida
und der Simois ins Meer wirbelt die reißende Flut;
und es dauert Hesiod, solang in der Rebe der Saft steigt,
und solange das Korn sinkt von der Sichel gefällt;
weit in der Welt wird stets Kallimachos' Name erklingen.

Was an Genie und an Kraft fehlt, das ersetzt seine Kunst;
nichts büßt Sophokles ein, der Meister hohen Kothurnes,
und mit Sonne und Mond dauert für immer Arat;
lügt noch ein Diener, ist hart ein Vater, kuppelt die Alte,
schmeichelt die Dirne, solang wird auch Menander bestehn;
Ennius kunstlos schlicht und Accius, heftig und schwungvoll,
bleiben in Jahren und Tag allen in Ehren gennannt;
kommt eine Zeit, die Varro nicht kennt und das erste der Schiffe
und des Äsonssohns Beute, das goldene Vließ?
Dann erst wird des Lukrez erhabenes Singen verstummen,
wenn an dem nämlichen Tag Himmel und Erde zerbirst;
Tityrus, Ernte und Frucht, Aeneas' Kämpfe, sie wird man
lesen, solange der Welt Haupt noch das mächtige Rom;
solang Bogen und Pfeil und der Brandscheit Waffen Cupidos,
lernt man Verse von dir, feiner, gepflegter Tibull;
stets wird Gallus im Morgen und stets im Abend genannt sein,
und mit Gallus genannt wird seine Lycoris sein.
Darum, Kiesel im Fluß und die Schar des geduldigen Pfluges
schwinden dahin, das Lied kennt nicht Vergehen und Tod.
Könige sollen dem Lied und Königstriumphe sich neigen,
und des Tagusstroms Ufer gesegnet mit Gold.
Billiges preise das Volk. Mir mög einen lauteren Becher
voll Kastalias Trunk reichen der blonde Apoll,
und es trage mein Haupt den Kranz frostscheuender Myrte,
und es lese bewegt oft mich ein liebendes Herz.
Nur von den Lebenden nährt sich der Neid, er ruht mit dem Tode;
dann beschützt nach Verdienst jeden der eigene Wert.
Darum, wenn mich auch einst verzehrt die letzte der Gluten,
leb ich doch weiter und fort dauert ein Teil meines Selbst.

Das Abschlußgedicht des ersten Buches ist äußerst aufschlußreich für das poetische Selbstverständnis Ovids. Die Elegie läßt sich in drei Hauptteile untergliedern, die ihrerseits in klare Unterabschnitte zerfallen:

I Vv. 1-8: Dem Vorwurf der Trägheit *(inertia)* hält der Dichter die Unsterblichkeit der Dichtung entgegen.

II Für die Behauptung 'Unsterblichkeit der Dichtung' werden Exempla angeführt:[50]
II 1, Vv. 9-18: Griechische Autoren

50 Vgl. auch den Dichter-Katalog in *Ars* III 329ff.

II 2, Vv. 19-30: Römische Autoren

III 1, Vv. 31-40: allgemeines Resümee aus den angeführten Beispielen, eingeleitet durch *ergo*: Dichtung ist also unsterblich.
III 2, Vv. 41f.: spezielles Resümee, ebenfalls durch *ergo* eingeleitet: also ist auch Ovid unsterblich.

Nun im einzelnen zu den drei Teilen:

I: In einem Einleitungsteil kombiniert Ovid das Kallimacheische Bild des personifizierten Neids mit der römischen Vorstellung der *ignavi anni*. Am Ende seines Apollon-Hymnos läßt Kallimachos den personifizierten literarischen Neid *(Phthonos)* erscheinen, der dem Dichter vorhält, daß er keine große Dichtung schreibe (105f.).[51] Apollon selbst tritt für den Dichter ein und hält dem assyrischen trüben Strom der Dichtung, also der von Phthonos geforderten Dichtungsart, die reine, feine und kleine Dichtung, wie sie Kallimachos vertritt, entgegen (108-112). So kann sich der Dichter, geschützt durch den Gott der Dichtung, über literarischen Neid *(Phthonos)* und literarische Kritelei *(Momos)* hinwegsetzen. Diesem rein literarischen, theoretischen Ende bei Kallimachos entspricht bei Ovid eine Kombination von Kallimacheischen Motiven mit typischem elegischem Gedanken- und Motivgut. Wie wir schon vorher festgestellt haben, finden wir auch an dieser Stelle eine interessante Umdeutung der kallimacheischen Poetik auf Ovids elegische Dichtungen. Denn der Neid, Livor, kritisiert bei Ovid nicht die Gattung oder die Qualität von Ovids Dichtung, um dadurch den Dichter zu einer anderen Art von Poesie aufzufordern; vielmehr bestreitet er, daß ein Römer als Dichter leben dürfe. Livor hält dem Dichter die typischen römischen Vorstellungen entgegen: Nach dem *mos patrum* gehört es sich für einen jungen Mann aus gutem Hause, nach einem *consilium vitae* (vgl. Properz I 1) zu leben und entweder ein *tirocinium fori*, eine Ausbildung als Advokat, auf sich zu nehmen oder die militärische Laufbahn einzuschlagen (3-6). Das Leben als Poet dagegen ist nach den traditionellen Vorstellungen als *ignavia* oder *inertia* und als Verschwendung des *ingenium* zu betrachten (1f.).

Kallimachos stellt sich und seine Dichtung in den Gegensatz von zwei poetischen Schulrichtungen, Kleinform gegen Großepos; Ovid dagegen entwirft den Konflikt zwischen zwei einander entgegengesetzten Lebenshaltungen, der des Dichters und der des traditionellen römischen Bürgers. Daß Ovid hiermit den für die Elegie typischen Gegensatz 'Welt der Dichtung contra Werte des offiziellen Roms' evoziert, verdeutlicht zum Beispiel Tibulls Eröffnungsgedicht (I 1, 57f.):[52]

non ego laudari curo, mea Delia: tecum

---

51 Vgl. Williams 1978: 85ff. zur Stelle.

52 Dies ist ja auch schon in den wenigen erhaltenen Versen des Archegeten der römischen Liebeselegie Gallus festzustellen; vgl. Anderson - Parsons - Nisbet 1979: 140ff.

dum modo sim, quaeso segnis inersque vocor.

Mich verlangt's nicht nach Ruhm, meine Delia: dürft' ich bei dir nur
Sein, ich ließe mich gern saumselig nennen und träg.[53]

Doch der Unterschied zu Tibull ist auffallend und bezeichnend für Ovid: Während Tibull dem offiziellen Leben des Messalla sein zurückgezogenes, ländliches und bescheidenes Dasein als elegischer Liebhaber entgegenhält - seine Berufung zum Dichter wird bezeichnenderweise wie auch in Properz I 1 nicht thematisiert -, stellt Ovid dem offiziellen Leben, das nur Vergängliches hervorbringt, seine Existenz als Dichter entgegen, die Unsterblichkeit bringt (7f.); d.h. er stellt die Berufung zum Dichter über alle anderen Berufe. So ist die Kombination von kallimacheischen mit elegischen Motiven zur Selbstinterpretation des Dichters eingesetzt: Der kallimacheische Beginn evoziert den Bereich 'Dichtung und Dichtungstheorie', das folgende jedoch bringt die Gattung Ovids ins Spiel, eben die Elegie, als Resultat ergibt sich die Überlegenheit der Dichtung über alle anderen Bereiche menschlicher Existenz.

Literarische Reflexion, Bezugnahme auf die griechischen und römischen Vorläufer, augenzwinkerndes Spiel mit dem Leser: diese Charakteristika der Liebesdichtungen Ovids, die in diesem Beitrag exemplarisch beleuchtet wurden, hat Jahrhunderte später ein kongenialer Dichter aufgegriffen:

Froh empfind ich mich nun auf klassischem Boden begeistert;
Vor- und Mitwelt spricht lauter und reizender mir.
Hier befolg ich den Rat, durchblättre die Werke der Alten
Mit geschäftiger Hand, täglich mit neuem Genuß.
Aber die Nächte hindurch hält Amor mich anders beschäftigt;
Werd ich auch halb nur gelehrt, bin ich doch doppelt beglückt.
Und belehr ich mich nicht, indem ich des lieblichen Busens
Formen spähe, die Hand leite die Hüften hinab?
Dann versteh ich den Marmor erst recht; ich denk und vergleiche,
Sehe mit fühlendem Aug, fühle mit sehender Hand.
Raubt die Liebste denn gleich mir einige Stunden des Tages,
Gibt sie Stunden der Nacht mir zur Entschädigung hin.
Wird doch nicht immer geküßt, es wird vernünftig gesprochen;
Überfällt sie der Schlaf, lieg ich und denke mir viel.
Oftmals hab ich auch schon in ihren Armen gedichtet
Und des Hexameters Maß leise mit fingernder Hand

53 Übersetzung nach Willige 1966.

Ihr auf den Rücken gezählt. Sie atmet in lieblichem Schlummer,
Und es durchglühet ihr Hauch mir bis ins Tiefste die Brust.
Amor schüret die Lamp indes und denket der Zeiten,
da er den nämlichen Dienst seinen Triumvirn getan.

Die Götter, die Menschen und der Erzähler.

Zum Göttermythos in Ovids 'Metamorphosen'

Fritz Graf
(Universität Basel)

I.

Die 'Metamorphosen' seien ein *thesaurus eruditionis*, eine Enzyklopädie aller Kenntnisse, hatte einst Melanchthon etwas überschwenglich behauptet[1]: sie waren jedenfalls für die ganze nachantike Tradition die große Enzyklopädie antiker Mythologie, oft die einzige Quelle zu den Mythen insbesondere der Griechen, doch auch der Römer (auch wenn für die römische Mythologie Vergil immer zentral blieb). Mythen sind, nach der landläufigsten Definition, Geschichten von Göttern und Heroen, und wenigstens die Götter waren nicht ganz unproblematisch, für Ovid nicht, wie gleich zu zeigen ist, wie für die christliche Nachwelt, die die 'Metamorphosen' rezipierte: schließlich ging es um die Götter der Heiden, und noch Melanchthons Zeitgenosse Jörg Wickram glaubte warnen zu müssen[2]:

als, was du hie inn eyner summ
gelesen hast in disem buch,
seyn andre frucht darinn nit such
dann kurtzweil und liebliche sprich
welchern der poet brauchet sich
und treibt auch selb mit disen göttern
sein speiwerck und thut sie verspotten!

Dieses *speiwerck* und Gespött, das Ovid mit seinen Göttern treibt, dient also allein der Unterhaltung *(kurtzweil)* und der sprachlichen Virtuosität *(liebliche sprich)*. Es impliziert zudem fehlenden Glauben an die heidnischen Götter; deswegen kann man Ovid auch unbedenklich lesen: der Aufweis von ironischer Distanz zu den Göttern wird zur Strategie, die die Lektüre möglich machen soll.

Ovid und besonders die 'Metamorphosen' auf Humor und Ironie hin zu lesen, hat sich in den letzten Jahrzehnten in der Forschung zur communis opinio durchgesetzt[3]. Oft wurde betont, wie er nicht nur die Welt der

---

1 *Enarratio Metamorphoseon Ovidii* (1555), Praefatio (= Stroh 1969: 41).

2 *Das funffzehest buch Ovidii von verenderung der gestalten* (1545), V.550ff. (zitiert bei Stroh 1969: 42f.).

3 Grundlegend war Doblhofer 1960, vgl. von Albrecht 1963 (= von Albrecht / Zinn 1982: 405-437); Latacz 1979; eine Synthese versuchte Frécaut 1972. Extrem formulierte Otis 1970: 343 "the 'epic' of the gods ... is in fact a travesty, an obvious essay in the mock heroic and anti-epic".

(sowieso menschlich gedachten) Heroen, sondern auch die seiner Götter der unseren annähert, in einem zeitlichen wie einem sozusagen existentiellen Sinn: die Götter und ihre Geschichten werden aus ihrer fernen Vergangenheit in die Gegenwart transponiert, und sie werden ihrer göttlichen Andersartigkeit entkleidet, vermenschlicht, und aus der Spannung zwischen der mythischen Tradition und dem allzu menschlichen Verhalten der göttlichen Zeitgenossen wird unterhaltendes Lächeln oder gar Lachen erzeugt.

Doch ist diese Ironie um der *kurtzweil* willen nur eine mögliche Lesart. Daneben steht eine politische, herrschaftskritische Deutung[4]: ihr geht es darum, in einzelnen Aussagen[5], Episoden[6] oder gar im ganzen Gedicht[7] ovidianische Kritik an der Herrschaft des Augustus auszumachen, womit dann die 'Metamorphosen' gar zum Grund der Relegation werden können. Wenn hier Ironie aufgewiesen wird, dann solche, die letztlich Augustus entlarven soll[8]. Ganz durchsetzen konnte sich diese Deutung bisher nicht; gegen einen herrschaftskritischen, antiaugusteischen Ovid wurde gerade in der deutschen Forschung, die an sich als erste dieses Konzept erarbeitet hatte, wieder Kritik laut; die vermittelnde Formel von E. Lefèvre "Augustus mußte Ovid als antiaugusteisch empfinden, während Ovid sich selbst wohl nur als unaugusteisch eingeschätzt haben würde" verwischt die Gegensätze allerdings eher, als daß sie sie klärt: war denn Ovid wirklich so sträflich naiv?[9]

Wichtig schließlich (wenn auch am wenigsten angesprochen) ist ein Zugang, den man poetologisch nennen kann; auf ihm baut Feeneys grundlegendes neues Buch auf[10]. Dabei gehen Feeneys Überlegungen über Ovid weit hinaus: privilegierter Inhalt antiken, insbesondere epischen Dichtens überhaupt ist der Mythos, doch seit der Mythenkritik der späteren Vorsokratiker (Xenophanes) ist der Mythos problematisch geworden[11]. Seit spätestens der hellenistischen Dichtung stellen sich die Epiker diesen Problemen auf je individuelle Weise; zugleich aber nehmen sie auch Bezug auf die Art, wie die jeweiligen Vorgänger - im Fall Ovids von Homer bis

---

4 Forschungsbericht Schmitzer 1990: 1-14, der das Thema, das seiner Meinung nach in einer Sackgasse geendet ist, neu anzugehen versucht.

5 So schon Schoeman 1882 zu *met.*1,147.

6 Den ersten Anstoß gab W. Marg in seiner Rez. von H. Fränkel, *Ovid. A Poet Between Two Worlds* (1945), *Gnomon* 21 (1949) 49-56.

7 Umfassend Lundstrom 1980 (Einspruch bei F. Bömer, Gymnasium 88, 1981, 451-453); radikal Curran 1972 ("geradezu ein Manifest der Antiaugusteismus-These" Schmitzer 1990: 8).

8 So bei Doblhofer 1960.

9 Lefèvre 1988: 195; eine ähnlich vermittelnde Position sucht Döpp 1992: 129f.: "Es bleibt Ovid überhaupt vieles von dem fremd, was den spezifischen Charakter augusteischer Ideologie ausmacht /.../ Dieser gewiß beträchtliche Unterschied läßt sich jedoch nicht als Zeichen antiaugusteischer Tendenz verstehen".

10 Feeney 1991, vgl. auch die Überlegungen in Graf 1988.

11 Die umfangreiche Literatur faßt Feeney 1991: 5-56 zusammen.

Vergil[12] - sich mit der Mythenkritik auseinandersetzen, und sie instrumentalisieren ihre Mythenbehandlung zu Aussagen auch über das Dichten unter den Bedingungen der mythischen Tradition schlechthin[13].

Für alle drei Lesarten lassen sich Belege finden: es sind Ebenen der Lektüre, die einander nicht auszuschließen brauchen. Ein Blick auf das erste Buch soll dies belegen und erläutern[14].

II.

Nach der Schöpfung des Kosmos und des Menschen, mit denen das Werk beginnt, setzt sogleich unaufhaltsame moralische Degeneration ein, dargestellt im schrittweisen Wandel des goldenen zum eisernen Zeitalter; wie Iuppiter nach Lycaons Untat schließlich die Unmoral nicht mehr erträgt, ruft er eine Götterversammlung ein. Ovid erzählt retardierend: zwischen die Einberufung der Versammlung in 1, 167 - *conciliumque vocat; tenuit mora nulla vocatos* ("Und er beruft einen Rat. Nichts ließ die Berufenen säumen")[15] (der Erzähler, nicht die Akteure retardieren also) - und ihren Beginn vierzehn Verse später legt er eine ausführliche Beschreibung der Örtlichkeit ein, eine Art *ecphrasis de Olympo*. Er beginnt mit der Straße, auf der sich die Götter zum Versammlungsort begeben: es ist die Milchstraße, *via lactea*, die man bei hellem Himmel von der Erde aus sehe: Ovid blickt in die Höhe, in menschlicher Perspektive. An der Milchstraße liegen die Paläste der Götter (171-174):

> *dextra laevaque deorum*
> *atria nobilium valvis celebrantur apertis;*
> *plebs habitat diversa locis, hac parte potentes*
> *caelicolae clarique suos posuere Penates.*

> häufig besucht, mit offenen Toren
> stehn da rechts und links die Hallen der vornehmen Götter
> Abseits wohnt das gewöhnliche Volk, die erlauchten und mächtigen
> Himmlischen haben hier entlang ihre Heime gegründet.

Das Bild, das hier evoziert wird, ist trotz der Milchstraße nicht das einer entrückten und in ihrer Größe fremden Himmelswelt. Ovid signalisiert die Nähe zum zeitgenössischen Rom; in der Nähe des Iuppiterpalastes, an der breiten Straße, die zu ihm führt, liegen die Paläste der Mächtigen, und die morgendliche *visitatio* mit ihrem Strom von

---

12 "L'attegiamento di Ovidio di fronte a Vergilio" ist auch das Thema von Brugnoli / Stok 1992; doch geht es fast ausschließlich um die 'Fasti', und poetologische Fragen interessieren nicht.

13 Der Einfachheit halber werden hier die *met.* als Epos verstanden; die Frage der Genuszugehörigkeit, immer wieder diskutiert insbesondere in der Reaktion auf Heinze, hat Hinds 1987: 115-134 auf eine neue Basis gestellt.

14 Wichtig zum 1. Buch noch immer Buchheit 1966.

15 Übersetzungen aus *met.* immer nach Rösch 1988.

Klienten und Freunden ist in vollem Gang. Ovid evoziert das Zentrum Roms mit den Häusern der Nobiles am Palatin. Er sagt es auch gleich (175f.):

hic locus est, quem - si verbis audacia detur -
haud timeam magni dixisse Palatia caeli.

Diesen Ort - ich möchte, erlaubt man die kühne Bezeichnung,
wagen, ihn frei Palatinus des hohen Himmels zu nennen.

Dann setzen sich die Götter *marmoreo recessu*, in marmornem Gemach, nicht in der Kurie am Forum, sondern in der *domus Augusta*, wo Augustus den Senat versammeln konnte. Iuppiter, der Vorsitzende, sitzt an erhöhter Stelle, sichtlich erregt: sein zorniges Kopfschütteln bewegt den ganzen Kosmos (179f.):

terrificam capitis concussit terque quaterque
caesariem, cum qua terram, mare, sidera movit.

schüttelte er /.../
/.../, dreimal und viermal sein furchterregend Gelock, mit
dem er Erde und Meer und die Sterne des Himmels erschüttert.

Das ist ein klares Textsignal dafür, daß Ovids Mythenerzählung in der Tradition des epischen Erzählens gelesen werden muß: schon bei Homer steht, daß Iuppiters Nicken den Himmel bewegt; daß es den ganzen Kosmos bewegt, findet man in späteren Epen[16]. Götterversammlungen ihrerseits sind seit der 'Ilias' festes episches Requisit, eine typische Szene, die die Griechen aus orientalischem Erzählen übernommen haben. Ihre Stellung früh im Epos ist ebenfalls schon durch Homer vorgegeben[17]: die 'Odyssee' beginnt bekanntlich mit einer Versammlung[18], in der Zeus allgemein die Fehler der Menschen beklagt, Athene dann die Diskussion rasch auf Odysseus leitet: da hat dieses Gespräch die Funktion einer Exposition der Geschichte, einer Darstellung der göttlichen Kräfte, die Odysseus umgeben, und zugleich einer Art Theodizee als Interpretationshilfe der epischen Handlung: die Menschen tragen die alleinige Schuld an ihrem Unglück, weil sie freveln[19]. Spätere Epik nimmt

16 Seit Homer, *Ilias* 1, 528. Zu *caesaries* als Verweis auf Caesar Schmitzer 1990: 56 mit Lit. (mehr als Ahl 1985: 76).

17 Vgl. zu Ovid Müller 1987; zum weiteren Hintergrund die Angaben bei Bömer, zum Orient vgl. Mullen 1982 (Ugarit); Burkert 1992: 117 (Mesopotamien, Hethiter).

18 West 1988, 74f. protestiert ("the episode is often described, over-formally, as a divine council /.../ to tone is rather that of casual conversation"); Funktion ("its function in initiating action is analogous" West 1988: 75) und Rezeption machen diesen Unterschied jedenfalls nicht.

19 Noch immer bringt Lloyd-Jones 1971: 28-32 die Probleme auf den Punkt.

diese exponierende und deutende Funktion der Götterversammlung auf, im Griechischen wie im Römischen. Selbst Ciceros historisches Epos über sein Konsulat verankert durch eine Götterversammlung das Wirken des Consuls von 63 im göttlichen Plan und legitimiert damit Ciceros auf Erden nicht unumstrittenes Agieren.

Die Art, wie Ovid diese Versammlung erzählt, verläßt dann allerdings die epische Tradition. Dort, etwa in Vergils Götterversammlung zu Beginn des 10. Aeneisbuchs, dem hauptsächlichsten Referenztext Ovids,[20] wird nur ganz knapp auf die Reden in der Versammlung hingeführt; Vergil stellt in aller Kürze die Eigenart des Versammlungsortes heraus, unter den Sternen, hoch über der Erde, in einem großen Palast mit einem zweiflügligen Tor; das Gewicht liegt auf Iuppiter, der auf die Erde schaut (Aen. 10, 2-4):

conciliumque vocat divum pater atque hominum rex
sideream in sedem, terras unde arduus omnis
castraque Dardanidum aspectat populosque Latinos...

Ratstag hält der Vater und Herr ob Göttern und Menschen
im allherrschenden Sitz, schaut hoch von droben die Lande,
Blickt die dardanische Heerburg an, das Volk des Latinus ...[21]

Der Blick führt von oben nach unten, die Götterwelt hat im Epos des Vergil ihren eigenen Wert, ist der Menschenwelt übergeordnet; Anthropomorphismus stößt dort an seine Grenzen, wo die Distanz des Göttlichen markiert bleiben soll. Ovids Blick läuft durchgehend in der Gegenrichtung, von unten nach oben, und droben findet er bloß, was unten zu sehen war[22]. Die Milchstraße wird nicht nur zur römischen Prachtstraße, die Götterversammlung wird zum irdischen Senat in Augustus' Haus: Iuppiter eröffnet den Göttern Lycaons Schandtat, und sie erschrecken wie die Menschen nach Caesars Ermordung, - eine *pietas*, die Augustus ebenso gefiel, wie sie damals dem Iuppiter gefallen hatte, womit denn der zeitgeschichtliche Bezug klar ist[23]. Dann hält der Gott seine Zornrede gegen die Menschen und findet damit allgemeine Zustimmung (1, 244f.):

dicta Iovis pars voce probant stimulosque frementi
adiciunt, alii partes adsensibus implent.

Laut lobt da ein Teil, den Grollenden stachelnd, die Worte
Juppiters, andere tun mit Beifallzeichen das Ihre.

---

20 Otis 1970: 96-99 betont daneben die Bedeutung des Ennius.

21 Übersetzungen aus Vergil nach Schröder 1952.

22 Die neue Diskussion um den politischen Gehalt der Götterversammlung faßt Schmitzer 1990: 86 zusammen (Resultat: "ironische Dekonstruktion des Princeps in Gestalt Iuppiters").

23 Zur Implikation des Vokativs *Auguste* vgl. zuletzt Schmitzer 1990: 82.

Der Senat unter Augustus kann nur noch zustimmen, wenn auch in verschiedenem Grad der *adulatio*[24]. Anachronismus wird hier zugleich zur radikalen Anthropomorphisierung und damit implizite zur Zeit - und Herrschaftskritik, die in ihrer Diagnose auf Tacitus vorausweist.

Komisch konnte dies nur dann wirken, wenn die Spannung zwischen hohem Gegenstand und Erinnerung an den Alltag zu groß wird wie seinerzeit bei Lucilius[25]. Ovid hält die Distanz kleiner und schlägt epische Töne an: Sein Iuppiter ist sogleich der Erschütterer des Kosmos, seine Götter sind zu vage, zu unbestimmt, als daß sie banalisiert würden: damit entgeht er dem Komischem. Komik und Parodie sind nicht die einzige, auch nicht die privilegierte Lesart in dieser Passage[26]: die politische Deutung muß mitgelesen werden. Und der Blick von Ovids Erzähler von unten nach oben verweist auch auf die Bedingungen epischen Erzählens über die Götter: wenn er entgegen der gesamten epischen Tradition und ganz besonders gegen Vergil bei der Beschreibung seines Olymps aus menschlicher Perspektive nach oben blickt, ihn als Abbild des irdischen Palatins bezeichnet, weist er zugleich auf die Quellen der Fiktion, welche Projektion menschlichen Aussehens, Verhaltens und Fühlens ist, was bereits Xenophanes gesehen und herausgestellt hatte[27].

Der Blick auf die Götterversammlung des 1. Buchs zeigt so das Ineinander der Lesarten, von denen hier keine privilegiert erscheint, von denen aber auch keine außer acht gelassen werden kann. Der Mythos, das alte, schon vorderorientalische epische Motiv der Götterversammlung, zeigt sich unter der Hand des frühkaiserzeitlichen Dichters noch immer als vielseitig formbar: von Sklerose des Mythos kann nicht die Rede sein[28].

III.

Das bedeutet nicht, daß Ovid nicht gelegentlich an die Grenze der Tradition stößt. Etwa dann, wenn er das vom Mythos Vorgegebene nach allgemeinmenschlichem Vorbild bis in die letzten Konsequenzen visualisiert: die erzählerische Tradition erlaubt nicht beliebige Visualisierung. Das Resultat kann unheimlich, erschreckend sein, wie im Fall der Auflösung der Cyane in eine Quelle (5, 425-438); öfter aber schafft solche Visualisierung ironische Distanz. So im Extremfall der

---

24 Sollte von daher die *pietas tuorum*, die Augustus so gefällt (1,204), auch einen bösen Nebenklang haben?

25 Lucilius 6-55 Krenkel. Der Zusammenhang ist längst gesehen; Schmitzer 1990: 59 geht zu weit, wenn er die Wahl gerade des Lycaon-Mythos mit dem Vorkommen des Lupus bei Lucilius begründet.

26 "Letztlich ging Ovid das 'artistische Vergnügen' vor ernsthafter Kritik", Lefèvre 1988: 195; das ist auch hier zu einfach.

27 Xenophanes *VS* 21 B 15f.

28 Vgl. auch die Bemerkungen von J. Scheid in Graf 1993b: 109f.

Präzision, mit der Ovid die Personifikationen, seit jeher Bestandteil der mythischen und religiösen Tradition, in den Blick faßt[29].

Die Erzählung von Ceyx und Alcyone etwa wird durch eine lange, im wesentlichen ekphrastische Episode unterbrochen: Iuno sendet die Götterbotin Iris zum Gott Somnus, "Schlaf", Homers Hypnos, ins Land der Kimmerier, um einen Traum zu befehlen, und Ovid malt dies lange aus (11, 583-649): die Botin kommt erst zu einem Vorgärtchen, wo Nox, die "Nacht", ihre Kräuter züchtet, Mohn und andere schlafbringende Pflanzen; im Haus selber, einer weiten Grotte, scheint erst gar niemand zu sein, doch die Göttin füllt den Raum mit ihrem hellen Licht und weckt so den schlafenden Gott: langsam hebt er die Lider, versucht, den Kopf zu heben, und immer fallen die Lider wieder zu, sinkt sein Kinn auf die Brust; endlich "schüttelt er sich selber von sich ab" (*excutit sibi se:* schließlich ist er der personifizierte Schlaf[30]), stützt sich wenigstens auf einen Ellbogen und fragt die Göttin nach dem Grund ihres Kommens, und die kann kaum ihren Auftrag vortragen, so müde und schläfrig wird sie selber[31].

Zwar gelegentlich grotesk in ihrer körperlichen Erscheinung, sind doch solche Personifikationen grundsätzlich menschengestaltig. Andere sind es nicht oder nicht nur: die Elementarwesen, Fluß- und Berggötter, hängen schon in der Tradition mit ihren Elementen seltsam unscharf zusammen: bereits Skamandros kann im Kampf mit Achill seine Gestalt zwischen anthropomorphem Gott und brausendem Fluß wechseln[32]. Doch ist dies nicht Ironie, sondern gehört zur spezifischen Erscheinungsweise derartiger Elementargötter in epischem Erzählen; man mißt die erzählerische Tradition nicht an einem naturalistischen Verisimile. Erst Ovids präzise Visualisierung bringt die Spannungen zwischen menschlicher und Naturform heraus, mit oft grotesken Konsequenzen[33], etwa in der Geschichte vom musikalischen Wettkampf zwischen Pan und Apollon. Tmolus, der Berggott, wird zum Schiedsrichter gemacht; man bereitet sich

29 Das Problem der religiösen Personifikation ist noch längst nicht ausdiskutiert. Zum Kult stellt Hamdorf 1964 das Material zusammen, ein primitivistisches Erklärungsmodell legte Pötscher 1959 und 1978 vor; gerade Ovid wird dieses Modell kaum gerecht. Eine Erklärung (Ausführlicheres demnächst an anderem Ort) muß vielmehr davon ausgehen, daß in der Regel das Verhältnis von Eigennamen und Namensträger grundsätzlich arbiträr ist, daß aber antikes theologisches Denken seit seinen Anfängen diese Arbitrarität nicht akzeptiert und sie durch Etymologie überwinden will: offenbar stört die "Bedeutungslosigkeit des Namens" theologisches Empfinden; Beispiele für den Wunsch, Götternamen zu etymologisieren, finden sich seit *Ilias* 21, 6f. Götternamen, die zugleich Apellativa sind, deren Beziehung zu der durch die Gottheit vertretenen Daseinsmacht also deutlich nicht-arbiträr ist, sind ideal zur Lösung des Problems.

30 "Divided identity" (Ich-Spaltung), wie Fränkel 1945: 79 es nannte.

31 Ähnlich war schon Minervas Begegnung mit Invidia gestaltet gewesen, *met.*2, 760-811; dort war die Göttin allerdings schon von *invidia* befallen worden, bevor sie deren Haus aufsucht.

32 Homer, *Ilias* 1,212f.

33 Zentral ist Eggers 1984; vgl. Feeney 1991: 233-235.

zum Kampf, *monte suo senior iudex consedit* - "Auf seinen Berg setzt sich als Richter der Alte" (11, 157, mit derselben Dissoziation wie bei Somnus); um besser hören zu können, nimmt der sich die Bäume aus dem Ohr, beim Wechsel von Pan zu Apollo wendet er den Kopf, *vultum sua silva secuta est* - "Sein Wald, er folgt dem Gesichte" (11, 164). Das Nebeneinander von menschlicher Form und Naturerscheinung wird besonders auf Inkongruitäten hin abgeklopft. Ganz nebenbei ist auch noch Vergils Atlas im Visier mit seinem *piniferum caput* (*Aen.*4, 249) und dem Kinn, über das Wildbäche tosen und gefrierend sich im eisigen Bart verlieren[34].

IV.

Ironie und Spiel (und, im Gegenzug, der erschreckende Ernst) sind aber eben nur ein Aspekt der ovidianischen Götterwelt: unsere Betrachtung der Götterversammlung verwies darauf. Zwar erst einmal gezeichnet im Bild des Augustus, worauf der Erzähler ja auch den Finger legt, ist dann Ovids Iuppiter doch weit größer als der Mensch, den man nach dem Kontext erwartete, sein Nicken erschüttert den gesamten Kosmos und sein Zorn, den er nach Lycaons Tat gefaßt hatte, war entsprechend gewesen: *ingentes animo et Iove digna concipit iras* - "da / faßt er einen gewaltigen Zorn, wie er Juppiters würdig" (1, 166) - weit über menschliches Maß hinaus. Der zürnende Gott so früh im Epos verweist auf eine andere zürnende Gottheit früh in einem anderen Epos, - auf den Zorn der Iuno in der Aeneis: doch anders als dort (*tantaene animis caelestibus irae?* - "Schwellt solch ein Zorn unsterbliche Herzen" 1, 11) wird hier Götterzorn nicht zum Problem[35]. Das abrupte Nebeneinander der augusteischen Versammlung um den unproblematisch weit übermenschlichen, alles andere als anthropomorphen Iuppiter signalisiert schon, daß eben die Götter doch nicht bloß Menschen und Zeitgenossen sind.

Einmal darauf aufmerksam geworden, sieht man immer deutlicher, wie sehr die Götter eben doch sich unterscheiden vom menschlichen Bild. Die ganze Maschinerie des Gedichts würde ohne sie und ihre Macht nicht funktionieren. Bereits in der zweiten Zeile des Prologs kommen die Götter ins Spiel: sie sollen den Dichter inspirieren, schließlich hatten sie ja die ganzen Verwandlungen bewirkt (2f.):

> *di, coeptis - nam vos mutastis et illas -*
> *adspirate meis...*

> Ihr Götter, gebt, habt ihr doch auch sie einst verwandelt,
> Gunst dem Beginnen.

---

34 Schon Donat ad loc. (Bd.1 S.386f. Georgii) reflektiert ausführlich über das Ineinander von Natur und Menschengestalt.

35 Feeney 1991: 200 weist auf die Schlüsselfunktion von Iuppiters Zorn hin "for testing the donnée of epic's religion, the humanity of the divine".

Und die Lektüre bestätigt dies. Kaum einmal geschieht eine Verwandlung ohne göttlichen Eingriff. Schon das Durcheinander des Chaos löst "ein Gott", *deus* (1, 21) zur Ordnung auf, und "die bessere Natur", *melior natura*, wie Ovid zusetzt: die *natura*, das Seiende, ist zweigeteilt, und der namenlose und unbenennbare Schöpfergott steht der im Chaos befangenen Materie als der bessere Teil des Seienden gegenüber: das ist durchaus ernsthafte, wenn auch nicht spektakulär neue Lehre[36]. Später dann treten die bekannten göttlichen Akteure der olympischen Mythologie auf: Von den Vorolympiern erscheint nur gerade Saturn, der Gott des Goldenen Zeitalters, und das auch nur, um gleich in den Tartarus geschickt zu werden. Zuerst einmal dominiert Iuppiter, Herrscher seit dem silbernen Zeitalter: er "zieht die Zeiten des ehemaligen Frühjahrs zusammen" (1, 116 *Iuppiter antiqui contraxit tempora veris*), macht aus dem paradiesisch-eintönigen ewigen Frühling die wechselnden Jahreszeiten (und schafft dadurch im Grunde erst die Zeit: das Paradies ist zeitlos-ewig); er verwandelt den gottlosen Frevler Lycaon in einen Wolf, befiehlt schließlich die Große Flut und verwandelt so in der letzten umfassenden Metamorphose der physisch-biologischen Welt die Vorzeit durch die Sintflut hindurch in die Jetztzeit, die Epoche jener Menschen, die dank Deucalion und Pyrrha, den Überlebenden der Flut, aus Steinen geworden sind.

Wenn auch Iuppiter seit der Flut dominiert: welcher Gott denn eigentlich für uns Menschen die Verantwortung trägt, läßt die Erzählung offen. Für die erste, vorsintflutliche Anthropogenese werden zwei Möglichkeiten angeboten, ein göttlicher Weltschöpfer (*ille opifex rerum, mundi melioris origo* - " ... der Meister der Dinge, / Er, der Ursprung der besseren Welt" 1, 79) oder die Tat des Prometheus: Philosophie und Mythologie sind zwei sich konkurrenzierende Erklärungsmodelle, zwischen denen der Erzähler keine Entscheidung fällt; freilich kann die Tat des Prometheus auch nur dank einer noch aus dem Aether befruchteten Erde funktionieren (1, 80f.). Nach der Sintflut kommt zwar ein Urpaar in den Blick, doch keine Ureltern: nach der Landung ihrer Arche suchen Deucalion und Pyrrha Rat bei der Göttin Themis in Delphi (noch hat Apollon dieses sein Orakel nicht übernommen, das wird als nächstes erzählt): sie gibt den bekannten Rat, mit verhülltem Kopf Steine über die Schultern zu werfen. Als Orakelgöttin drückt sie sich verrätselt aus, spricht nicht von Steinen, sondern von "den Gebeinen der Mutter" *(ossa parentis)*, doch Deucalion, Sohn des klugen Prometheus, findet die Lösung. Dabei läßt der Erzähler die Verantwortung der Themis mit dem Orakel aufhören, wer für die Verwandlung zuständig ist, wird nicht gesagt (1, 399. 411-413):

et iussos lapides sua post vestigia mittunt...
inque brevi spatio superorum numine saxa
missa viri manibus faciem traxere virorum
et de femineo reparata est femina iactu.

36 Das Wichtige bei Bömer 1969: 24 ad loc. (Bd.1)

(und) werfen gemäß dem Befehl in die Spur ihrer Füße die Steine ...
Und nach der Götter Willen erhielten die Steine, die Mannes
Hände geworfen, Mannesgestalt in kürzester Frist und
ward das Weib durch die Würfe des Weibes wiedergeschaffen.

Irgendwelche Götter sind verantwortlich, *numen superorum*, mehr weiß auch der Erzähler nicht: der Mensch ist offenbar kein Produkt eines bestimmten Gottes, oder der Erzähler ist nicht allwissend und will es gar nicht sein: wichtiger ist ihm der moralisierende Schluß, daß dieser Ursprung eine wesentliche Eigenschaft des Menschen erklärt (1, 414f.):

inde genus durum sumus experiensque laborum
et documenta damus qua simus origine nati.

Daher sind wir ein hartes Geschlecht, erfahren in Mühsal,
geben so den Beweis des Ursprungs, dem wir entstammen.

Allerdings ist die Verwandlung der Steine in Menschen so unwahrscheinlich, daß er sie nicht glauben würde, wenn nicht das hohe Alter ihre Zuverlässigkeit garantierte (1, 400f.):

saxa (quis hoc credat, nisi sit pro teste vetustas)
ponere duritiem coepere suumque rigorem

Da - wer möchte es glauben, wenn nicht für die Kunde ihr Alter
zeugte? - die Steine verlieren allmählich Härte und Starrheit

Von "speiwerk und gespött", von ironischer Anthropomorphisierung kann hier kaum die Rede sein: kein Textsignal läßt an der Ernsthaftigkeit des Erzählers zweifeln: die Götter sind ihm eine fundamentale Kraft im Ablauf der Welt, mit der man rechnen muß, auch wenn und gerade weil er nicht in jedem Fall angeben kann, welcher Gott hinter einer Verwandlung steht. Gerade das Nichtwisssen demonstriert die Distanz zwischen Gott und Mensch, die in der Normalität unüberbrückbar ist.

Gelegentlich manifestieren sich die Götter durch den Erzähler hindurch direkt im Gedicht. Zu Beginn des 4. Buchs wurde von Dionysos und Pentheus erzählt, davon, wie der Gott den thebanischen König, der nicht an seine Göttlichkeit glaubte, grausam vernichtet, ihn durch die Hände seiner rasenden Mutter und Schwestern zerreissen läßt (in deutlichem Anklang an die letzte Tragödie des Euripides, die 'Bakchen'): darauf lassen alle Thebanerinnen ihre Hausarbeit fallen und verehren den Gott. Der Erzähler referiert den Hymnus, den sie singen, einen Hymnus in einer in der späteren Antike geläufigen Form, die den Gott in allen seinen Beinamen anruft (4, 11-15)[37]:

37 Zur ganzen Episode Cancik - Cancik-Lindemayer 1985; zum Effekt des Hymnus ("series that destroys its own terms") Barkan 1986, 38f.

Bacchumque vocant Bromiumque Lyaeumque
ignigenamque satumque iterum solumque bimatrem,
additur his Nyseus indetonsusque Thyoneus
et cum Lenaeo genialis consitor uvae
Nycteliusque Eleleusque parens et Iacchus et Euhan.

und rufen ihn Bacchus und Lärmer und Löser und Sproß des
Feuers und Wiedergezeugt und Einzig-geboren-von-zweien-
Müttern, des Nysa Kind, Thyones niemals geschorner
Sohn und Kelterer und der Traube heiterer Pflanzer,
Nächtlicher und Eleleus und Vater Iacchus und Euhan ...

Ihr ekstatischer Eifer sprengt das Versmaß *Lyaeaumque / ignigenam*, und auch der Erzähler läßt sich packen, sprengt seinerseits die Grenze zwischen sich und dem Erzählten: er ruft den Gott selber an, in einer Reihung von Du-Anrufen, die typisch ist für das antike Gebet[38], steigert sich zu einem prachtvollen mythischen Bild vom Zug des Gottes, seines ekstatischen Gefolges und der aufgeregten Musik um ihn (4, 17-31):

tibi enim inconsumpta iuventa est,
tu puer aeternus, tu formosissimus alto
conspiceris caelo; tibi, cum sine cornibus adstas,
virgineum caput est; Oriens tibi victus adusque
decolor extremo qua cingitur India Gange.
Penthea tu, venerande, bipenniferumque Lycurgum
sacrilegos mactas Tyrrhenaque mittis in aequor
corpora; tu biiugum pictis insignia frenis
colla premis lyncum; Bacchae Satyrique sequuntur,
quique senex ferula titubantes ebrius artus
sustinet et pando non fortiter haeret asello.
quacumque ingrederis, clamor iuvenalis et una
femineae voces impulsaque tympana palmis
concavaque aera sonant longoque foramine buxus.
"placatus mitisque" rogant Ismenides, "adsis".

Denn Du hast unverlorene Jugend,
Knabe bist ewig Du. In herrlichster Schönheit wirst Du am
hohen Himmel erschaut. Stehst ohne die Hörner du da, ist
mädchenzart dein Haupt. Besiegt von der Dir ist der Osten,
bist, wo ferne der Ganges das farbige Indien feuchtet.
Pentheus, Verehrungswürdiger, Lycurgus, den Schwinger des Beiles
schlägst du, die Schänder des Heilgen, und schickst in die Flut der Tyrrhener
Leiber. An bunten Zügeln, die prächtig den Hals ihnen zieren,

38 Noch immer Norden 1923: 149-160, unsere Stelle 154f.

lenkst du der Luchse Gespann; dir folgen Bacchen und Satyrn,
folgt der Greis, der, berauscht, mit dem Stabe die schwankenden
Glieder
stützt und - schneidig nicht eben - den Bauch des Esels umklammert.
Wo du immer erscheinst, erschallen der Jünglinge Rufe,
Stimmen der Frauen dazu, mit Händen geschlagene Trommeln,
Klang aus gehöhltem Erz und den langen Rohren der Flöte.
"Nahe besänftigt und mild!" so beten die Frauen von Theben.

Erst der Schlußsatz des Hymnus, in dem wie üblich die eigentliche Bitte ausgesprochen wird, leitet in die Erzählung zurück.

Diese lange Evokation des Dionysos kann auf zwei Ebenen gelesen werden. Auf der Ebene der Erzählung ist sie ein Mittel, um den Erzähler zu charakterisieren, der sich von der Macht seines Gottes davontragen läßt, und damit auch ein Weg, um eben diese Macht des Gottes überhaupt vorzuführen. In ihrer poetologischen Aussage anderseits verweist die Erzählung auf Bacchus, der für die Augusteer, für Ovid ebenso wie für Horaz, der Gott der dichterischen Inspiration ist, welche die Grenzen der Realität - was ja auch heißt: die Grenzen der narrativen Gesetzlichkeit, die im Gedicht Realität schafft - durchbricht[39].

V.

Die Macht des Bacchus äußert sich nicht nur darin, daß er selbst den Erzähler packt. In der Erzählung hatte sie sich in der rücksichtslosen Vernichtung derer gezeigt, die seine Göttlichkeit nicht anerkannten: der tyrrhenischen Seeräuber, die der Gott in Delphine, und der Minyaden, die er in Fledermäuse verwandelt, des Pentheus, den er grausig töten läßt. Dieser Gewalttätigkeit gegenüber läßt der Erzähler keinen Hauch von Kritik hören, scheint, wenn schon, zuzustimmen: die Vernichtung der Gottesleugner ist legitim.

Das heißt nicht, daß der Erzähler nicht gelegentlich anmerkt, die Götter würden allzu grausam handeln. Der Jäger Actaeon, den die Exposition als tüchtigen und sympathischen jungen Mann einführt, stößt rein zufällig bei einem Waldspaziergang auf die Göttin Diana, die mit ihren Nymphen badet; in ihrer Intimität gestört, verwandelt die jungfräuliche Göttin den Jäger in einen Hirsch und läßt ihn von seinen Hunden zerrissen werden (3, 143-255)[40]. Die Geschichte ist in der hellenistischen Dichtung mehrfach erzählt, wobei die Versionen zwischen Schuld und Unschuld des Actaeon schwanken[41]: für Ovid jedenfalls ist der junge Mann

---

39 Eine Monographie zu Dionysos bei den Augusteern fehlt; wichtig sind die Bemerkungen von Nisbet-Hubbard 1978: 316 zu Horaz, *Carmina* II 2, 19; vgl. auch Falter 1934 und Oksala 1973; zur Rezeption, mit Hinweisen auch auf die Antike, Mahé 1988.

40 Zum Mythos L. Guimond, LIMC 1 (1981) 454-469, dazu Lacy 1988.

41 Anspielung bei Kallimachos, *Hymnus* 5, 110; Nacherzählungen Diodor 4, 81, 4f. (zwei Versionen; in beiden macht sich Aktaion schuldig); Apollodor 3, 30f.

schuldlos. Der Erzähler bringt denn auch eine klare Wertung ein, indem am Ende die Reaktionen der Zeitgenossen Actaeons berichtet werden (3, 253-255):

rumor in ambiguo est: aliis violentior aequo
visa dea est, alii laudant dignamque severa
virginitate vocant; pars invenit utraque causas.

Zwiespalt herrscht im Gerede, den einen dünkte die Göttin
heftiger als billig, die anderen, sie loben sie würdig des strengen
Jungfrauentums, und Gründe weiß der und jener zu finden.

Das ist nicht bloß Lesersteuerung, die beide Reaktionsmöglichkeiten antizipiert: es ist auch Aussage über das Göttliche und die Schwierigkeit der Menschen damit.

Gerade hier läßt sich zeigen, daß die Modernisierung der Götter eingesetzt wird, um durch den Kontrast mit ihrer unverstehbaren Grausamkeit diese herauszuheben. Die Erzählung von Actaeon hatte erst einmal fast rokokohaft-heiter begonnen: erst wird skizziert, wie Actaeon seine Leute in der Mittagshitze eine Jagdpause einlegen läßt, in der er auf seinen schicksalshaften Waldspaziergang geht; dann hält sich der Erzähler lange auf dabei, das Bad der Göttin zu schildern in einer lieblichen Grotte inmitten eines dichten Hains, mit rauschender Quelle und weichem Gras; wie die Göttin, auch sie erhitzt von der Jagd, hierher kommt, wird sie von ihren Nymphen umdient: sie nehmen Bogen und Köcher, nehmen den Jagdmantel ab, ziehen ihr die geschnürten Jagdstiefel aus, binden zur Vorbereitung zum Bad ihr Haar zum Knoten, füllen aus der Quelle ihre Wassergefäße: hier geschieht, projiziert in die Rokokolieblichkeit der bukolischen Natur, nichts anderes, als wenn eine vornehme Römerin aus der Stadt nach Hause kommt, die Dienerinnen sie umschwärmen, die Stadtkleider abnehmen und sie für die Wanne rüsten. Die Reaktion der Diana auf Actaeon, der so plötzlich in ihrem Badezimmer auftaucht, sieht erst entsprechend harmlos aus, doch klingt dann etwas bisher Ungehörtes an (3, 183-185):

qui color infectis adversi solis ab ictu
nubibus esse solet aut purpureae Aurorae,
is fuit in vultu visae sine veste Dianae.

Purpurglut, wie Wolken sie eigen, die von der Sonne
Widerschein überstrahlt, wie sie eigen der Röten des Morgens,
färbte Dianas Gesicht, da sie ohne Gewand sich erschaut sah.

(neben der communis opinio, wonach Aktaion zufällig auf Artemis stieß, die isolierte Version des Akusilaos, *FGrHist* 2 F 33); Hygin, *Fabulae* 180 *(Dianam lavantem ... violare voluit).* 181 (sehr eng mit Ovids Erzählung verwandt); Nonnos, *Dionysiaka* 5, 305ff. (lustvoller Voyeur). Zu Ovids Quellen Otis 1970: 396-400.

Zwar errötet sie wie ein im Bad überraschtes Mädchen, doch der Vergleich hebt das Erröten zu kosmisch-göttlicher Dimension; die metrische Preziosität von v.184 und die Alliterationen in v. 185 weisen auf den neuen, gehobenen Ton, auf die Spannung zwischen Göttin und menschlich-mädchenhafter Reaktion. Die Folge hält das erst bürgerliche Bild scheinbar durch: an sich möchte sie ihn tot schießen, doch hat sie eben im Bad keine Waffe zur Hand; so bespritzt sie ihn eben mit Wasser. Doch den Wasserstrahl, scheinbar hilflose Reaktion eines menschlich-schamhaften Mädchens, begleitet Diana mit einem Fluch und macht ihn so zum magischen Wasserguß, durch den sie gleich auf dem Kopf des jungen Mannes ein Geweih wachsen läßt[42], mit den tödlichen Folgen, die man kennt. Unerwartet öffnet sich der Blick auf Kräfte, denen der Mensch rettungslos ausgeliefert ist und deren Wirken sich mit moralischen, menschlichen Kriterien nur bedingt verstehen läßt[43].

VI.

Derartige schwer zu rechtfertigende Grausamkeit steht nicht allein. Die 'Metamorphosen' setzen mit einer ganzen Sequenz ein, die Grausamkeit und Willkür der Götter darstellt. Nachdem Iuppiter erst einmal als Walter der Gerechtigkeit (*contigerat nostras infamia temporis aures* - "Bis zu meinem Ohr war gedrungen der schändliche Ruf der / Zeit." 1, 211 - freilich sind es dann bloß die privaten *insidiae* Lycaons gegen Iuppiter[44]) die Menschheit bis auf zwei moralisch einwandfreie Menschen (*innocuos ambo, cultores numinis ambo* - "frei sie beide von Schuld, sie beide Verehrer der Gottheit" 1, 328) ausgerottet hatte, nachdem am Ende der Flut unsere Menschheit aus Steinen geschaffen, die Tierwelt aus der Erde entstanden ist, nachdem Apollon auch den Drachen von Delphi getötet und sein Orakel eingerichtet hat, folgt eine Reihe von Liebesaffären der Götter mit sterblichen Frauen[45] - eine Erzählstruktur nebenbei, die diejenige von Hesiods 'Theogonie' aufnimmt: auch dort hatte der Kampf eines Gottes mit einem Ungeheuer (Zeus gegen Typhon) das Ende der formativen Vorzeit markiert, waren darauf die Liebesgeschichten der Götter und Heroinen gefolgt[46]: diese Übereinstimmung gehört zu den Zeichen für die

---

42 Ovid betont durchwegs die Aktion der Diana: *hausit aquas* (189) ... *vultumque virilem perfudit* (190); ... *addidit haec...verba* (191); ... *minata dat...cornua* (193f.), *dat... mutat* (196).

43 Otis 1970: 399 hebt richtig Ovids Intentionen hervor, wertet aber noch zu anthropomorph: "the goddess' wrath /... /something approaching cold malevolence or, better, a frigid puritanism".

44 Vgl. zu den möglichen politischen Implikationen Harberg 1983; Schmitzer 1990: 86f.

45 Mehrfach behandelt, u.a. Curran 1978; Heath 1990. Schmitzer 1990: 76 sieht im Gefolge der früheren Literatur die sexuelle Gewalt in Io und Callisto-Mythos, deutet sie aber zu rasch nur politisch.

46 Auf die Diskussionen um die Gesamtstruktur der *met.* möchte ich nicht eingehen, wichtige Anstöße kamen von Ludwig 1965; heilsam gegen allzu

Genoszugehörigkeit, die Ovid setzt. Bei ihm sind es dann vier Geschichten, die alle unglücklich in der Metamorphose der Geliebten oder besser des Mädchens, das Opfer der göttlichen Lust wird, enden: Apollon und Daphne (sie rettet sich vor dem Zugriff des Gottes, indem sie zum Lorbeerbaum wird: 1, 452-567), Iuppiter und Io (die vom Gott zur Kuh verwandelt wird, damit die eifersüchtige Iuno den Seitensprung nicht bemerkt: 1,568-746), Iuppiter und Callisto (die, von Iuno zur Strafe in eine Bärin verwandelt, ihr eigener Sohn erschießen wird: 2, 401-541), schließlich Apollon und Coronis, die der Gott in sinnloser Eifersucht erschießt, obschon sie treu und bereits von ihm schwanger ist (2,542-632). Die vier Geschichten rahmen die Geschichte von Phaethon (1, 568-2, 400) und sind aufeinander zukomponiert: zwei Affären Apollons geben den äußeren Rahmen, zwei Iuppiters den inneren um die Mitte des Phaethonmythos, der auch mit der Inkompatibilität zwischen Göttern und Menschen zu tun hat, wenn auch in anderer Weise, eine Hilflosigkeit des Gottes enthüllt, die dem Menschen genauso verderblich wird wie göttliche Übermacht[47]. Die vier Geschichten können aber auch als klimaktische Reihe der Ungeheuerlichkeit gelesen werden bei diesem Umgang von Göttern mit Menschen. Daphne kommt noch am besten weg, sie kann mit dem Gott um die Wette laufen, erleidet wenigstens am Ende keine sexuelle Gewalt und bleibt am Leben, wenn auch als Baum[48]. Io wird von einem Gott gewaltsam überfallen (*tenuitque fugam rapuitque pudorem* - "hielt auf ihre Flucht und raubte ihr Magdtum" 1, 600), der dann später selber Mitleid hat mit den Leiden, die sie in ihrer verwandelten Gestalt erfährt und die der Erzähler seinerseits mitfühlend ausmalt. Wird bei Io der Überfall auf das Mädchen nur angedeutet, wird er im Fall der Callisto in enthüllender Ausführlichkeit erzählt. Das Mädchen, Nymphe und begeisterte Jägerin, hatte sich, erhitzt von der sommerlichen Jagd, in ein kühles Wäldchen zurückgezogen; hier überrascht sie der Gott in der Gestalt Dianas und versucht, sie in seine Arme zu nehmen (2, 434-440):

illa quidem contra, quantum modo femina posset -
adspiceres utinam, Saturnia, mitior esses! -
illa quidem pugnat; sed quem superare puella,
quisve Iovem poterat? superum petit aethera victor
Iuppiter: huic odio nemus est et conscia silva;
unde pedem referens paene est oblita pharetram
tollere cum telis et quem suspenderat arcum.

Jene setzte sich freilich - soviel einem Weibe nur möglich -
(hättest du's doch nur gesehen, o Juno, du wärest dann milder!) -

---

ausgeklügelte Zahlenspiele und Architekturschemata ist Schmidt 1991, völlig skeptisch gegenüber allen Aufbautheorien Solodow 1988: 2: "Any grand scheme of significance to their arrangement is illusionary".

47 Zur Struktur Otis 1970: 91-127.

48 Der augusteische Nebenton am Ende der Episode (1, 562f.) scheint zur positiven Wertung beizutragen; freilich redet Apollon selber.

setzte sich freilich zur Wehr. Doch welches Mädchen wohl würde
Juppiters Herr und wer überhaupt? Als Sieger zum Äther
steigt er; doch ihr ist verhaßt der Wald mit den wissenden Bäumen.
Da sie vom Ort sich entfernt, vergißt mit den Pfeilen den Köcher
fast sie zu nehmen und fast, den sie aufgehängt dort, ihren Bogen.

Der Überfall des Gottes hat sie, die Jägerin und Waldnymphe (*miles erat Phoebes* 2, 415 - "sie war Dianas Soldat"), so erschüttert, daß sie ihre bisherige, geliebte Existenz haßt und, enthüllend, ihre Abzeichen fast vergißt. Der Erzähler fühlt mit, weniger freilich mit ihrem Erlebnis als mit der Ungerechtigkeit, die Iunos Zorn in der Folge darstellen wird: Kann aus der Art, wie erzählt wird, Kritik an Iuppiter mitgehört werden, ist diejenige an der eifersüchtigen Iuno explizit.

Explizit ist auch die Kritik im letzten Fall, einer Geschichte, die erst einmal in echter Liebe beginnt, um dann umso brutaler zu enden: Apollo gibt den Einflüsterungen, daß Coronis ihm untreu sei, viel zu rasch nach und tötet das Mädchen im Zorn; die Reue folgt auf dem Fuß (*paenitet heu sero poenae crudelis amantem* - "Jetzt, ach zu spät, den Liebenden reut die grausame Strafe" 2, 612)[49].

Die Götter als gewalttätige Wesen, die den Menschen nur deswegen zerstören können, weil sie momentane Leidenschaften oder Machtansprüche befriedigen wollen: neu ist das nicht gerade, und jene eingangs genannte Mythenkritik, mit der sich dann die epischen Dichter auseinanderzusetzen hatten, hatte eben hier angesetzt. Die Mythen als den größten Teil der dichterischen Überlieferung opfern (wie dies Moralisten wie Xenophanes oder Platon forderten) wollte man nicht; so setzten sich jene durch, welche Mythen als bloße Fiktionen abwerteten, "Lügen der Dichter", die zwar ästhetisch ansprechend, aber inhaltlich unhaltbar seien: es ist dies eben jene Haltung, die Jörg Wickram dann auch Ovid gegenüber einnimmt. Die Römer folgen hier. Varro gibt dem Worte,wenn er die Mythen als *genus theologiae mythikon* bezeichnet, *quo maxime utuntur poetae*, Reden über Götter in der Art der Dichter: dieses Reden über Götter ist reine Fiktion und gehört ins Theater[50].

Ovid teilte diese Ansicht, muß man annehmen: als Intellektueller ohne große spekulative Neigungen folgt er der Auffassung von Religion und Mythos, wie sie in seiner Schicht üblich waren, als Dichter derjenigen Ästhetik, welche die Augusteer von ihren hellenistischen Vorläufern übernommen hatten. Auch Kallimachos hatte fragwürdige Mythen (wie denjenigen von Aktaion) erzählt: Wertungen freilich fassen wir keine. Vergil hat dann allerdings den Zorn der Iuno, der doch sein ganzes Gedicht vorwärtstreibt, im Prolog problematisiert und die so gestellte Frage offengelassen; Ovid nimmt dies auf, durchbricht mehrfach die Fiktionalität, und läßt seinen Erzähler moralische Wertungen einbringen[51].

---

49 Zum Motiv von Apollos Übereiltheit und Reue, dem Mercurius gegenübergestellt wird, vgl. Fredericksen 1977.

50 Varro, *ant.rer.div.* frg.7. 10 Cardauns.

51 Vgl. dazu Graf 1988.

Erst einmal ist freilich die klar herausgestellte Grausamkeit der Götter eine Folge des Willens, die alten Geschichten zu modernisieren. Daß ein Gott, insbesondere der oberste, Zeus, mit einem Mädchen gegen dessen Willen ein Kind zeugt, hat bekanntlich im archaischen Mythenerzählen seinen guten Grund: der Mythos verschafft adligen Familien wie ganzen Völkern Stammbaum und Herrschaftslegitimation: der Sohn von Zeus und Kallisto ist Arkas, und Arkas ist der namengebende Stammvater der Arkader, der sich seinerseits auf einen großen Gott zurückführen muß: die Mutter interessiert nur sozusagen als Durchgangsstation, ihre Gefühle Zeus gegenüber sind unwichtig. Selbst wenn die griechischen Städte und Staaten auch (oder gerade) in der Kaiserzeit auf solche mythischen Genealogien durchaus Wert legten, wie nicht nur Pausanias immer wieder demonstriert[52], ist für den römischen Dichter diese Funktion der Geschichte irrelevant: die dynastischen Ansprüche der fernen Arkader gehen ihn nichts an[53]. Wenn er den überkommenen Mythos neu belebt, will er ihn vermenschlichen und mit zeitgenössischem Gefühl anfüllen. Damit aber gerät die Geschichte unweigerlich zur Erzählung einer Vergewaltigung mit tödlichem Ausgang.

Nun kann man hier aber nicht stehenbleiben. Ovids Götter sind nicht einfach jene der Tragiker in ihrer unbegreiflichen und inkompatiblen Andersartigkeit, Ovid stellt nicht jene theologischen Fragen, die auch Vergils Reflexion über Iunos Zorn zugrundeliegen, - oder eher: derartiges Fragen ist nur ein Aspekt. Ovids Götter legen ihre göttliche Überlegenheit rasch ab: wie er Daphne sieht, verfällt Apollon in hilflose Liebe und ist unfähig, seine Zukunft zu sehen(1, 491 *quodque cupit, sperat, suaque illum oracula fallunt* - "hofft es, was er begehrt; ihn trügt sein eigen Orakel"); wie sehr er Opfer ist, zieht Ovid im Gleichnis aus: der Gott brennt, wie ein Stoppelfeld oder ein Busch in Flammen aufgehen (1, 492-495). Iuppiter verwandelt Io nur, um sich aus einer momentanen Verlegenheit zu helfen, und gerät dann in um so größere Verlegenheiten: zwar sieht er das Kommen seiner eifersüchtigen Gattin voraus, obwohl sie sich in eine Wolke hüllt (*coniugis adventum praesenserat* - "Er aber hatte das Kommen der Gattin geahnt" 1, 610), nicht aber die Folgen seiner hastigen Metamorphose, und Ovid insistiert auf seiner Hilflosigkeit, skizziert eine Reihe von Alternativen, eingeleitet durch *quid faciat?* (1, 617-621). Nur gegenüber Callisto insistiert Ovid auf Iuppiters Macht, die doch nur ausreicht, um das Mädchen zu besiegen (2, 436f.), worauf der Gott als Sieger zum Himmel entschwindet (*superum petit aethera victor* - "Als Sieger zum Äther / steigt er" 2, 437: man höre das epische Vokabular) und das Mädchen sich selber überläßt; seine Macht wird dann gerade noch ausreichen, den Muttermord des Arcas durch die Verstirnung zu verhindern (*arcuit omnipotens* - "Doch der Allmächtige hindert's" 2, 505). Die böse Ironie in *omnipotens* ist gewollt: in der nächsten Szene greift Iuno ein, klagt bei Oceanus und Tethys und hindert Callisto und

52 Vgl. auch Graf 1991: 169, mit Verweis auf Robert 1977.

53 Anders der römische Politiker vgl. die von Tacitus, *Annalen* 3, 60-63 referierte Senatsanhörung.

Arcas daran, je ins Meer zu tauchen, weitere, nicht korrigierbare Grausamkeit. Die Rückverweise auf die *Dios Apate* und das erste Aeneisbuch liegen auf der Hand. Doch während sich dort Zeus beziehungsweise Iuppiter im Zorn am Ende durchsetzt, hat hier Iuno das letzte Wort. In der Coronis-Geschichte schließlich ist Apollon nicht nur Opfer von Verleumdung und blindem Zorn, er ist auch unfähig, die sterbende Geliebte wieder ins Leben zurückzuholen. So wie ihn bei Daphne seine divinatorische Fähigkeit im Stich gelassen hatte, so jetzt seine medizinische (*et medicas exercet inaniter artes* - "Und übt umsonst seine ärztlichen Künste" 2, 618), wo er doch gerade in Rom als Medicus verehrt wurde[54]; unfehlbar ist allein sein Pfeil, mit dem er Coronis tötet (*indevitato traiecit pectora telo* - "die Brust .../ ... durchbohrt er mit unentrinnbarem Pfeile" 2, 605). Nicht nur die übermächtige Andersartigkeit der Götter schafft Probleme, sondern auch ihre Schwäche. Das gilt auch für die Phaethongeschichte: vorschnell hat Phoebus seinem Sohn jeden möglichen Wunsch zu erfüllen geschworen, und es reut ihn auch gleich (*paenituit iurasse patrem* - "Daß er geschworen, reute den Vater" 2, 49, wie es Apollo auch später reut, in der Coronisaffäre 2, 612)[55], doch muß er hilflos einwilligen, wie auch der ganze, göttliche Kosmos hilflos dem Brand ausgesetzt ist, selbst Tellus, deren Rede am Schluß steht und Iuppiter zum Eingreifen bringt, nicht ohne daß sich der *pater omnipotens* vorsichtig erst bei seinen Göttern rückversichert hat[56]. Und wie der Kosmos knapp dem Rückfall in das Chaos (*in chaos antiquum confundimur* - " quirlt's uns ins alte Chaos zurück" 2, 299) entronnen ist, erhält Phaethon, der Mensch, ein durchaus lobendes Grabepigramm (2, 328f.):

> *HIC SITVS EST PHAETHON CVRRVS AVRIGA PATERNI*
> *QVEM SI NON TENVIT MAGNIS TAMEN EXCIDIT AVSIS.*
>
> Phaethon liegt hier, der des Vaters Wagen bestiegen;
> hielt er ihn nicht, ist er doch bei großem Wagnis gefallen.

Die Wertung nimmt diejenige auf, die bei Fahrtantritt die Bezeichnung als *magnanimus Phaethon* ("der hochgemute Phaethon) gegeben hatte (2, 111)[57], und bleibt so konsistent. Problematisch sind nicht die Menschen, sondern die Götter.

54 Zu *Apollo Medicus* Gage 1955: 67-113.

55 Zum Thema des vorschnellen Redens im 2. Buch vgl. Keith 1992: 135, der in den vier Geschichten 2, 549-835 einen "basic plot of divine punishment for mortal speech" und "a recurrent concern with the issue of an appropriate use of the voice" herausstellt.

56 "A brief and absurdly unnecessary explanation of his purpose" Otis 1970: 115, umso erstaunlicher angesichts des lukrezischen Hintergrunds (vgl. folgende Anm. und Schmitzer 1990: 65), wo Iuppiter *ira tum percitus acri* (5, 399) eingreift.

57 Ovid verweist damit auf Lucrez 5, 400 zurück, wo der Mythos als Allegorie der Ekpyrosis diente.

Die Götter, deren traditionelles Wirken hier hinterfragt wird, sind aber nicht irgendwelche Götter: es sind Iuppiter und Apollon, die Götter, deren Nähe zu Augustus am größten ist. Und Ovid weist auch unübersehbar darauf. Bei Iuppiters erstem großen Auftritt zu Beginn der Götterversammlung ist die Parallele zu Augustus ausgezogen worden; am Ende von Apollos erstem Liebesabenteuer, der Daphne-Geschichte, steht die Beziehung von Lorbeer und Augustus (1, 562f.):

postibus Augustis eadem fidissima custos
ante fores stabis mediamque tuebere quercum.

Sollst auch stehn am Tor des Augustus, als treuester Wächter
hüten den eichenen Kranz, der hängt ob der Mitte der Pforte.

Als die 'Metamorphosen' verfaßt wurden, gegen Ende von Augustus' Herrschaft, waren beide Beziehungen unüberhörbar und unübersehbar geworden. Die Verbindung, ja Identifikation mit Apollon kennt die augusteische Herrschaftsikonographie seit jenem von Sueton berichteten Zwölfgöttermahl, an dem Augustus angeblich als Apollo teilnahm, insbesondere als Antwort auf Antonius' Dionysosidentifikation[58]; Augustus als irdischer Iuppiter anderseits ist ikonographisch auf der Gemma Augusta belegt und gerade bei Ovid geläufig[59]; das Nebeneinander von göttlichem Vater und göttlichem Sohn, dem alten und dem jungen Gott, findet seine Entsprechung im Nebeneinander von Aeneas- und Romulus-Rolle, die in Augustus' Bildsprache immer wieder auftaucht[60]. Zwar lassen sich die erzählten Mythen, von Lycaon bis Coronis, nicht einfach umsetzen in politische Allegorie[61], doch die Ambivalenz des Göttlichen als grausam aus Übermacht und Ohnmacht zugleich kann nicht ohne politische, augusteische Nebentöne gelesen werden.

VII.

Die Sequenz, die betrachtet wurde, ist also nicht einfach 'Divine Comedy'[62] ; Ovid ist nicht bloß der heitere Spieler mit der mythologischen und poetischen Tradition. Daß er dies auch ist, in hohem Maße sogar, hat die Forschung herausgearbeitet; doch ist er vielschichtiger. Nicht zuletzt, eben weil er sich die alten Geschichten neu ansieht, begegnen ihm die Götter in einer Art, die nicht problemlos singspielhaft ist, wie bei Bacchus oder Diana in den mythischen Opern der frühen Neuzeit. So muß er dann

---

58 Sueton, *Augustus* 70; Zweifel an der Nachricht sind unbegründet. Vgl. Kienast 1969; Mannsperger, 1973; Griffin 1977; Zanker 1987: 57f.

59 Gemma Augusta: Zanker 1987: 232-239; zu Ovid auch Buchheit 1966.

60 Vgl. Hölscher 1993: 80f.

61 Vgl. Schmitzer 1990: passim.

62 Wie Otis 1970: 91-127 einst gemeint hatte.

auf die fragwürdigen Züge hinweisen, die in der Tradition den Göttern anhaften.

Nun ist das freilich noch nicht ganz das Ende unserer Überlegungen. Der empirische P. Ovidius Naso und der Erzähler der 'Metamorphosen' sind ja zu scheiden, jene Person, die gelegentlich in der ersten Person spricht, die sich immer wieder mit moralischen Kommentaren in den Vordergrund schiebt, ist nicht mit dem biographischen Dichter identifizierbar[63]. Dagegen spricht nicht etwa der Umstand, daß Ovid in andern Dichtungen andere, weniger moralistische Meinungen über die Götter hat, wenn er etwa in der 'Ars amandi' behauptet, es sei nützlich, daß es Götter gebe, und deswegen wolle er an ihre Existenz glauben[64]: dieser Rationalismus ist ja ebenfalls erst einmal die Meinung jener ersten Person Singular, welche die skeptische, urbane und frivole Liebeskunst erzählt, nicht zwingend Ovids persönliche Ansicht.

Eher vermag der Umstand, daß ein gebildeter Zeitgenosse Ovids sich dem aufgeklärten Rationalismus eines Varro annäherte, wenigstens ansatzweise über Ovids eigene Haltung Aufschluß zu geben. Vor allem aber ist wichtig, daß das erzählende Ich der 'Metamorphosen' immer wieder im Gedicht selber desavouiert wird[65]. Es war von seinem Staunen über den Mythus der Menschwerdung der Steine die Rede und davon, daß er dieses Staunen beruhigt mit dem Hinweis, daß das Alter der Geschichte ihre Glaubwürdigkeit garantierte: das ist eine absichtlich blauäugige Argumentation. Noch deutlicher wird die Doppelbödigkeit in der mehrfach geführten Diskussion um die Wahrheit der Mythen: nur Atheisten, unfromme Leute, ziehen sie in Zweifel, - etwa die Minyaden, die auch nicht an die Göttlichkeit des Bacchus glauben (4, 271-273). Vor allem aber steht das Thema in der geometrischen Mitte des Gedichts[66], im 8. Buch: wie der alte Flußgott Achelous eine Reihe von Verwandlungssagen erzählt hat, schweigen alle, beeindruckt; bloß Pirithous kann nicht an sich halten und meldet Zweifel an (8, 614f.)[67]:

> *"ficta refers nimiumque putas, Acheloe, potentes*
> *esse deos", dixit, "si dant adimuntque figuras".*

> "Märchen erzählst du und glaubst, Achelous, zu fest, daß die Götter
> mächtig seien, wenn sie Gestalten geben und nehmen."

Das ist grundlegend, führt ins Zentrum des Gedichts: schließlich hatte der Erzähler zu Beginn ja betont, die Götter hätten die Verwandlungen

---

63 Ausführliche Diskussion des Erzählers Solodow 1988: 37-73; zu den Problemen seines Ansatzes siehe unten Anm. 68.

64 *Ars* 1, 637 *expedit esse deos et ut expedit esse putemus.*

65 Vgl. ausführlicher Graf 1988.

66 "This is the true center of the whole poem" Otis 1970: 201.

67 Besprochen u.a. von Feeney 1991: 229-231, der die poetologischen Implikationen herausarbeitet.

selber verursacht. Pirithous kann sich auch nicht durchsetzen: der Erzähler charakterisiert ihn als unmoralischen Gottesleugner *(spretor deorum)*, und eine andere Geschichte versucht den Gegenbeweis: erzählt wird sie von einem Alten, dem "an Jahren und im Geist gereiften Lelex" (wieder ein auktorialer Kommentar, der klar wertet): es ist die schöne Geschichte von Philemon und Baucis, die eben den Wert der Frömmigkeit und Gottesfurcht herausstreicht, und der Erzähler kann Zeugen für die anführen, sie ist also keine Fiktion - doch was für Zeugen (8, 721-723):

haec mihi non vani (neque erat cur fallere vellent)
narravere senes; equidem pendentia vidi
serta super ramos...

Glaubenswürdige Greise - wozu auch sollten sie trügen -
haben so mir erzählt. Und selbst auch hab' ich gesehen
Kränze gehängt ins Gezweig...

Einen objektiven Beweis für die Richtigkeit der Mythen kann man das kaum nennen: die Glaubwürdigkeit der Zeugen wird eher blauäugig begründet, und die Beglaubigung durch Autopsie leistet auch kaum, was sie soll. Doch charakterisiert dies nicht allein Lelex: seine Wertung ist die des Erzählers, und der hatte bereits ganz zu Beginn auf ähnlich abenteuerliche Weise die Anthropogonie durch Deucalion und Pyrrha authentiziert (1, 400). Daß nicht mehrere, sondern eine einzige Stimme die 'Metamorphosen' erzählt, ist trotz der Art, wie die Erzählebenen ineinandergeschachtelt sind, mithin mehrere Erzähler vorgestellt sind, durchaus richtig[68]. Nur ist dies eben nicht die Stimme Ovids, wie noch letzthin behauptet wurde[69], sondern eines Erzählers, von dem Ovid sich deutlich absetzt: die naiven Authentisierungsmechanismen zeigen dies ebenso deutlich wie die vielen moralisierenden Kommentare zum Handeln der Götter. Wenn man betont hat, wie omnipräsent der Erzähler im ganzen Gedicht ist[70], muß man auch betonen, daß er alles andere als allwissend ist: es ist kein Verlaß auf ihn. Das mag man politisch lesen als Weg Ovids, sich der narrativen Verantwortung zu entziehen, man muß es aber vor allem poetologisch sehen: Ovid lenkt die Aufmerksamkeit darauf, daß die Mythen erzählt werden - und damit auf die Schwierigkeit, sie zu erzählen, weil sie im Grunde nur sehr bedingt in die Gegenwart sich fügen und doch durch Vergil für eben diese Gegenwartsdeutung wieder aktiviert worden sind.

68 "I believe there is basically a single narrator throughout" Solodow 1988: 38.

69 Solodow 1988: 38 ("a single narrator .. who is Ovid himself").

70 Zuletzt Feeney 1991: 225.

Momenti e forme della fortuna antica di Ovidio:
l'*Achilleide* di Stazio*

Gianpiero Rosati
(Scuola Normale Superiore, Pisa)

E' un luogo comune critico di ogni storia letteraria latina la grande fortuna di cui l'opera di Ovidio gode presso la posterità immediata e in tutta la poesia d'età imperiale. Alla diffusione di questo concetto ormai acquisito e consolidato non corrisponde tuttavia un sistematico lavoro di analisi che verifichi nella concretezza dei singoli testi i modi, le forme, le funzioni della presenza di Ovidio: un rapido sguardo agli studi sul *Fortleben* di Ovidio ci conferma in quest'impressione, al punto che, sulla presenza di Ovidio in Stazio, forse il principale poeta d'età flavia e certo fra i più importanti del primo secolo, se si escludono poche asciutte pagine di B. Deipser[1] e di J.H. Mozley, non si conoscono altri lavori specifici[2]. Ciò che invece in primo luogo sarebbe opportuno non è tanto allestire un regesto, magari aggiornato e arricchito, di generici 'riecheggiamenti' o 'reminiscenze' ovidiane negli autori d'età imperiale, quanto cercare piuttosto di distinguere in maniera più netta di come in genere avvenga le funzioni dei vari tipi di rapporto fra i testi ovidiani e quelli che ad essi si richiamano o su di essi si modellano.

E' quello che qui io cercherò di fare, limitatamente a un'opera di Stazio, per di più la meno estesa, l'*Achilleide* (notoriamente rimasta incompiuta a poco oltre l'inizio del secondo libro, per poco più di 1.100 versi complessivi: è la «seconda soma», come dice Dante, che non conosceva le *Silvae*, con cui il poeta flavio a lui così caro «cadd*e* in via»): un'opera che, ad onta della grande fortuna goduta per tutto il Medioevo e oltre (fino all'*Achille in Sciro* del Metastasio), ha riscosso ben scarsa attenzione dagli studiosi moderni. Lascerei pertanto deliberatamente da parte tutti i passi, che sono numerosissimi (e, almeno in buona misura, reperibili nei commenti), in cui il testo di Stazio rivela occasionali contatti espressivi con quello di Ovidio, e che costituiscono - per così dire - un fatto di *langue* poetica (cioè appartengono al patrimonio espressivo della poesia latina post-augustea, nella quale Ovidio ha notoriamente un posto di

---

* Il presente lavoro coincide in parte con quanto ho scritto in una *Introduzione* all'*Achilleide* di Stazio premessa alla traduzione che ho curato per la Biblioteca Universale Rizzoli, e attualmente in corso di stampa.

1 Il cui lavoro è peraltro limitato alla *Tebaide*.

2 Il meglio si trova in Helm 1892: 58 ss.; Legras 1905: *passim*; Krumbholz 1955: 108-114. Qualche sporadico confronto è reperibile anche in Thomas 1959: 150 ss.; cfr. inoltre Aricò 1972: 99 ss. Sulla presenza di Ovidio nell'*Achilleide* qualche cenno - oltre ai paralleli, soprattutto linguistici, segnalati nei commenti - in Legras 1908: 36 (ma è quanto meno discutibile l'affermazione che il poema «présente très peu d'imitations»), 41 n. 5, 43, e in Tandoi 1985: 168.

grandissimo rilievo), per soffermare invece maggiormente l'attenzione su quelle coincidenze che implicano una relazione più profonda e complessa fra i testi dei due poeti, cioè, diciamo, un vero e proprio rapporto intertestuale.

Nella prima parte di questa conversazione vorrei analizzare un segmento dell'*Achilleide* in cui le *Heroides*, come vedremo, assolvono alla funzione di testo-modello (un modello non solo espressivo ma anche narrativo), presupposto nella competenza letteraria del lettore per interpretare il testo staziano; per poi soffermarmi, nella seconda parte, sulla presenza in questo poema epico di Stazio del poema 'epico' ovidiano, le *Metamorfosi*, e cioè sulle forti analogie che intercorrono fra le due opere per ciò che riguarda una costellazione di temi e motivi che svolgono in entrambe una funzione di primaria importanza; mentre da ultimo vorrei mostrare - sulla base di un confronto del testo staziano con l'*Eneide* (l'opera «la qual mamma / fummi e fummi nutrice poetando», come Dante stesso fa dire a Stazio), e poi con le stesse *Metamorfosi* di Ovidio - quanto profondamente, tipicamente ovidiano sia l'atteggiamento di Stazio e, in ultima analisi, la concezione stessa della letteratura che il poeta flavio manifesta.

Le *Heroides* e Deidamia nel ruolo di *relicta*

Un'attenzione particolare, per i fini che ci siamo proposti, mi pare che meriti la scena dell'addio di Deidamia ad Achille in partenza per Troia, durante l'ultima notte che li unisce (e che è al tempo stesso la prima 'notte di nozze', la prima successiva alla legittimazione del loro legame da parte del padre della donna); scena il cui significato è in larga parte sfuggito alla critica staziana. Ciò che infatti stranamente non si è notato è che tale addio costituisce una sorta di *herois*, di lamento da parte di un'eroina in procinto di essere abbandonata dal suo sposo[3]: non solo il tono complessivo delle parole di Deidamia, la loro *Stimmung*, rimanda a questa sorta di sotto-genere letterario (che ha ovviamente la sua opera più rappresentativa nelle *Heroides* ovidiane), ma una loro analisi puntuale conferma agevolmente la densità di riscontri fra il testo staziano e il genere-*herois* (Ovidio anzitutto, per l'appunto, ma anche i relativi incunaboli specie properziani e catulliani).

Deidamia, insonne e timorosa dell'alba che le toglierà Achille (*auroramque timet*, 1, 929; significativo il contrasto con l'impazienza di Ulisse la notte precedente il riconoscimento dell'eroe: *sed longa sagaci / nox Ithaco, lucemque cupit somnumque gravatur*, 817 s.), è angosciata dal pensiero della guerra e dei pericoli cui egli va incontro (*Illius ante oculos nova bella et Xanthus et Ide...*, 927): la stessa angoscia della Laodamia

---

3 Solo un breve cenno - e non per la *rhesis* di Deidamia che chiude il primo libro, ma unicamente per la scena della partenza di Achille a cui essa assiste dall'alto della torre - in Burck 1979: 356 s. («eine Szene, wie wir sie ähnlich in verwandten Situationen in Ovids 'Heroides' finden»).

ovidiana al pensiero della guerra che attende lo sposo Protesilao (il quale, come Achille, vi lascerà la vita):

> Sed timeo, quotiens subiit miserabile bellum;
> more nivis lacrimae sole madentis eunt.
> Ilion et Tenedos Simoisque *et Xanthus et Ide*[4]
> nomina sunt ipso paene timenda sono (*Her.* 13, 51-54)[5].

La giovane sposa piange fra le braccia di Achille il destino che la separa bruscamente dal suo *novus maritus* (929 s.): piange soprattutto la delusione di quelle nozze tanto bramate che tuttavia non sono valse a trattenere nemmeno per un po' il legittimo sposo presso di lei (*Modo te nox una deditque / inviditque mihi! Thalamis haec tempora nostris? / Hicne est liber hymen? O dulcia furta dolique, / o timor! Abripitur miserae permissus Achilles*, 936 ss.); con accenti molto simili a quelli con cui l'Aretusa di Properzio (in quella terza elegia del quarto libro che è notoriamente considerata il più immediato modello delle *Heroides* ovidiane) lamentava il forzato distacco da Licota (il suo *apertus coniunx*, 49) e la delusione delle speranze riposte nel matrimonio: *Haecne marita fides et pactae in gaudia noctes,*[6] */ cum rudis urgenti bracchia victa dedi?* (11 s.); o con cui Ipsipile in Ovidio recrimina contro il tradimento del suo *lentus maritus* (17) Giasone: *Heu! ubi pacta fides? ubi conubialia iura / faxque sub arsuros dignior ire rogos?* (6, 41 s.).

Ora, il richiamo all'epistola di Laodamia e alla sua figura assume per noi un rilievo del tutto particolare: il suo mito, la triste vicenda di un matrimonio celebrato in fretta a causa della partenza per Troia[7] e minacciato dal destino di morte che incombe su Protesilao (morirà, primo

---

4 La ripresa della clausola ovidiana da parte di Stazio, che i commenti ignorano, mi sembra sicura (non se ne trovano documentate altre occorrenze), e garantire della relazione fra i due testi.

5 Cfr. anche 123 s. *Sed cum Troia subit, subeunt ventique fretumque, / spes bona sollicito victa timore cadit* (per il timore del mare cfr. in Stazio 1, 928 *atque ipsas cogitat undas*).

6 Questa, di Rothstein, a me sembra la migliore correzione del testo corrotto dei codici (*parce avia*, o *pacate mihi*, o *pacte iam mihi*, o altro ancora); numerosi altri emendamenti sono segnalati da Fedeli (che, pur ricorrendo alle *cruces*, inclina per *pactae in savia*, suggerito da Haupt) nell'apparato del suo commento al quarto libro (Fedeli 1965: 18) e in quello della sua edizione teubneriana (Fedeli 1984: 231). A favore di *in gaudia* può valere anche il parallelo di Stat., *Theb.* 5, 76 *nullae redeunt in gaudia noctes* (sempre le gioie dell'eros coniugale) e, per la clausola (ma anche per il senso: sono le gioie nuziali di cui si sente defraudata Laodamia), quello di Aus., *Cup. cruc.* 36 *Praereptas queritur per inania gaudia noctes / Laudamia duas.*

7 Come quelle fra Deidamia e Achille, anche le nozze fra Laodamia e Protesilao, secondo la versione fornita dal *Protesilao* euripideo (cfr. Jouan, p. 319 e n. 5), e attestata per noi anche da Ausonio, *Cup. cruc.* 36 (citato qui sopra), avevano avuto luogo il giorno prima della partenza (in Catullo invece la durata del matrimonio è all'incirca di un anno: cfr. 68, 82).

di tutti i Greci, non appena toccherà il suolo troiano), getta una luce sinistra sulla parallela vicenda di Achille e Deidamia. Il senso dell'incompiutezza, del desiderio insoddisfatto, di una separazione precipitosa a causa della partenza dello sposo (il *novus coniunx* di Catullo 68, 81) verso un destino senza ritorno pervade anche il rapporto di Deidamia e Achille[8]. Come la Laodamia ovidiana[9] (*Oscula plura viro m a n d a t a que plura dedissem, / et sunt quae volui dicere multa tibi. / R ap t u s e s hinc praeceps...*, 13, 7 ss.; *solvor ab amplexu, Protesilae, tuo, / linguaque m a n d a n t i s verba imperfecta reliquit; / v i x illud potui dicere triste «vale»*, 12 ss.), anche Deidamia lamenta la fretta precipitosa di quel distacco, così improvviso da non lasciarle non solo il tempo di fare raccomandazioni allo sposo, ma nemmeno quello di piangere (*Quid precer, heu, timeamve prius? Quidve anxia m a n d e m / cui v i x flere vacat? [...] A b r i p i t u r miserae permissus Achilles*, 932 ss.).

Rassegnata infine alla partenza dell'amato, Deidamia lo esorta comunque alla cautela (un monito che ha ampio e significativo spazio nelle parole di Laodamia[10]) e a non dimenticare gli ammonimenti materni: che abbia un destino felice e torni presso di lei (*I - neque enim tantos ausim revocare paratus -, / i cautus, nec vana Thetin timuisse memento, / i felix nosterque redi!*, 940 ss.)[11]. Ma il pensiero della fedeltà sollecita il pungolo della gelosia e il timore del tradimento:

Nimis inproba posco:
iam te sperabunt lacrimis planctuque decorae
Troades optabuntque tuis dare colla catenis
et patriam pensare toris aut ipsa placebit

---

8 Analoga, nelle due eroine, l'insistenza sul rapporto legittimo che le unisce al loro uomo, e che tuttavia non vale a evitare la partenza dell'amato: cfr. *Ach.* 1, 938 *liber Hymen*, 939 *permissus*, e Ovidio, *Her.* 13, 30 *pectora legitimus casta momordit amor* (ma cfr. anche *omnis amor magnus, sed aperto in coniuge maior* nell'elegia properziana di Aretusa, 4, 3, 49: sulle forti analogie che essa presenta con l'epistola ovidiana di Laodamia è da vedere soprattutto Merklin 1968).

9 Che a sua volta guarda a quella di Catullo: cfr. ad es. 68, 81 ss. (*coniugis ante coacta novi dimittere collum, / quam veniens una atque altera rursus hiems / noctibus in longis avidum saturasset amorem...*) e 106 s. (*ereptum ... coniugium*) per il tema della separazione precipitosa e forzata.

10 Fino a vagheggiare una singolarissima figura di soldato ideale tutto prudenza, una sorta di anti-modello dell'ideale eroico di tradizione epico-omerica (su questo aspetto cfr. Rosati 1991), cui invece corrisponde il bellicoso Protesilao (*huic bellare cupido praecipua*) tratteggiato dallo stesso Stazio a 1, 493 ss.

11 Per la corrispondenza *i felix nosterque redi*, che affida alla ripresa di *eo* da parte del composto l'espressione della stabilità di sentimenti fra la partenza e il ritorno, si può vedere un parallelo nell'epistola ovidiana di Ipsipile (in una sezione che Stazio sembra tener presente anche nella parte finale del commiato di Deidamia): *vir meus hinc ieras, vir non meus inde redisti* (v. 111, che richiama, per rinfacciarla, la promessa di Giasone al v. 60: *vir tuus hinc abeo, vir tibi semper ero*).

Tyndaris, incesta nimium laudata rapina.
Ast egomet primae puerilis fabula culpae
narrabor famulis aut dissimulata latebo.
Quin age, duc comitem; cur non ego Martia tecum
signa feram? (942 ss.)

La movenza è particolarmente frequente nei monologhi epistolari delle eroine ovidiane[12]: il timore di Deidamia di vedersi declassata al rango di frivola avventura giovanile, oggetto di pettegolezzo per le future ancelle-amanti di Achille, ha un parallelo nel timore della donna abbandonata di esser oggetto di umiliazione da parte di un amante passato ad altri amori: è ciò che ad es. paventano Penelope (*forsitan et narres quam sit tibi rustica coniunx, / quae tantum lanas non sinat esse rudes*, 1, 77 s.) e Medea (*forsitan et, stultae dum te iactare maritae / quaeris et iniustis auribus apta loqui, / in faciem moresque meos nova crimina fingas*, 12, 175 ss.)[13]; mentre ad immaginarsi relegata nell'oblio è Fillide, ormai disillusa dalla lontananza di Demofoonte: *Quid precor infelix? Te iam tenet altera coniunx / forsitan et, nobis qui male favit, amor. / Utque tibi excidimus, nullam, puto, Phyllida nosti; / ei mihi, si quae sim Phyllis et unde rogas!* (2, 103 ss.)[14].

---

12 Ma anche qui il modello specifico di Laodamia potrebbe aver svolto un ruolo preminente: fra i frammenti della *Protesilaudamia* di Levio ne troviamo uno (18 Morel) in cui è espresso il timore della nuova sposa che Protesilao abbia ceduto al fascino delle donne asiatiche: *aut / nunc quaepiam alia te puella / Asiatico ornatu affluens / aut Sardiano aut Lydio / fulgens decore et gratia / pellicuit* (verosimilmente in un monologo in cui Laodamia lamenta l'assenza dello sposo temendone il tradimento).

13 Il motivo è indubbiamente di origine elegiaca (cfr. Rosati 1992: 81 s.): cfr. Properzio 2, 9, 21 s. *quin etiam multo duxistis pocula risu: / forsitan et de me verba fuere mala* (nonché 2, 21, 7 s. *et nunc inter eos tu sermo es, te ille superbus / dicit se invito saepe fuisse domi*, che costituisce un parallelo calzante con le parole di Deidamia). Del tutto fuori strada Juhnke 1972: 170, che vorrebbe trovare il germe del motivo della gelosia di Deidamia nelle parole con cui Achille, dopo la morte di Patroclo, comunica alla madre Tètide il proposito di tornare a combattere, minacciando morte e pianto per i Troiani (*Il.* 18, 122 ss. «voglio che le donne di Troia, le discendenti di Dardano dalle ricche vesti, piangendo con gemiti amari, asciughino con entrambe le mani le tenere guance inondate di lacrime, e comprendano che da troppo tempo io non prendo parte alla guerra» [trad. M.G. Ciani]); altrettanto improponibile (dettata dallo stessa pretesa di trovare riscontri omerici anche laddove i segnali sono di tutt'altra natura) la sua ipotesi (p. 171) di ricondurre il timore di Deidamia di poter essere oggetto di *fabula* fra le future schiave di Achille (947 s.) alle parole che chiudono la *rhesis* di Elena a Ettore (*Il.* 6, 357 s. «A noi Zeus diede un triste destino, ma per questo saremo cantati in futuro, dagli uomini che verranno»; la labilità del rapporto non deve sfuggirgli, se Juhnke 1972 è costretto a parlare di «eine neue Form der Homernachfolge» e di «lockere Anknüpfung» fra i due testi).

14 Ma va anche ricordato, a proposito della *Tyndaris, incesta nimium laudata rapina* (946), che altrettanto topica, nelle *Heroides* ovidiane, è la deprecazione di Elena in quanto causa (tutt'altro che innocente, e anti-modello etico delle varie eroine)

Ma c'è un'osservazione più puntuale da fare sulla formulazione particolare del timore di Deidamia (il timore cioè che Achille possa cedere al fascino delle donne di Troia, le quali vorranno diventare sue schiave per stargli vicine, e compensare col suo amore la perdita della patria), una formulazione che sembra legittimare l'ipotesi che Stazio richieda qui al suo lettore un'associazione più specifica. Quel lettore infatti sa che, nel futuro di Achille, c'è esattamente una donna (non propriamente troiana, ma comunque di Lirnesso, una città dell'Asia Minore alleata di Troia contro i Greci), diventata sua schiava e anzi felice di esserlo perché sa che quella è la condizione per non perdere il suo *dominus*, che ha perduto tutto, la famiglia e la patria, ma che considera l'amore di Achille un risarcimento capace di compensare (*pensare*, 945) tutti i beni perduti. Quella donna è naturalmente Briseide: non la Briseide omerica (personaggio 'muto' e passivo, che si esprime soltanto nel lamento sul cadavere di Patroclo: *Il.* 19, 287-300) ma la sua versione elegiaca[15] e in particolare quella ovidiana della terza delle *Heroides*: è infatti lì che Briseide, che ha visto cadere sotto la mano di Achille la patria e tutti i suoi cari (*Diruta Marte tuo Lyrnesia moenia vidi, / et fueram patriae pars ego magna meae* ,45 s.), e che insiste ripetutamente sulla sua condizione di schiava[16] (pregando anzi Achille di reclamarla come suo possesso, e di poterlo seguire come *famula*: *Victorem captiva sequar, non nupta maritum*, 69; *nos humiles famulaeque tuae data pensa trahemus*, 75), dichiara di considerare il rapporto con lui, suo *dominus* e *vir*(5 s.), sostitutivo di ogni legame affettivo (*tot tamen amissis, te c o m p e n s a v i m u s unum; / tu dominus, tu vir, tu mihi frater eras*, 51 s.)[17]. Sembrerebbe quindi che proprio a questa realizzazione letteraria del personaggio omerico, alla Briseide di Ovidio, Stazio guardi come al modello immediato.

C'è un ultimo elemento, infine, che rimanda chiaramente al modello letterario della 'donna abbandonata', e cioè la scenografia in cui l'addio fra gli amanti viene collocato: quando, il giorno seguente, Achille abbandona Sciro sulla nave di Ulisse (e, come Protesilao a Laodamia - *Incubuit Boreas a b r e p t a que vela tetendit, / iamque meus longe Protesilaus erat*, Ov., *Her.* 13, 15 s. -, le sembra strappato via dai venti

---

di quella guerra che ha strappato via l'uomo amato: cfr. ad es. nell'epistola di Laodamia (13, 133) *Quid petitur tanto nisi turpis adultera bello?* (ma cfr. anche 45-47; 5,125-132 etc.).

15 Sulla caratterizzazione in senso romantico-sentimentale di Briseide nella poesia d'amore cfr., dopo Rohde 1914: 110 s., sopratt. Jacobson 1974: 18 ss., e Barchiesi 1987: 74 ss.; molto materiale, naturalmente (ma l'analisi è un po' carente), è ora reperibile in King 1987: 172 ss.

16 Su questi tratti del personaggio, «che parla di sé come di un *munus* (v. 20), di una *serva* (v. 100) e che rifiuta l'appellativo di *domina* (v. 101)», sono da leggere le osservazioni di Barchiesi 1987: 76 s. (il quale rileva la pertinenza di questo lessico alla concezione elegiaca del *servitium amoris*).

17 Sulla fortuna e le riprese di questo motivo, risalente notoriamente all'Andromaca omerica (e naturalmente solo in questo caso messo in bocca a Briseide), si sofferma Barchiesi 1987: 78 ss.

impetuosi: *penitusque Noto stridente propinquis / a b r i p i t u r terris...*, 2, 20 s.)[18]. Deidamia, lo sguardo perduto nel mare, ne accompagna la partenza dall'alto di una torre:

> Turre procul summa lacrimis comitata sororum
> commissumque tenens et habentem nomina Pyrrhum
> pendebat coniunx oculisque in carbasa fixis
> ibat et ipsa freto, et puppem iam sola videbat (2, 23 ss.)[19].

Ora, l'immagine della donna che, sulla riva del mare, solitamente da una posizione elevata, guarda allontanarsi la nave dell'amato che parte (o ne attende vanamente il ritorno) è - sul modello dell'Arianna catulliana (64, 126 s.) e della stessa Didone (*Aen.* 4, 586 s.) - particolarmente frequente nelle *Heroides*[20]: basterà citare, per tutti, l'addio di Ipsipile a Teseo:

> Ultimus e sociis sacram conscendis in Argon.
> Illa volat; ventus concava vela tenet.
> Caerula propulsae subducitur unda carinae;
> terra tibi, nobis aspiciuntur aquae.
> In latus omne patens turris circumspicit undas:
> huc feror, et lacrimis osque sinusque madent.
> Per lacrimas specto, cupidaeque faventia menti
> longius adsueto lumina nostra vident (6, 65 ss.)[21].

L'assimilazione di Deidamia e del suo commiato alla tipologia letteraria della *relicta* risulta perciò di evidenza nettissima[22]; ma Stazio

---

18 Ma cfr. anche, nell'epistola ovidiana di Arianna, i vv. 29 s. *Inde ego, nam ventis quoque sum crudelibus usa, / vidi praecipiti carbasa tenta Noto.*

19 Un quadro simile, anche se più concentrato, nell'addio fra Argia e Polinice in partenza per la guerra di Tebe, in *Theb.* 4, 89 ss. *tamen et de turre suprema / attonitam totoque extantem corpore longe / respicit Argian* [su questo gesto cfr. sotto pp. 9 s.]; *haec mentem oculosque reducit / coniugis et dulcis avertit pectore Thebas* (evidenti le analogie con il conflitto interiore in cui si dibatte Achille: cfr. 2, 27-30); ma è interessante anche, nel ricordo di Argia, la descrizione di Polinice in partenza per la guerra a 12, 189 ss. *nunc iam sub casside torva / maestus in amplexu multumque a limine summo / respiciens...*

20 Sul carattere tipico di questo scenario come sfondo del dramma vissuto dalle *relictae* mi sono soffermato in Rosati 1989: sopratt. p. 15.

21 Ma è notevole anche l'addio di Laodamia a Protesilao: *Dum potui spectare virum, spectare iuvabat, / sumque tuos oculos usque secuta meis; / ut te non poteram, poteram tua vela videre, / vela diu vultus detinuere meos* (13, 17 ss.). Altri passi interessanti 5, 55 s. e 61 ss.; 10, 25 ss.; 2, 121 ss. Su questa stessa tipologia è modellato anche l'addio di Ceice ad Alcione nelle *Metamorfosi* (spec. 11, 463-471).

22 Ciò che rende tanto più strano il totale silenzio dei commenti, che non segnalano nemmeno uno dei rimandi qui sopra raccolti (e dà la misura di quanto anche quello di Dilke 1954, sotto altri aspetti indubbiamente utile, sia oggi largamente insoddisfacente); nessun accenno anche in Hross 1958. Ma la presenza e la

arriva addirittura a dichiararla apertamente, a rivelare la matrice del suo personaggio: al momento dell'addio, mentre la nave si allontana, Achille volge un ultimo sguardo di rimpianto a Sciro e *viduamque domum gemitusque r e l i c t a e / cogitat* (2, 28 s.): Deidamia, con le sue parole e i suoi gesti, riveste il ruolo della 'donna abbandonata'[23], rappresenta una figura del panorama letterario dotata di antica tradizione e celebrata, dopo l'Arianna catulliana[24], soprattutto nelle *Heroides* di Ovidio, uno dei principali *auctores* di Stazio (anche l'ultimo verso del primo libro del poema, e che è una quasi-citazione dal carme 64 di Catullo, appunto il carme di Arianna, è un segnale esplicito di rinvio a quel modello).

Le *Heroides* di Ovidio costituiscono quindi per Stazio un quadro di riferimento tutt'altro che occasionale: sono l'opera ormai più rappresentativa di questa sorta di sotto-genere della poesia d'amore, il lamento della *relicta*, e ad esse il poeta flavio può far riferimento non solo episodico e puntuale (come repertorio linguistico e stilistico, a cui attingere materiale per la forma dell'espressione), ma per modellarvi la stessa strutturazione complessiva di un'intera sezione del poema. Si può dire allora che anche in questo senso Stazio ha appreso la lezione di Ovidio: ha mutuato da lui la capacità di adattare alla varietà delle situazioni narrative le diverse forme letterarie che meglio le esprimono, quella capacità prodigiosa di cui Ovidio dà prova soprattutto nelle *Metamorfosi*, un poema che, come è stato detto, è anche un'enciclopedia di tutti i generi letterari, di volta in volta esperiti secondo il tipo di situazione narrata[25].

Ma prima di chiudere questa sezione vorrei soffermarmi ancora su un dettaglio dell'addio fra i due amanti, su un'immagine, e cioè sul gesto di Achille che *obliquos dilecta ad moenia vultus / declinat* (2, 27 s.). Che

---

funzione dell'elegia nel poema viene per lo più ignorata, o non adeguatamente valutata, anche da molti degli studi critici sull'*Achilleide*; uno spunto opportuno in tal senso ad es. in Burck 1979: 355, sulla presenza nel poema di motivi elegiaci come quello dell''amore a prima vista' (diversamente in ciò dalla *Tebaide*, in cui «erotische Elemente fast gänzlich fehlen»); cfr. inoltre Tandoi 1985: 168. A conseguenze decisamente eccessive spinge invece il richiamo all'elegia Koster 1979.

23 Non è un caso che la 'provocazione' di Stazio sarà raccolta, e che un'eroide di Deidamia ad Achille, alla maniera ovidiana - con il corredo di accuse e recriminazioni che il testo di Stazio, all'autore evidentemente ben noto, prefigura -, sarà effettivamente scritta, molti secoli dopo (l'epistola è adespota): cfr. Riese 1879 e Stohlmann 1973 (per la protesta contro l'amore che lega Achille a Briseide cfr. i vv. 65 ss.).

24 In quel carme 64 che (anche per ragioni di contiguità di soggetto, trattandosi del racconto delle nozze di Peleo e Tètide, e contenendo ampi riferimenti allo stesso Achille e al suo eroico destino: cfr. spec. vv. 338 ss.) rappresenta certamente uno dei modelli stilistici principali dell'*Achilleide* (alla necessità di indagare in maniera più approfondita la presenza di Catullo nel poema staziano richiama opportunamente Tandoi 1985: 169; ma è in generale il rapporto del poema staziano con la tradizione dell'epillio che andrebbe analizzato più a fondo).

25 Rinvio qui, anche per indicazioni bibliografiche specifiche, alle sintetiche considerazioni di Labate 1990: 964 s.

quello di Achille sia un gesto di debolezza è evidente, se non altro dal fatto che *obliquos* dichiara l'intenzione di sfuggire alla vista di Ulisse (che è la coscienza eroica di Achille, il suo super-io), e poi soprattutto da quanto segue poco dopo (*occultus sub corde renascitur ardor / datque locum virtus*, 29 s.)[26]. Achille, che pure si avvia a seguire il suo destino di eroe, si mostra in ciò esitante e intimamente combattuto. Ma è interessante, io credo, ricostruire la 'storia' di questo gesto, cioè dell'eroe che al momento di andare in battaglia si volta a guardare con nostalgia il mondo degli affetti familiari, una storia che si trova abbozzata in una nota del commento di Norden al sesto dell'*Eneide* (vv. 475 s., p. 257), il quale però trascura un passo di Ovidio che in quella storia a me sembra occupare una posizione molto importante, e costituire un vero punto di svolta[27].

Il voltarsi indietro[28], che come abbiamo detto è appunto un gesto della debolezza e del rimpianto (tipico degli innamorati lo dice Plutarco, *Cic.* 32.5 πρὸς τὴν 'Ιταλίαν ὥσπερ οἱ δυσέρωτες ἀφορῶν, e lo presuppone lo stesso Ovidio, *Rem.* 223), non rientra certo fra i comportamenti ascrivibili a un eroe: lo vediamo in una famosa scena di commiato nel mondo omerico, il mondo appunto dell'ideale eroico. Quando, alla fine dell'incontro alle porte Scee (nel sesto dell'*Iliade*), Ettore lascia Andromaca per tornare in battaglia, non si volta indietro: resta fermo, saldo nel suo proposito, mentre è lei che si allontana, per tornare verso casa, e ἐντροπαλιζομένη (v.496) lo guarda fra le lacrime. Il voltarsi indietro, cioè, è gesto eminentemente femminile che a un eroe potrà essere attribuito per connotarne appunto la momentanea debolezza (è il gesto che perde Orfeo: *victusque animi respexit, Georg.* 4, 491)[29], l'attimo di crisi che incrina le sue certezze: come quando Enea nell'Ade si volta, in pianto, a guardare Didone che si allontana sdegnosa rifiutandosi di ascoltare le sue ragioni (*Aen.* 6, 475 s. *Nec minus Aeneas, casu concussus iniquo, / prosequitur lacrimis longe et miseratur euntem*). O ancora - ed è questo il

26 Un quadro molto simile, anche se più concentrato, nello stesso Stazio, è nell'addio fra Argia e Polinice in partenza per la guerra di Tebe, in *Theb.* 4, 89 ss. *tamen et de turre suprema / attonitam totoque extantem corpore longe / respicit Argian; haec mentem oculosque reducit / coniugis et dulcis avertit pectore Thebas* (evidenti le analogie con il conflitto interiore in cui si dibatte Achille: cfr. 2, 27-30).

27 Mi rifaccio anche qui a quanto ho scritto in Rosati 1991: spec. 106 s.

28 Che il senso di *respicere* sia quello indicato (cioè di «guardare indietro», non di «ripensare», come d'altronde interpreta anche Palmer 1898: 409), mi pare trovare conferma, fra l'altro, nella patetica scena del distacco dai suoi cari dello stesso Ovidio al momento di partire per l'esilio (*Trist.* 1, 3, spec. 51 ss.), una scena che, pur nel comune debito verso Tib. 1, 3, presenta evidenti analogie con quella della partenza di Protesilao per Troia: il poeta racconta i pretesti cercati per ritardare in ogni modo il distacco: *saepe eadem mandata dedi meque ipse fefelli, / respiciens oculis pignora cara meis* (59 s.).

29 Mentre proprio di non aver tempestivamente 'guardato indietro' si rammarica Enea quando si accorge della scomparsa di Creusa (*Nec prius amissam respexi animumve reflexi..., Aen.* 2, 741).

confronto che, nell'analogia dell'immagine, marca più nettamente la differenza con l'atteggiamento di Achille in *Ach.* 2, 27 s. - quando Enea, al momento di abbandonare Cartagine per seguire il proprio destino eroico, si volta a guardare le mura illuminate (a sua insaputa) dal rogo di Didone (5, 3 s. *moenia respiciens, quae iam infelicis Elissae / conlucent flammis*), senza tuttavia che il suo proposito ne risulti incrinato (2 *certus*)[30].

Ora, se torniamo all'epistola ovidiana di Laodamia a Protesilao, vediamo che proprio in quell'epistola, in una scena ideale che nella sua *rêverie* l'eroina tratteggia immaginando il commiato di una sposa troiana dal suo marito che torna in battaglia (e che è appunto la reinterpretazione in chiave di eroismo idilliaco, familiare, della celebre scena-modello del mondo eroico greco), vediamo che proprio quell'eroe, il soldato ideale di Laodamia (e che è ovviamente un soldato dai tratti paradossali, marcatamente anti-eroici: è nelle ultime file quando bisogna combattere, ma è il primo quando si tratta di correre a casa dopo la battaglia), al momento di recarsi a combattere si volta indietro, a guardare con rimpianto la casa:

Troasin invideo, quae si lacrimosa suorum
   funera conspicient, nec procul hostis erit,
ipsa suis manibus forti nova nupta marito
   imponet galeam Dardanaque arma dabit.
Arma dabit, dumque arma dabit, simul oscula sumet
   - hoc genus officii dulce duobus erit -
producetque virum, dabit et mandata reverti
   et dicet: «Referas ista fac arma Iovi!»
Ille ferens dominae mandata recentia secum
   pugnabit caute *respicietque domum*;
exuet haec reduci clipeum galeamque resolvet
   excipietque suo corpora lassa sinu (*Her.* 13, 137-148).

E' quindi Ovidio il primo a tratteggiare questa singolare figura di soldato innamorato e pauroso della guerra, questo soldato che *si volta indietro*; e che questo modello ovidiano costituisse, anche a distanza di vari secoli, un riferimento imprescindibile, obbligato, per scene di commiato come queste che abbiamo visto lo dimostra un altro poeta latino, assai più tardo di Stazio, Claudiano. Nella sua *Laus Serenae*, l'elogio di Serena, figlia adottiva del defunto imperatore Teodosio e moglie del generale Stilicone (che, pur essendo *magister equitum* alla corte del giovanissimo Onorio, è l'effettivo detentore del potere imperiale), viene rappresentata una scena di commiato fra i due sposi (scena chiarissimamente modellata sull'epistola ovidiana di Laodamia, come gli studiosi di Claudiano hanno da tempo osservato): il marito parte per la guerra, e la sposa devota gli tributa fra le

30 Notevole invece come il gesto di Enea (trasferito ad Anna, sorella di Didone, in Ov. *Fast.* 3, 566 *moenia respiciens, dulce sororis opus*) venga connotato affettivamente, nel ricordo dell'eroe, nella ripresa di Sil. 8, 108 *respiciens aegerque animi tum regna reliqui.*

lacrime le ultime manifestazioni di affetto prima di vederlo partire (la scena, come dicevamo, è strettamente modellata sull'addio di Laodamia e Protesilao in Ovidio; così come lo è quella dello scambio di tenerezze dopo il ritorno, e il racconto delle imprese in battaglia: la situazione ha il suo archetipo nella scena del ricongiungimento di Ulisse e Penelope, nel XXIII dell'*Odissea*). Ora, è significativo che qui il gesto del voltarsi indietro al momento del distacco fra i due sposi, un gesto che non può esser certo attribuito all'eroico Stilicone, venga per così dire 'restituito' alla donna (*respectans*, v.214): l'intervento rientra nell'operazione di censura del modello elegiaco attuata da Claudiano, che elimina, in un carme panegiristico che celebra le virtù tradizionali rispettivamente del soldato eroico e della sposa casta e devota al marito, i tratti di sensualità erotica che caratterizzano appunto quel modello[31]. A Stilicone il poeta di corte Claudiano non può certo attribuire il gesto del soldato anti-militarista tratteggiato da Ovidio, e l'anomalia che quest'ultimo aveva introdotto viene così eliminata: la parabola si chiude, e il codice eroico può riacquistare la sua intima coerenza.

Ambiguità e inganni

Uno degli aspetti più rilevanti, e per diverse ragioni, dell'*Achilleide* è la caratterizzazione del protagonista, cioè del giovane Achille, come personaggio *ambiguus*: l'*ambiguitas* è il tratto dominante della sua personalità. Achille è *ambiguus* anzitutto in quanto *puer* che, da un lato, mostra già i segni di una vocazione e di un destino di grandezza eroica e che conserva tuttavia, dall'altro, atteggiamenti e comportamenti infantili (celebre la scena in cui la madre lo prende immerso nel sonno per portarlo a Sciro, dove si sveglia stupito e impaurito: piacerà a Dante, *Purg.* 9, 34 ss. *Non altrimenti Achille si riscosse, / li occhi svegliati rivolgendo in giro / e non sappiendo là dove si fosse, / quando la madre da Chirone a Schiro / trafuggò lui dormendo in le sue braccia...*); ma, al tempo stesso, di Achille è *ambiguus* anche l'aspetto esteriore, la sua bellezza rude e scontrosa, che deriva da una mescolanza di forza e dolcezza (*et tamen arma inter festinatosque labores / dulcis adhuc visu*, 160 s.), di vigore virile e di grazia efebica[32], in cui si conciliano qualità solitamente inconciliabili (su questo torneremo più avanti).

31 Il rapporto, di evidenza palmare, fra l'intera scena del carme claudianeo, vv. 212 ss., e il modello ovidiano dell'epistola di Laodamia è ben segnalato dagli studiosi: cfr. ad es. Consolino 1986: 22 ss. e 120, con ulteriore bibliografia. Il dettaglio del 'ritorno a Omero' nell'attribuzione alla figura femminile, invece che a quella maschile, del gesto del voltarsi, mi sembra che abbia un rilievo significativo nell'operazione messa in atto da Claudiano, che «ha censurato il modello elegiaco, privandolo del suo tratto più caratterizzante, la sensualità erotica»: così Consolino 1986: 23.

32 Una singolare e inconsueta commistione, come sembra suggerire - nella descrizione della bellezza del suo volto - la preziosistica immagine del fuoco purpureo che 'nuota' nel bianco della neve (*niveo natat ignis in ore / purpureus*, 161 s.).

L'*ambiguitas* doveva essere del resto, già nella tradizione precedente, il tratto caratterizzante della figura di Achille nella vicenda del soggiorno a Sciro: già un celebre passo oraziano (*Carm.* 2, 5, 21 ss.), parlando della morbida bellezza di un *puer delicatus*, accenna appunto a quella vicenda; e proprio quel passo Stazio richiama, quando Achille, debitamente acconciato e istruito dalla madre, sta per essere introdotto nel *chorus puellarum* della corte sciria:

superest nam plurimus illi
invita virtute decor, fallitque tuentes
ambiguus tenuique latens discrimine sexus (1, 335 ss.).

L'operazione di camuffamento dell'identità maschile da parte di Tètide non è difficoltosa: proprio il fatto che Achille sia in un'età 'di mezzo', di transizione dalla *pueritia* alla *iuventus* (in cui la *virtus* virile non ha ancora preso il sopravvento sul suo *decor* di fanciullo), è una condizione favorevole alla strategia della dea, alla messa in atto del travestimento e dell'inganno: proprio perché egli non è ancora un uomo, ma solo un ragazzo, è possibile - giocando su quel *tenue discrimen* - farlo credere una donna, assegnarlo al sesso femminile.

Del resto la femminilità a cui il giovane eroe viene assimilato non è piena, non è antitetica ai modi e ai comportamenti maschili, virili: è piuttosto una femminilità che confina, e arriva a confondersi, col sesso opposto: Achille, un maschio che si finge e si atteggia a donna, faticando a non tradire il suo vero sesso, il suo essere maschio, viene fatto passare per una donna dai tratti e dai gesti un po' maschili, una ragazza non ancora del tutto femminile. Su questa ambiguità gioca ovviamente l'artefice del *furtum*, dell'inganno, cioè Tètide, nel mettere in atto la sua strategia: così infatti la dea, a prevenire possibili sospetti, presenta la falsa fanciulla a Licomede:

«Hanc tibi» ait «nostri germanam, rector, Achillis -
nonne vides ut torva genas aequandaque fratri? -
tradimus: arma umeris arcumque animosa petebat
ferre et Amazonio conubia pellere ritu.
Sed mihi curarum satis est pro stirpe virili:
haec calathos et sacra ferat, tu frange regendo
indocilem sexuque tene, dum nubilis aetas
solvendusque pudor; neve exercere protervas
gymnadas aut lustris nemorum concede vagari.
Intus ale et similes inter seclude puellas;
litore praecipue portuque arcere memento.
Vidisti modo vela Phrygum: iam mutua iura
fallere transmissae pelago didicere carinae» (1, 350 ss.).

Le parole di Tètide sono un piccolo capolavoro di ambiguità: al re che sta ingannando, la dea confessa gran parte della verità effettiva (ovviamente a insaputa di lui, ma con un chiaro cenno d'intesa fra poeta e lettore: *nonne vides ut ... aequanda... fratri?*) senza tuttavia che il suo discorso perda alcunché della sua efficacia di persuasione e di funzionalità all'inganno stesso. I tratti maschili della pretesa fanciulla sorella di Achille sono apertamente confessati, e presentati come una tendenza da frenare e correggere: la negazione della femminilità (sul modello delle Amazzoni) è un pericolo da cui proteggere la finta fanciulla, ma non perché sia un difetto del suo essere donna, come Tètide vuol far credere, bensì perché tradisce proprio il non essere realmente donna di Achille, la sua vera identità sessuale, quella appunto maschile (e anche qui non sfugge l'efficace ambiguità di quel *tu frange regendo indocilem*, ben più adatto a un carattere virile che ad uno femminile: a suggerire cioè la verità più che a sorreggere la finzione). E inoltre, anche l'avvertimento di tener lontano la presunta *puella* dal porto e dalla vista delle navi che passano davanti a Sciro viene presentata come una cautela necessaria dopo il ratto subìto da Elena a opera di quei Troiani che scorrazzano impunemente per il mare: il lettore, invece, sa bene che sono altre le navi temute dalla dea, sono quelle dei Greci in cerca di Achille[33].

Ora, proprio un passo come questo, costruito su una tecnica dell'ambiguità, che intende esprimere una verità 'di superficie' (quella che Tètide comunica a Licomede: «tieni nascosta mia figlia, che è attratta dall'universo maschile») e una verità più profonda, autentica (quella che, attraverso le parole della dea, fonda l'intesa fra il poeta e il suo lettore, e che è la verità che quest'ultimo già conosce: che cioè sotto quelle vesti si cela un uomo *non abbastanza* donna), proprio un passo come questo - dicevo - ricorda al lettore di poesia latina un procedimento particolarmente frequente nelle *Metamorfosi* di Ovidio. Il poema delle forme mutevoli, della realtà in continua trasformazione, e capace di assumere un aspetto ambiguo, ingannevole, presenta una vastissima costellazione di motivi ruotanti attorno a questo tema dominante: basterebbe ricordare tutti quei casi in cui un personaggio, o camuffato sotto una falsa identità o comunque consapevole di una verità che l'interlocutore viceversa ignora, dichiara a quest'ultimo, dietro una verità di comodo, la verità autentica, senza che naturalmente questi riesca ad afferrarla: come quando Mirra, incestuosamente innamorata del padre Cinira, a lui che le chiede quale le sembri il *vir* ideale, risponde: *similem tibi* (10, 364); un'affermazione che ovviamente Cinira (diversamente dal lettore consapevole della situazione) non intende nel suo senso autentico, ma come lodevole affetto filiale (*at ille / non intellectam vocem conlaudat et 'esto / tam pia semper' ait*, 364 ss.); e quando la nutrice, nel buio notturno, accompagna Mirra al letto di Cinira, ovviamente ignaro dell'identità di quella donna, gli dice: *Accipe ... / ista tua est* (10, 463 s.): il senso buono per lui, per Cinira, è «questa donna è tua, è per te»; il senso che intende il lettore è «questa donna è tua figlia». O come Mnestra, la figlia di Erisittone, che - trasformata in pescatore per sfuggire alle ricerche del padre - a costui che le chiede notizie proprio sul suo conto, dopo averla improvvisamente persa di vista (e già qui il testo

33 Ma c'è anche un altro frammento di piena verità nel discorso di Tètide che il lettore non manca di cogliere: *sed mihi curarum satis est pro stirpe virili*.

insiste sul paradosso della confusione d'identità: *illa ... a se / se quaeri gaudens*, 8, 862), risponde la pura verità, che egli ovviamente non afferra: *nemo iamdudum litore in isto, / me tamen excepto, nec femina constitit ulla* (867 s.). O ancora come nell'episodio di Vertumno, il dio proteiforme, dotato di facoltà metamorfiche, che ama la ninfa Pomona la quale lo fugge: lui, Vertumno, si traveste da vecchia e si presenta da Pomona facendole gli elogi di Vertumno, enumerandone le virtù (fra cui quella di camuffarsi sotto le forme più varie: 14, 685 s.), e invitandola - per vincerne la resistenza - a immaginare che sia lì lui stesso: *miserere ardentis et ipsum, / quod petit, ore meo praesentem crede precari* (691 s.). Il testo ovidiano, come si vede, allude ripetutamente all'inganno, gioca sulla consapevolezza della coppia narratore-lettore di fronte all'ignoranza del personaggio, al quale fa ripetutamente balenare la verità senza tuttavia rivelargliela definitivamente. Ma gli esempi di questo procedimento in Ovidio si potrebbero facilmente moltiplicare[34].

In questa categoria di situazioni rese paradossali dal mascheramento di identità rientra anche la narrazione dei colloqui amorosi fra Achille e Deidamia: fra le varie forme di corteggiamento serrato a cui l'eroe innamorato sottopone Deidamia c'è anche quella di intrattenere l'amata con il racconto delle imprese del giovane Achille sul monte Pelio: racconti che Deidamia impara e ripete lei stessa, ignara che l'eroe celebrato si nasconde sotto le vesti della fanciulla che le sta di fronte. Una situazione paradossale che il testo non manca di far rilevare: *Illa libens discit, quo vertice Pelion, et quis / Aeacides, puerique auditum nomen et actus / adsidue stupet et praesentem cantat Achillen* (1, 577 ss.). Una situazione analoga ha luogo in occasione della cerimonia bacchica (1, 593 ss.) da cui sono rigorosamente esclusi gli uomini: al divieto (su cui il testo insiste) non ha ovviamente difficoltà a sfuggire Achille, il quale *tacitus sibi risit* (602). L'atteggiamento divertito del poeta che assiste a quella commedia di equivoci è molto simile all'atteggiamento tenuto da Ovidio in situazioni analoghe: come quella in cui Giove, camuffato da Diana per sedurre Callisto, vede posporre da quest'ultima (ovviamente ignara del mascheramento) la sua divinità a quella della dea della caccia: '*Salve, numen, me iudice' dixit / 'audiat ipse licet, maius Iove'. Ridet et audit / et sibi praeferri se gaudet* (2, 428 ss.). O come quando Mercurio, che ha comprato il silenzio di Batto (che aveva casualmente assistito al suo furto delle vacche di Apollo), torna travestito da vecchio per metterlo alla prova e con un'offerta maggiore ne ottiene la delazione; per cui lo irride così: *me mihi, perfide, prodis? / me mihi prodis?* (2, 704 s.).

Il campo semantico dell'inganno, dell'apparenza, dell'identità incerta, connesso al motivo del travestimento, ha uno spazio tale, nell'*Achilleide* (o almeno nell'episodio del soggiorno a Sciro, che occupa la massima parte dell'opera così come Stazio l'ha lasciata), da rendere il poema quasi una commedia degli equivoci (un aspetto non abbastanza

---

34 Rinvio in proposito a Rosati 1983: cap. III, spec. pp. 108 ss.

considerato dalla critica)[35]. Non sarà certo un caso che in questa sezione del poema Stazio avesse verosimilmente come modello principale proprio un testo drammatico, quegli *Skyrioi* di Euripide per noi quasi totalmente perduti ma nei quali riusciamo a ricostruire la presenza e la funzione di tutta una serie di schemi drammaturgici (il travestimento, l'identità camuffata, la peripezia conclusa dall'*anagnorisis*, cioè il colpo di scena del riconoscimento finale che permette la soluzione dell'intreccio)[36] che saranno poi consueti al teatro comico costruito sui meccanismi dell'intrigo (ovvio - per il travestimento che permette l'ingresso in casa fra le donne - il rinvio all'*Eunuchus* di Terenzio)[37]. Oltre che nel modello euripideo, tuttavia, Stazio poteva trovare un precedente importante per questo aspetto anche in un poema 'epico', nelle *Metamorfosi* di Ovidio, un'opera in cui questo complesso tematico era stato largamente esplorato e illustrato e che aveva saputo tradurre nelle forme della poesia narrativa procedimenti consolidati del linguaggio drammatico[38].

Ma anche in un altro senso l'influenza delle *Metamorfosi* ovidiane è sensibile nel poema staziano. Nell'*Achilleide*, come dicevamo, ha un rilievo fondamentale il tema dell'ambiguità: il travestimento di Achille è possibile perché il suo aspetto è caratterizzato da una certa indistinzione sessuale: la sua è una bellezza androgina, ermafrodita, che mescola tratti maschili e femminili insieme (sul modello di Bacco, il dio dei travestimenti, che unisce gagliardia virile ed effeminata mollezza): abbiamo già visto il verso che insiste su questa indistinzione (*ambiguus tenuique latens discrimine sexus*), ma i richiami a questo aspetto sono ricorrenti: cfr. ad es. *et sexus pariter decet et mendacia matris* (1, 605); e la stessa cosa nota Ulisse, che non vuol rivelare di aver scoperto l'inganno, rivolgendosi a Licomede: *Is decor et formae species permixta virili* (1, 811). Licomede è come al solito ignaro della verità che gli viene rivelata: Ulisse usa non a caso una parola ambigua: *species* alle orecchie di Licomede deve suonare come «bellezza», ma a quelle del lettore ha il senso di «apparenza», dichiara cioè la verità che si cela sotto l'inganno.

---

35 Sui caratteri comici di alcuni personaggi e situazioni dell'*Achilleide* richiamava l'attenzione Körte 1934: 6. Un cenno sulle analogie fra la rivelazione a Licomede dell'identità di Achille e del suo legame con Deidamia (insieme al frutto stesso dell'unione, il figlioletto neonato), e la conclusione di tante commedie sia greche (del tipo 'nuovo') che romane, anche in Burck 1979: 356 n. 15; cfr. infine Koster 1979: 206 s. (con qualche forzatura).

36 Sulla perduta tragedia euripidea si può vedere Jouan 1966: 204-218, da integrare ora con l'utile messa a punto di Aricò 1981.

37 Sul rapporto del poema di Stazio col modello euripideo riguardo allo «sfruttamento dell'elemento dell'ambiguità» cfr. Aricò 1986: 2949 (e Aricò 1981: 229). Per l'influenza esercitata in generale da Euripide sul teatro comico, specie sotto questo aspetto, da vedere soprattutto Solmsen 1932 e Strohm 1949; una dettagliata analisi morfologica della commedia d'intrigo fornisce Dieterle 1980.

38 Bene, da ultimo, Fantham 1979: 457: «the relaxed tone, the gentle irony and open humour take us into Ovid's world».

Ora, Ovidio - l'Ovidio delle *Metamorfosi* - è probabilmente (come rilevava già un divertito epigramma di Ausonio[39]) lo scrittore antico che mostra maggiore attenzione e interesse al tema dell'ambiguità sessuale[40]: penso anzitutto, com'è ovvio, al mito di Ermafrodito, ma sono ben noti anche i miti di passaggio dall'uno all'altro sesso - Tiresia, Ifis, Ceneo (quest'ultimo richiamato dallo stesso Stazio a 1, 264) o un certo Sitone (4, 279 s. *nec loquor ut quondam, naturae iure novato, / ambiguus fuerit modo vir, modo femina Sithon*). Nelle *Metamorfosi* cioè Stazio poteva trovare diverse storie di personaggi caratterizzati da questa identità sessuale fluida, sulla quale Ovidio si sofferma con insistenza, come ad es. nel caso di Ermafrodito (*nec femina dici / nec puer ut possit, neutrumque et utrumque videtur*, 4, 378 s.). Ma forse più ancora che quella di Ermafrodito, era la storia di Iphis ad attrarre l'interesse di Stazio: in quella storia infatti (una bambina fatta passare dalla madre per maschio e come tale allevata) egli trovava un precedente di identità sessuale camuffata in quella contraria ad opera della madre (cioè la situazione più simile a quella di Achille); e naturalmente anche Ovidio insiste sull'ambiguità, sull'indistinzione sessuale che rende credibile l'inganno (con tutte le conseguenze comico-paradossali che anche lì ne derivano):

> Indecepta pia mendacia fraude latebant;
> cultus erat pueri; facies, quam sive puellae,
> sive dares puero, fuerat formosus uterque (9, 711 ss.)[41].

L'attenzione di Ovidio per questo tipo di ambiguità, di identità fluttuante, rientra nel suo più generale gusto dei confini indistinti, della realtà fluida, che è fra le caratteristiche più notevoli della sua sensibilità poetica, specialmente nelle *Metamorfosi* (l'opera che in tal senso offriva il materiale e la cornice più adatti)[42]. Ma è un gusto che lo stesso Stazio mostra di condividere con Ovidio, sia per analoghi casi di ambiguità o 'indistinzione' sessuale[43], sia più in generale nella descrizione di fenomeni

---

39 Cfr. *Epigr.* 76 Prete, spec. vv. 8 ss.

40 Cfr. Viarre 1985 e La Penna 1983.

41 Molto simile la descrizione di Atalanta in *Met.* 8, 322 s. *facies, quam dicere vere / virgineam in puero, puerilem in virgine possis.*

42 E' quel gusto su cui, com'è noto, attirò l'attenzione Fränkel 1945, il quale tuttavia voleva vedere in questi fenomeni di «identità fluida», incerta, la spia della lacerazione interiore di un uomo «tra due mondi», diviso tra la civiltà pagana classica e la nuova sensibilità del cristianesimo ai suoi albori. La tesi di Fränkel, in sé insostenibile, aveva tuttavia il merito di individuare un aspetto fondamentale della poesia ovidiana, soprattutto nelle *Metamorfosi*, il cui influsso sulla poesia d'età imperiale è certamente molto forte (in Stazio soprattutto, e in particolare nelle *Silvae*), ma in massima parte ancora da esplorare.

43 Un caso interessante, sotto questo aspetto, Stazio offre in *Silvae* 2, 6, dov'è descritto il defunto *puer delicatus* di Flavio Urso (cfr. spec. vv. 38 ss.): non a caso anche lì è richiamato Partenopeo (42 s.), il personaggio della *Tebaide* caratterizzato da una straordinaria bellezza e animato da un ardente amore di gloria

sfuggenti e indefiniti, nella tendenza a privilegiare, rispetto all'esattezza oggettiva della realtà, le sue zone marginali e indistinte[44]; un gusto che rientra a buon diritto fra gli atteggiamenti e le espressioni più significative del suo 'manierismo' poetico[45]. Nell'*Achilleide* io credo che se ne possa individuare uno degli esiti più evidenti e felici[46].

Intertestualità e cronologie letterarie

L'ultimo aspetto del rapporto fra Ovidio e Stazio di cui qui vorrei occuparmi è una particolare concezione dell'intertestualità, e una singolare pratica nella connessione e combinazione di testi. Un caso di grande interesse nell'*Achilleide* lo leggiamo nell'episodio della 'scoperta' di Achille camuffato fra le figlie di Licomede da parte di Ulisse, il quale offre appunto al re dei doni per le figlie, doni femminili, fra i quali sono incluse anche delle armi: quelle che indurranno Achille, sedotto dal fascino della guerra, a rivelare la sua vera identità. Al momento della consegna di quei doni (1, 842 ss.), la narrazione si interrompe per lasciar spazio - con un procedimento abbastanza inconsueto - al commento scoperto del narratore

---

(cfr. ad es. Schetter, pp. 43 ss., 53 s., 134), e lo stesso Achille di Sciro (30 s.), la cui ambigua bellezza costituisce evidentemente per Stazio un paradigma di 'indistinzione' sessuale. Di «preference for and hability in handling the theme of the boy/girl» in Stazio parla van Dam 1984: 413, il quale rileva anche il suo «love of ambiguous situations in general» (p. 414).

44 Cfr. ancora le osservazioni di van Dam 1984: 223 s., che (anche richiamandosi a Ovidio) parla, per Stazio, di una «general fondness of intermediate situations» (con ulteriori indicazioni specifiche e bibliografia).

45 Su questo importante aspetto della poesia staziana, specialmente nelle *Silvae*, è da vedere in primo luogo Cancik 1965; sul manierismo della poesia d'età imperiale rinvio naturalmente a Burck 1971.

46 Altro e ben ampio discorso meriterebbe un'analisi attenta dei rapporti di Stazio (nell'*Achilleide* e ovviamente nella *Tebaide*) con le *Metamorfosi* ovidiane per quanto riguarda la strutturazione di interi episodi o di singole situazioni. Un esempio che mi sembra si potrebbe, a questo proposito, individuare nell'*Achilleide* è nella rivelazione da parte di Achille della propria identità a Deidamia dopo averle fatto violenza (e già qui, nell'espressione che Stazio usa per indicare appunto quella violenza - *vi potitur votis et toto pectore veros / admovet amplexus*, 1, 642 s. -, è evidente la ripresa dell'espressione con cui Ovidio aveva indicato - in *Met.* 11, 264 s., *confessam amplectitur heros / et potitur votis ingentique implet Achille* - l'azione analoga compiuta da Peleo su Tètide e che aveva dato luogo proprio al concepimento dello stesso Achille) approfittando della notte dedicata al culto di Bacco. Per consolarla e fugare i suoi timori Achille rivela la sua identità (*Ille ego (quid trepidas?) genitum quem caerula mater...*, 1, 650 ss.), e in questa rivelazione si colgono sicure somiglianze (sia di situazione, sia nell'uso dello stesso modulo linguistico, che introduce l'aretalogia del protagonista) con la rivelazione da parte di Apollo all'amata Leucotoe subito prima di farle violenza: *"Ille ego sum" dixit "qui longum metior annum, / omnia qui video, per quem videt omnia tellus, / mundi oculus: mihi crede, places!" Pavet illa...* (*Met.* 4, 226-233).

che deplora l'atteggiamento candidamente ingenuo di Licomede, il quale accetta senza sospetto i doni offertigli dai due eroi greci:

> Heu simplex nimiumque rudis, qui callida dona
> Graiorumque dolos variumque ignoret Ulixen! (1, 846 s.).

Licomede cade nella trappola di Ulisse, in quanto ignaro della sua proverbiale astuzia: si tratta sì di un personaggio ingenuo (è stato paragonato al *senex* gabbato della commedia), ma va detto a sua scusante che egli non ha motivo di nutrire sospetti sul conto di Ulisse (che per lui non è affatto quel mostro di astuzia che noi sappiamo, ma che sarà appunto la futura guerra di Troia a rendere universalmente noto) e tanto meno sui suoi *dona*, sulle proverbiali insidie che si annidano nei doni dei Greci. L'accusa di *simplex nimiumque rudis* rivolta a Licomede è allora un'altra: è quella di non aver letto Virgilio, di non conoscere ciò che invece il lettore di Stazio ben conosce, cioè quel testo che ha dimostrato una volta per tutte l'insidiosa natura di *doli* che i *dona* dei Greci e di Ulisse possiedono:

> aut ulla putatis
> *dona* carere *dolis* Danaum? sic *notus Ulixes*?
> equo ne credite, Teucri.
> Quidquid id est, timeo Danaos et *dona* ferentis (*Aen.* 2, 43 s.; 48 s.)[47]

Sono i versi celeberrimi con gli ammonimenti di Laocoonte ai Troiani di fronte al dono fatale del cavallo: è la storia dell'inganno che ha sancito una volta per tutte la natura insidiosa, ingannevole, dei doni dei Greci, l'equivalenza *dona-doli* istituita dal testo di Virgilio. Il paradosso della notazione di Stazio, lo spazio ironico che si apre nel gioco d'intesa fra narratore e lettore (al di sopra del personaggio), è ben familiare al lettore di Ovidio (abituato a questo atteggiamento autoriflessivo, a una letteratura autoreferenziale, che rinvia a se stessa: come quando Ero, invocando da Nettuno la fine della tempesta che impedisce a Leandro di attraversare a nuoto l'Ellesponto, si appella agli amori del dio, amori che Ero ricorda di aver letto nei poeti: *Her.* 19, 136 s.), e rivela una concezione della letteratura come una successione di storie in cui ogni nuova storia trova la sua collocazione in rapporto a quelle che hanno già il loro posto ben definito: così, nella serie dei *dona-doli* c'è anzitutto la storia del cavallo troiano, e ad essa il nuovo testo rinvia.

---

47 Troppo poco in proposito nei commenti all'*Achilleide*, che o ignorano il confronto (Jannaccone 1950, Méheust 1971) o non lo valutano adeguatamente (così Dilke, che si limita a rinviare al v. 49 di Virgilio, senza rilevare l'allitterazione sillabica che già nel testo-modello lega *dona* a *doli*, e che lì tende alla paronomasia con *Danai* [un'analisi dettagliata del senso di questo complesso fenomeno di ricorsività fonica in Conte 1984: 155], né l'analogo monito a diffidare di Ulisse al v. 43).

E' una maniera che sappiamo (dopo gli studi soprattutto di Gian Biagio Conte e poi di altri) particolarmente tipica di Ovidio: anche in lui possiamo veder mossa a un personaggio l'accusa - davvero singolare - di essere troppo ignorante, di non conoscere abbastanza la letteratura. Nella contesa per le armi di Achille, Aiace accusa Ulisse di esser abituato a combattere per imboscate (pensa ovviamente alla *Dolonia* omerica), e di non aver quindi bisogno di un elmo lucente come quello dell'eroe morto, che potrebbe anzi farlo scoprire nel buio notturno: nella *Dolonia* Ulisse in realtà non ha corso quel rischio, ma lo ha corso - anzi ne è rimasto vittima - un altro eroe che di Ulisse è l''erede' letterario latino, cioè Eurialo (è nota la dipendenza dell'episodio virgiliano dell'imboscata notturna di Eurialo e Niso dalla *Dolonia*). E' evidente pertanto l'operazione di Ovidio: attraverso le parole di Aiace (ovviamente inconsapevole) accusa Ulisse di «scarsa memoria letteraria», di aver dimenticato cioè il suo destino di personaggio omerico passato sotto altro nome nell'opera di Virgilio[48].

Perché i personaggi ovidiani hanno, sanno di avere e lo dichiarano apertamente, una loro 'esistenza letteraria': hanno, nelle opere dei grandi autori, un loro passato (che ricordano, citandolo o talvolta anche prendendone le distanze) e preannunciano un futuro. Così, l'Arianna dei *Fasti* ricorda (anzi cita, con la puntualità di una nota a pie' di pagina) quello che, prima di passare nel testo di Ovidio, aveva detto nel carme 64 di Catullo; così come, nelle *Metamorfosi* e nei *Fasti*, Marte ricorda a Giove la promessa di apoteosi per Romolo formulata negli *Annali* di Ennio[49]; e quando Dafne inseguita da Apollo avanza al padre Peneo la richiesta di una perenne verginità, gli ricorda che, a una richiesta come la sua, Giove aveva esaudito Diana nell'*Inno a Diana* di Callimaco[50] (che viene richiamato così con l'autorità di un 'precedente'). Ovidio cioè mostra una singolare «passione [...] per i contatti fra i testi»[51], per i confini fra testi propri e testi altrui ma anche fra i suoi stessi testi (un problema che gli si poneva soprattutto nelle *Metamorfosi*, un gigantesco agglomerato di racconti che si trova continuamente a doversi sovrapporre, a intersecare o anche solo a sfiorare, per poi magari evitarli, racconti fatti da altri, come ad es. accade spesso con l'*Odissea* e l'*Eneide*).

E un tipo di memoria analoga a quella di Ovidio sembrano possedere certi personaggi di Stazio: quando ad es. Giove, nel *concilium deorum* all'inizio della *Tebaide*, decide di intervenire a punire il genere umano, abbrutito dai vizi e incapace di correggersi, ricorderà un suo intervento precedente, quello che egli stesso aveva fatto in una situazione perfettamente analoga, un'altra volta che si era trovato a dover punire la malvagità umana. Era accaduto nel primo libro delle *Metamorfosi* ovidiane

48 Cfr. Labate 1980.

49 I due esempi sono illustrati da Conte 1985: 35 ss.

50 Come aveva visto già Wilamowitz 1924, II: 52 n. 4.

51 Così Barchiesi 1986: 103, che illustra brillantemente questo aspetto della poetica ovidiana.

(167 ss., quando egli aveva appositamente convocato un concilio degli dèi per discutere l'intervento più opportuno), alle quali Giove rinvia:

> «Terrarum delicta nec exsaturabile Diris
> ingenium mortale queror. Quonam usque nocentum
> exigar in poenas? Taedet saevire corusco
> fulmine, iam pridem Cyclopum operosa fatiscunt
> bracchia et Aeoliis desunt incudibus ignes.
> Atque adeo tuleram falso rectore solutos
> Solis equos, caelumque rotis errantibus uri,
> et Phaethontea mundum squalere favilla.
> Nil actum, neque tu valida quod cuspide late
> ire per illicitum pelago, germane, dedisti.
> Nunc geminas punire domos, quis sanguinis auctor
> ipse ego, descendo [...] » (1, 214-225).

L'*atque adeo tuleram* è il segnale del rinvio a quell'esperienza (quando né l'incendio del mondo provocato da Fetonte né il diluvio universale, a seguito del quale sarebbe dovuta rinascere un'umanità rinnovata, erano valsi a emendare il genere umano), a un passato vissuto in un altro testo. E pure i personaggi di Stazio, come quelli di Ovidio, oltre ad avere un passato a cui si richiamano, hanno anche un futuro che suggeriscono ai loro lettori: quando Nettuno, nell'*Achilleide*, respinge la richiesta di Tètide di sconvolgere il mare con una tempesta per fermare la fuga di Paride e impedire la guerra, rassicura la dea promettendole che ci sarà tempo anche per le tempeste, dopo la fine della guerra: sarà, quando verrà il momento dell'*Odissea* (*dirum pariter quaeremus Ulixem*, 1, 94)[52]. Anche Stazio cioè si mostra attento alle cronologie letterarie, colloca i suoi personaggi, e i suoi testi, in un *continuum* narrativo nel quale ognuno trova la sua ordinata collocazione accanto agli altri, passati e futuri (Tètide perciò deve solo aspettare: la tempesta che non ci sarà ora ci sarà nell'*Odissea*), e all'interno del quale ha interesse a segnare confini e punti di passaggio fra le varie storie.

E' questo, mi sembra, il punto più avanzato del rapporto fra i due poeti, il segno di quanto profondamente Stazio abbia inteso e appreso la lezione di Ovidio. E il fatto che, nell'applicare il suo metodo, in quella pratica tutta ovidiana, autoriflessiva, di rinviare ad altri testi, sia anzitutto lui, Ovidio (come abbiamo visto nel caso di Giove), l'oggetto del richiamo, è forse l'omaggio più esplicito che Stazio rende al suo modello.

---

52 Analogo procedimento a 1, 686 ss., quando si fa riferimento al rammarico di Tètide per non poter «già allora» - senza cioè aspettare il 'futuro' dell'*Odissea* - scatenare la furia del mare contro l'odiato Ulisse: *ac multa gementem, / quod non erueret pontum ventisque fretisque / omnibus invisum iam tunc sequeretur Ulixen.*

Savants et poètes du moyen âge face à Ovide:

Les débuts de l'*aetas Ovidiana* (v. 1050 - v. 1200)

Jean-Yves Tilliette
(Université de Genève)

La tâche que m'ont assignée les organisateurs du colloque de Zurich, parler de la place occupée par Ovide dans la littérature latine médiévale, est immense. Il ne saurait donc être sérieusement question pour moi d'affronter la question dans tout son détail: *materia superaret opus!* La tentation de la synthèse, que semblait autoriser un tel exposé, s'est avérée elle aussi périlleuse. Sans doute les études sur ce thème ont-elles heureusement proliféré depuis quelques décennies,[1] mais il reste encore trop de zones d'ombre, de questions pendantes pour qu'une approche globale du sujet ne soit pas vouée à l'imprécision, sinon à l'erreur. La présente étude se composera donc de deux monographies à première vue disparates, l'une sur la transmission textuelle des œuvres d'Ovide, l'autre sur un brillant imitateur du poète de Sulmone, Baudri de Bourgueil (1045/46-1130). On s'apercevra, je l'espère, que cette juxtaposition n'est pas innocente. Elle vise en effet à poser les termes de l'un des paradoxes encore irrésolus de la réception médiévale d'Ovide.

Fidèle en ceci aux préceptes de la rhétorique classique, qui recommande l'usage des lieux communs comme base de l'argumentation, *sedes argumentorum*, je partirai d'un *topos*, ou plutôt de ce qui est devenu un *topos* pour les critiques et les historiens de la littérature médiévale. Je veux parler de la célèbre affirmation de Ludwig Traube qui voit se succéder, dans la culture du haut moyen âge, trois "âges": l'*aetas virgiliana* qui correspond grosso modo à l'époque carolingienne, l'*aetas horatiana* aux Xe et XIe siècles et l'*aetas ovidiana* aux XIIe et XIIIe.[2] L'intuition du philologue de Munich a dû se révéler opératoire, vu sa durable popularité. Mais elle n'a guère fait l'objet d'une vérification critique. Or, dans l'état actuel des catalogues et des inventaires, les historiens des textes et des bibliothèques ont les moyens d'évaluer avec une marge d'erreur restreinte la popularité d'un auteur au moyen âge: le nombre de copies subsistant d'un texte donné, les éventuelles mentions qui en sont faites dans les inventaires anciens, l'existence, ou l'absence, de commentaires, l'apparence extérieure elle-même des manuscrits, ornés ou non de gloses qui témoigneraient d'un usage scolaire, toutes ces données doivent désormais être prises en compte par les philologues, impérieusement

1 Un inventaire complet de celles-ci occuperait plusieurs pages. Nous nous permettons donc de renvoyer à la liste sans doute non exhaustive d'ouvrages et d'articles de portée générale sur les problèmes et la période qui nous occupent ici donnée *infra* (bibliographie). Les études relatives à des points plus particuliers sont citées dans les notes de cet article.

2 *Vorlesungen und Abhandlungen*, t.II, München: Beck, 1911, 113.

appelés, *via* la codicologie, à se faire historiens de la culture. Et c'est là, pour Ovide, que les choses commencent à se compliquer: de l'avis du meilleur spécialiste actuel de la tradition des classiques latins au moyen âge, Birger Munk Olsen, qui étaie cette assertion de preuves irréfutables, "il semble que la diffusion de ses œuvres ait été relativement modeste".[3] Le savant danois, qui s'avoue ici "embarrassé", ne nie pas pour autant "le grand impact qu'[Ovide] a eu sur les poètes" du XIIe siècle.[4] Il y a en tous cas là un décalage étrange, qui ne semble caractériser la réception d'aucun autre classique latin, et dont nous essaierons de rendre raison.

La transmission des œuvres d'Ovide au moyen âge.

La critique littéraire est fort habile à dénouer les liens d'influence, de filiation, qui se tissent entre les œuvres. C'est même une de ses raisons d'être: il est devenu banal d'affirmer que, depuis Homère, les textes se créent, ou plutôt se produisent, par rapport à d'autres textes au moins autant que par rapport au réel.[5] Dans le cas particulier de la littérature latine médiévale, sur laquelle pèse tout le poids de l'*auctoritas* antique et patristique, cette problèmatique de l'intertextualité est particulièrement efficace. Encore faut-il la mettre en œuvre avec discernement: lorsque nous parlons de déterminer des "influences", nous n'entendons pas nous limiter à la *Quellenforschung*, dont les résultats sont au demeurant tout à fait utiles et instructifs. Constater qu'un poème médiéval est constellé de clausules d'hexamètres classiques nous renseigne sur les méthodes d'apprentissage scolaire de la métrique latine et sur les techniques littéraires de l'époque.[6] Mais il n'y a que notre expérience de lecteurs pour nous faire percevoir l'osmose subtile et parfois mystérieuse qui s'établit entre deux œuvres éloignées dans le temps, qu'elle se matérialise ou non par des citations littérales judicieusement choisies. De telles rencontres - de celle entre l'auteur du *Waltharius* et Virgile[7] à celle entre Pétrarque et les lettres de Cicéron - jalonnent l'histoire de la littérature médiévale.

Encore faut-il qu'elles soient possibles. Or, elles se heurtent à deux types d'obstacles, d'ailleurs étroitement liés. Des obstacles

3 Munk Olsen 1987: 88.

4 *Ibid.*

5 Cf. (entre autres) G. Genette, *Palimpsestes. La littérature au second degré*. Paris: Seuil, 1982.

6 L'irremplaçable liste de clausules hexamétriques compilée par O. Schumann (Lateinisches Hexameter-Lexikon, München: MGH [Hilfsmittel], 1979-1983, 6 vol.) ne nous renseigne pas tant sur la connaissance de tel poète de l'antiquité par tel poète médiéval que sur le caractère formulaire et souvent mécanique de la composition en vers classiques au moyen âge.

7 P. Dronke, "Functions of classical borrowing in medieval latin verse", dans R.R. Bolgar (éd.), *Classical Influences on European Culture A.D. 500-1500*, Cambridge: Cambridge UP, 1971, 159-164 (repris dans *The Medieval Poet and his World*, Rome: Edizioni di Storia e Letteratura, 1984, 105-111); G. Vinay, "Haec est Waltharii poesis. Vos salvet Iesus", dans *Alto Medioevo latino. Conversazioni e no*, Napoli: Guida, 1978, 433-481.

psychologiques d'abord: leur environnement culturel et mental rend les hommes du moyen âge résolument sourds à la voix de tel auteur classique. Nul d'entre eux, ou si peu, ne rencontrera Catulle le fou d'amour ni Lucrèce l'athée.[8] Cependant leurs œuvres subsistaient, enfouies dans le secret de quelque bibliothèque monastique. D'autres auteurs, pourtant peu ou mal intégrés au canon scolaire de l'Antiquité tardive, comme ce fut sans doute le cas d'Ovide,[9] ont connu un succès tardif mais éclatant. Et on touche là à la seconde catégorie d'obstacles, qui sont des obstacles matériels. Le livre est un objet rare et coûteux dans le haut moyen âge. Sa réalisation requiert un tel effort physique de la part du scribe, un tel effort financier de son commanditaire[10] qu'il n'est produit que pour répondre à un besoin. L'acte de transcription, comme l'acte de lecture - encore le plus souvent orale, comme on sait[11] -, est donc en relation quasi-nécessaire avec une attente de type social ou, pour mieux dire, collectif. Certes, il n'est pas question de nier que quelques érudits, quelques amateurs éclairés aient de tous temps chercher à accéder à des textes rares, pour le seul bénéfice de leur instruction, de leur édification ou de leur curiosité. Mais l'effet de telles entreprises, pour important qu'il soit sur le plan de l'histoire des textes, est, du strict point de vue socio-culturel, à peu près négligeable.

Pourquoi donc certains textes classiques plutôt que d'autres, également disponibles en théorie, semblent-ils, au vu des témoignages conservés, avoir été massivement copiés pendant les premiers siècles du moyen âge? La réponse nous paraît à peu près univoque: c'est que l'on en faisait un usage scolaire, qu'ils étaient jugés mieux adaptés à l'enseignement et à l'apprentissage de la langue et de la versification latines, ou à ceux des arts libéraux (voir, pour prendre un seul exemple, le succès du médiocre manuel technique qu'est le *De inventione*, au détriment d'un traité plus profond, mais moins pratique, comme est le *De oratore*). Il convient peut-être de nuancer cette assertion un peu simple en constatant que l'accroissement du canon ainsi défini comme scolaire[12] fait écho à

---

8 On n'a pratiquement plus aucune trace de la présence du premier dans les bibliothèques médiévales; pour le second, subsistent un manuscrit et quelques fragments d'époque carolingienne, mais il disparaît alors presque complètement jusqu'au XVe siècle (cf. L.D. Reynolds (éd.), *Texts and Transmission. A Survey of the Latin Classics*, Oxford: Clarendon, 1983, 43-45 et 218-222).

9 Cf. A. Ronconi, "Fortuna di Ovidio", dans *Atene e Roma* 29(1984): 1-16, et P. Klopsch, "Die Christen und Ovid", dans J. Vaslef - M. Buschhausen (éd.), *Classica et Mediaevalia, Studies in Honour of Joseph Szövérffy*, Leiden-Washington: Classical Folia Editions, 1986, 91-102.

10 Voir J. Vezin, "La fabrication du manuscrit", dans *Histoire de l'édition française*, t.1: *Le livre conquérant. Du Moyen Age au milieu du XVIIe siècle*, s.l.n.d. [Paris: Promodis, 1983]. 25-47.

11 P. Saenger, "Manières de lire médiévales", *ibid.*: 131-141; *Id.*", Silent Reading: Its Impact on Late Medieval Script and Society", dans *Viator* 13 (1982): 367-413.

12 L'ouvrage de référence reste le petit livre de Glauche, 1970; voir aussi maintenant Munk Olsen, 1991.

l'évolution du goût et des mentalités; j'aurai bien sûr l'occasion d'y revenir à propos d'Ovide. Pour prendre, là encore, un seul exemple, qui est plutôt une hypothèse de recherche: n'est-il pas significatif que la période justement définie par Traube comme *aetas horatiana*,[13] où se propage aussi de façon spectaculaire la lecture de Perse et de Juvénal[14] soit l'âge d'or du monachisme et de l'idéologie du *contemptus mundi*, dont l'œuvre de ces satiristes constitue, sur un mode païen, le contrepoint saisissant? Ce que l'on peut, en somme, raisonnablement déduire de ces considérations, c'est d'une part l'existence d'une relation dialectique entre les corpus des textes classiques lus et étudiés et l'état d'esprit, le type de culture des milieux qui les lisent et les étudient; d'autre part que cette relation est médiatisée par l'école, cela d'autant plus que le latin est une langue seconde, une langue apprise. Dans ces conditions Munk Olsen est parfaitement fondé à intituler son monumental catalogue "l'*étude* des auteurs classiques latins aux XIe et XIIe siècles".[15]

Il était à craindre que l'approche rigoureusement statistique du maître de Copenhague ne heurte les spécialistes des "grands textes littéraires". Nous espérons que les remarques qui précèdent prouvent au contraire la pertinence d'une telle démarche. La seule incertitude porte sur la valeur de l' "échantillon" que constituent les manuscrits aujourd'hui conservés par rapport à ceux qui furent effectivement transcrits. On connaît le fameux paradoxe de Dekkers et Hoste, selon qui la rareté des copies conservées d'une œuvre serait l'indice de sa popularité: plus pratiquées, plus manipulées, elles auraient moins bien résisté à l'usure du temps que les livres indifférents au public et endormis dans le silence des bibliothèques.[16] La démonstration vaut probablement pour les documents auxquels les deux savants belges l'appliquent, à savoir des manuscrits transcrits au cours du très haut moyen âge, antérieurement au IXe siècle. Elle est difficilement transposable aux siècles ultérieurs, sans quoi, signale malicieusement Munk Olsen, il faudrait admettre "que les manuscrits anciens de Tacite et de Catulle devraient fourmiller de nos jours, alors qu'on n'aurait que quelques épaves des œuvres de Virgile ou d'Horace".[17] Il y a donc bien lieu de considérer que le poids statistique relatif des œuvres classiques ou non au sein du stock considérable des

---

13 Cf. A. Monteverdi, "Orazio nel Medio Evo", dans *Studi Medievali* 9 (1936): 162-180.

14 Munk Olsen 1991: 25-37.

15 Il n'est peut-être pas inutile de rappeler ici que l'imposant ouvrage (Paris, 1982-1989), qui comprend quatre tomes in -4° - deux de catalogue, soit 1500 pages, un de synthèse et un d'*addenda* et *corrigenda* - a pour origine l'étude des sources du plus cultivé des intellectuels médiévaux, Jean de Salisbury.

16 "De la pénurie des manuscrits anciens des ouvrages les plus souvent copiés", dans *"Sapientiae doctrina". Mélanges de théologie et de littérature médiévales offerts à Dom Hildebrand Bascour*, Louvain: Abbaye du Mont César, 1980, 24-37.

17 "La popularité des textes classiques entre le IXe et le XIIe siècle", dans *Revue d'histoire des textes* 15 (1984-85): 169-181 (ici, 172).

livres médiévaux qui nous sont parvenus est un indice sérieux de leur plus ou moins grande diffusion. Nous hésitons pour notre part à employer le terme de "popularité", auquel nous attribuons des connotations affectives: les chiffres prouvent de façon irréfutable que les poèmes d'Ovide eurent beaucoup moins de lecteurs avant le XIIIe siècle que le *De inventione*; mais le sec manuel de Cicéron, commenté par les maîtres de rhétorique de toute la chrétienté occidentale, a-t-il suscité autant de sympathie, de passion même, que ne l'ont fait les œuvres du poète de Sulmone auprès des *happy few* qui les ont eues entre les mains? Nous n'en sommes pas bien sûr et c'est cette incertitude que nous voudrions, au moins partiellement, essayer de lever.

Car il est temps, enfin, d'en venir à Ovide. Il est naturellement exclu, il serait évidemment absurde, de reprendre sur nouveaux frais l'enquête quasi-exhaustive[18] de Munk Olsen, que nous mettons décidément beaucoup à contribution. Il en expose les conclusions dans l'article dense et fort bien documenté que nous avons déjà cité.[19] Ce que nous voudrions, bien modestement, c'est problématiser ces conclusions mêmes et proposer quelques hypothèses susceptibles de rendre raison des doutes, ou des surprises que suscite l'examen des données brutes, chiffrées. Nous nous efforcerons, pour ce faire, de répondre à quelques questions simples:

1. *Combien?* Parmi les œuvres de classiques latins copiées avant 1200, les *Métamorphoses*, avec 50 manuscrits, occupent une bien modeste vingt-cinquième position, très loin derrière l'*Enéide* (168 mss.), la *Pharsale* (161 mss.), les divers recueils d'Horace (entre 123 et 146 mss.), et même Juvénal (110 mss.), Térence (99 mss.), la *Thébaïde* de Stace (96 mss.) et les hermétiques *Satires* de Perse (73 mss.). Les autres poèmes d'Ovide sont encore plus mal lotis: 22 manuscrits des *Fastes*, respectivement 14 et 12 des *Epistulae ex Ponto* et des *Tristes* (c'est bien peu si l'on songe à l'influence avérée qu'ont eue ces élégies de l'exil sur la poésie d'époque carolingienne);[20] quant aux *carmina amatoria*, ils semblent avoir souffert d'une diffusion encore plus restreinte: 10 manuscrits des *Héroïdes* et des *Remedia amoris*, 9 de l'*Art d'aimer*, 8 seulement des *Amours*. La statistique est cruelle, mais montre aussi ses limites: si nous admettons que les poèmes d'Ovide ont été lus par peu de personnes, du moins ont-ils été bien lus, assez attentivement pour servir de modèles littéraires (ce qu'ont beaucoup moins été, par exemple, les *Odes* et les *Epodes* d'Horace), comme le prouve la remarque que nous venons de faire à propos des élégies de l'exil. De plus, ces chiffres sont en partie corrigés, de façon très

18 Une telle somme comporte nécessairement quelques lacunes: voir le compte rendu plutôt réservé (et, selon nous, injustement sévère) de R.J. Tarrant, dans *Speculum* 66 (1991): 930-936.

19 Supra, note 3.

20 Voir G. Brugnoli, "Ovidio e gli esiliati carolingi", dans *Atti del Convegno Internazionale Ovidiano*, Roma: Istituto di Studi romani, 1959, 273 sqq. Egalement K. Smolak, "Der verbannte Dichter (Identifizierung mit Ovid im Mittelalter und Neuzeit)", dans *Wiener Studien* 91 (1978): 158-191 et S. Viarre, "Exil ovidien, exil médiéval", dans R. Chevallier 1982: 261-271.

curieuse et intéressante, par d'autres, à savoir le nombre de mentions faites des textes en question dans les inventaires anciens de bibliothèques.[21]

Du fait du caractère lacunaire, aléatoire et imprécis de ce genre de sources, les résultats de l'enquête sont généralement sans surprise, donc pauvres: pour la quasi-totalité des auteurs pris en considération, le nombre de manuscrits conservés dépasse notablement celui des mentions dans les catalogues. Or, seules certaines des œuvres d'Ovide inversent de façon spectaculaire cette proportion: deux fois plus de mentions des *Héroïdes* dans les inventaires (22) que de manuscrits conservés (10); 14 mentions de l'*Art d'aimer* contre 9 manuscrits; même phénomène, un peu moins net, pour les *Remedia amoris* (14 mentions/ 10 manuscrits), les *Amours* (10/8) et les *Pontiques* (15/14). Comment expliquer cette anomalie? Si la rareté des sources ne nous égare pas - il est en effet hasardeux de tirer des conclusions trop catégoriques de si petits nombres -, on peut voir trois raisons, d'ailleurs concomitantes, au fait que les copies des œuvres, notamment érotiques, d'Ovide, furent plus que d'autres, avant 1200, exposées à la destruction. Invoquer tout d'abord la loi paradoxale de Dekkers et Hoste, rappelée ci-dessus, dont on a dit qu'elle était plus justement applicable à des ensembles statistiques limités qu'à de très grandes quantités: les poèmes d'Ovide auraient ainsi été victimes de l'enthousiasme de leurs lecteurs. Considérer ensuite que, notamment à l'époque et dans le contexte du moralisme grégorien, ils ont pu faire l'objet d'une censure: le sévère clunisien Conrad d'Hirsau, qui est aussi un des meilleurs critiques littéraires de son temps, réprouve catégoriquement, dans son *Dialogus super auctores*, la lecture des *Métamorphoses*, cette encyclopédie du paganisme, et surtout des élégies amoureuses pleines d'immoralité - tolérant en revanche celle des poèmes de l'exil et, plus curieusement, celle des *Fastes*.[22] Enfin, prendre en compte l'accession tardive d'Ovide au rang d'auteur scolaire: lorsque Conrad rédige à des fins pédagogiques son manuel, vers 1100, cette intégration au canon ne va absolument pas de soi (sauf, peut-être, dans quelques zones plus orientales de la chrétienté, comme on le verra dans un instant); certes, les livres scolaires, de par leur destination, sont sujet à l'usure, mais, pour cette même raison, on les remplace; Ovide aura pu faire les délices de tel lettré isolé, mais, ne bénéficiant pas d'une protection pour ainsi dire "institutionnelle", il aura disparu avec ce dernier. Qu'est-il advenu du manuscrit d'Ovide que Baudri de Bourgueil conservait si précieusement?[23] Le bilan tout à fait décourageant suggéré par les chiffres bruts peut donc être légèrement nuancé. Il reste modeste. Y a-t-il moyen d'affiner les analyses ?

2. *Quand?* L'indication donnée par le nombre global des copies d'*auctores* latins réalisées entre 800 et 1200 et parvenues jusqu'à nous est assurément précieuse. Mais elle donne une idée un peu statique de la culture classique des lecteurs qui se sont succédé au cours de ces quatre

---

21 Munk Olsen, 1987: 69-71.

22 Huygens, 1970: 114.

23 Cf. *infra*, 17.

longs siècles. Et c'est ici que les chiffres donnés par Munk Olsen, confirmant d'ailleurs l'intuition de Traube, nous apportent enfin des nouvelles réconfortantes d'Ovide. Les *Métamorphoses*, jusqu'en l'an Mil, semblent bien être une extrême rareté bibliographique (3 copies conservées seulement!); mais nous en avons 39 manuscrits du XIIe siècle,[24] plus que de Perse (22), presque autant que de Térence (40) et Juvénal (41). Même si, entre 1100 et 1200, le nombre d'exemplaires de l'*Enéide* et de la *Pharsale* dépasse encore nettement celui des manuscrits des *Métamorphoses*, la diffusion des poèmes de Virgile et de Lucain s'est accrue dans des proportions bien moins spectaculaires: entre le IXe et le XIIe siècle, les copies de l'*Enéide* ont progressé de 250%, celles de la *Pharsale* de 1040%, celles des *Métamorphoses* de 3700%. Il ne faut sans doute accorder à ces chiffres qu'une valeur purement indicative: il va de soi que plus les manuscrits sont anciens, moins ils avaient de chances de nous parvenir. Moyennant cette réserve, la statistique n'en dessine pas moins les lignes de force d'une évolution significative.

Elles auraient sans aucun doute été encore affirmées par l'étude du XIIIe siècle, mais on ne pouvait évidemment pas demander à Munk Olsen, qui a déjà décrit et analysé près de 3500 manuscrits, de pousser son enquête jusqu'au moyen âge tardif. Pour Ovide, c'est un peu regrettable, car il semble bien que notre auteur fasse après 1200 jeu égal avec ses principaux concurrents, qu'il se soit désormais autant et plus qu'eux intégré au canon des lectures classiques. D'après les catalogues modernes, il nous reste, des *Métamorphoses*, 96 manuscrits copiés au XIIIe siècle[25] (soit deux fois plus qu'au cours de l'ensemble des quatre siècles antérieurs), des *Héroïdes*, 41 manuscrits[26] (quatre fois plus entre 1200 et 1300 qu'entre 800 et 1200), des *Fastes*, 33 manuscrits,[27] du corpus *Amores - Ars armatoria - Remedia*, 20 manuscrits[28] - faute d'étude récente sur la question, on est moins fixé sur le sort des deux recueils de l'exil au XIIIe siècle. Toute étude globale sur l'Ovide médiéval doit donc éviter de tenir compte de la barrière de 1200, souvent considérée comme fatidique par les médiolatinistes. Tel n'est pas toutefois notre propos. Nous avons

---

24 Les chiffres sont ceux de Munk Olsen 1984-85: 177. Par convention, nous considérons comme du XIIe siècle les manuscrits datés "XII-XIII" par cet auteur. D'où les quelques discordances entre les chiffres donnés *supra*, et ceux figurant dans le tableau suivant.

25 F. Munari, *Catalogue of the Manuscripts of Ovid's Metamorphoses*, London: University of London, 1957 (BICS, Suppl.4).

26 H. Dörrie, "Untersuchungen zur Ueberlieferungsgeschichte von Ovids Epistulae Heroidum", dans *Nachrichten der Akademie der Wissenschaften in Göttingen, Ph.-H.Kl.*, 1960, Hefte 5 et 7.

27 E.H. Alton, D.E.W. Wormell et E. Courtney, "A List of the Manuscripts of Ovid's Fasti", dans *Bulletin of the Institute of Classical Studies* 24 (1977): 37-61.

28 E.J. Kenney, "The Manuscript Tradition of Ovid's *Amores, Ars Amatoria* and *Remedia Amoris*", dans *Classical Quarterly* 12 (1962): 1-31.

pu dater entre 1100 et 1150 les débuts de l'*aetas ovidiana*. Peut-on définir le type d'étude dont notre auteur faisait alors l'objet?

3. *Où?* Les chiffres donnés par le tableau ci-dessous[29] permettent de donner quelques éléments de réponse à cette question. On n'insistera pas encore une fois sur le caractère fragile d'une statistique portant sur de très petits nombres, sinon pour signaler que les remarques qui suivent sont de pures et simples hypothèses de travail.

Répartition chronologique et géographique des mss. des œuvres d'Ovide antérieures à 1200 (d'après B.Munk Olsen, *L'étude des auteurs classiques latins aux XIe et XIIe s.*, t. II, p. 111-181)

1. *Carmina amatoria (Am., AA, Rem., Her.)*

Pays	IXe	Xe	XIe	XIIe	Total
Allemagne	2	-	7	12	21
Italie	2	-	6	3	11
France	6	-	-	4	10
Angleterre	1	-	-	3	4
Total	*11*	*0*	*13*	*22*	*46*

2. *Métamorphoses*

Allemagne	1	1	5	15	22
Italie	-	1	4	14	19
France	1	-	3	8	12
Angleterre	-	1	-	1	2
Espagne	-	-	-	1	1
Total	*2*	*3*	*12*	*39*	*56*

3. *Fastes*

Allemagne	-	-	1	4	5
Italie	-	-	1	3	4
France	-	-	2	9	11
Angleterre	-	-	-	2	2
Total	*0*	*0*	*4*	*18*	*22*

29 Ils sont cette fois fondés sur Munk Olsen, 1985: 111-181, où, pour chaque manuscrit, sont données une datation et une localisation au moins conjecturales.

4. Elégies de l'exil ***(Trist., Pont.)***

Allemagne	-	1	1	13	15
Italie	-	-	1	-	1
France	1	-	-	6	7
Angleterre	-	-	-	1	1
Total	*1*	*1*	*2*	*20*	*24*

Le premier fait marquant est l'absence quasi-totale de la péninsule ibérique dans l'histoire de la tradition ovidienne - phénomène noté d'ailleurs par tous les éditeurs modernes du poète de Sulmone. Faut-il incriminer notre connaissance encore médiocre des fonds de nombreuses bibliothèques espagnoles? En tous cas, cette constatation contredit assez brutalement la tradition qui veut que ce soit le wisigoth Théodulphe qui a introduit la lecture d'Ovide dans la culture carolingienne. Quoiqu'il en soit, même si l'on peut, pour la haute époque, concéder à l'Espagne le bénéfice du doute, du fait des disparitions et des destructions, il semble bien probable qu'Ovide n'y ait guère été un auteur très populaire aux XIe et XIIe siècles. Encore une fois, l'Espagne mozarabe fait figure d'isolat culturel. Il y a là peut-être matière à réflexion pour les spécialistes de la lyrique des troubadours. Entre les partisans des sources arabes et ceux des sources latines, la rupture Nord-Sud semble bien se confirmer.

D'autant plus surprenante, en revanche, est la faible représentation de l'Angleterre que la présence des œuvres d'Ovide y est bien attestée par les inventaires.[30] Doit-on supposer que des fonds aussi importants que celui du chapitre de la cathédrale de Durham étaient pour une bonne part alimentés par des manuscrits d'origine française et importés par les conquérants normands?[31]

Deux grands ensembles se dessinent donc, d'importance inégale: le monde impérial (Allemagne - Italie) et la France. Et ces deux aires géographiques et culturelles se caractérisent - c'est peut-être l'enseignement le plus riche de ce modeste sondage - par des intérêts différents: si les *Métamorphoses* paraissent partout bien accueillies, le monde germanique témoigne au XIIe siècle d'une attention bien plus marquée que la France aux poèmes d'amour et, dans une moindre mesure, d'exil, alors que les français sont presque seuls à lire les *Fastes*. Cette distinction recoupe nettement l'information que fournissent les plus anciennes traces de l'étude scolaire d'Ovide. C'est en Allemagne, et en particulier dans les abbayes bavaroises de Tegernsee et de Benediktbeuren, que commencent à fleurir dès le début du XIIe siècle *accessus* et

30 L'inventaire de la cathédrale de Durham (milieu XIIe s.) mentionne 10 titres d'Ovide, celui de Christ Church de Cantorbéry (vers 1170) 6 (cf. Munk Olsen, 1987: 73 et 77).

31 Ainsi Hugues, évêque de Durham de 1153 à 1195, originaire du Puiset en Gâtinais, cède-t-il sa riche bibliothèque au chapitre de la cathédrale (cf. G.V. Scammel, *Hugh du Puiset, bishop of Durham*, Cambridge: 1956, 104).

commentaires, les premiers insistant avec grand détail sur la biographie d'Ovide, jusque dans ses aspects scandaleux,[32] les seconds dédiés de préférence aux *Héroïdes*, à l'*Art d'Aimer* et aux *Pontiques*:[33] ces travaux mettent en relief la figure de l'Ovide léger, mélancolique ou libertin.[34] Vers le milieu du siècle, c'est au contraire l'Ovide savant que découvrira l'école d'Orléans, au travers notamment des commentaires du grand Arnoul de Sainte-Euverte. Car c'est bien à une approche pour ainsi dire archéologique d'Ovide qu'Arnoul convie ses étudiants: son commentaire encore inédit aux *Fastes* fourmille de notations ingénieuses, parfois originales, souvent pertinentes sur l'histoire et sur la religion romaines, que la renaissance du XIIe siècle collecte avec passion.

4. *Comment?* Tout se passe en effet comme si l'œuvre d'Ovide, bien qu'elle n'ait pas, ou plutôt parce qu'elle n'avait pas au préalable figuré au programme des écoles, avait fait au départ l'objet d'interprétations diverses, sinon divergentes, complémentaires, voire contradictoires. Là encore, la tradition manuscrite en témoigne. Ce n'est guère avant 1200 que les *opera omnia* d'Ovide seront rassemblées en un seul volume.[35] Des raisons matérielles peuvent l'expliquer: avec les quelque 35000 vers que compte son œuvre, Ovide est de loin le poète antique le plus fécond; réunir un tel corpus supposait une dépense d'énergie, de temps et d'argent peu commune, et que l'on n'était disposé à engager que pour répondre à une impérieuse nécessité. Tout laisse à penser qu'une telle nécessité ne s'est pas imposée très tôt. On a bien l'impression au contraire que la majorité des lecteurs opéraient *de facto* une sélection, au hasard des œuvres, encore assez peu diffusées, comme on l'a vu, qui pouvaient leur tomber sous les yeux, en fonction peut-être aussi de critères moraux, intellectuels ou esthétiques. Le seul ensemble tant soit peu cohérent qui apparaisse dès l'époque carolingienne est celui des *carmina amatoria, Amours, Art d'aimer, Remedia,* peut-être agrémentés des *Héroïdes*.[36] C'est dire que l'œuvre d'Ovide, à la différence de celle de Virgile, dont les trois grands poèmes sont dès l'origine réunis en un livre,[37] ne fait pas encore au XIIe siècle l'objet d'une approche véritablement critique. Approche dont témoignent *a contrario* les nombreuses *vitae* d'Ovide qui, pour les plus anciennes, remontent au XIIIe siècle et dont l'élément structurant est, bien plus que les pauvres indications historiques données par l'élégie IV, 10

32 Cf. Huygens, 1970: 29-38.

33 Cf. Hexter, 1986.

34 Faut-il voir une trace persistante de ce goût pour l'Ovide amoureux dans le fait qu'ait été compilé à Benediktbeuren le célèbre recueil de chansons latines qui porte le nom de cette abbaye? En tous cas il est clair qu'à la fin du XIe siècle, les terres germaniques, impériales, sont moins soumises à la censure morale qu'imposent les propagateurs rigoristes de la réforme grégorienne.

35 Par exemple dans le manuscrit de Tours, b.m. 879.

36 Cf. Munk Olsen, 1987: 72.

37 Voir L. Holtz, "La redécouverte de Virgile aux VIIIe et IXe siècles d'après les manuscrits conservés", dans *Lectures médiévales de Virgile*, Rome: Ecole française de Rome, 1985, 9-30 (notamment 16-17).

des *Tristes*, la succession supposée des recueils et les rapports qu'ils entretiennent entre eux.[38] Mais c'est qu'alors, notre auteur est définitivement apprivoisé par l'institution scolaire. Entre les commentaires philologiques, qui le réduisent à une source d'information sur la civilisation romaine, et les "expositions" allégoriques, qui entreprennent de le christianiser, il a définitivement acquis droit de cité au sein de la culture médiévale. On sait le profit qu'en retirera celle-ci, de Jean de Meung à Christine de Pizan, en passant par le *De vetula* et par l'*Ovide moralisé*. Mais osera-t-on dire qu'à ce moment, la lettre aura quelque peu tué l'esprit ? Ce que nous voudrions essayer de saisir maintenant, c'est la fraîcheur de la redécouverte, par un écrivain situé à l'orée de l'*aetas ovidiana*, lorsqu'on est loin encore de songer à coucher l'auteur antique sur le lit de Procuste des systèmes scolastiques...

Les pseudo-héroïdes de Baudri de Bourgueil.

Baudri de Bourgueil n'est pas dépourvu de ruse. De son grand modèle littéraire, il a hérité la malice. Mais s'il joue sur le texte d'Ovide, c'est en respectant scrupuleusement les règles esthétiques et morales induites par le texte même - en quoi il se situe dans un tout autre univers mental qu'Arnoul d'Orléans ou que l'auteur de l'*Ovide moralisé*. Mais, avant de le montrer, je dois sans doute présenter mon personnage. Je n'insisterai pas sur le détail des données biographiques, que l'on trouvera aisément ailleurs.[39] Bornons-nous à en mentionner quelques traits significatifs: lorsque commence la longue existence de Baudri, en 1045-46, Henri 1er, "le plus mal connu des rois capétiens", règne sur l'Ile-de-France, les premiers papes réformateurs n'ont pas encore accédé au siège de saint Pierre, la basilique Sainte-Foy de Conques s'édifie, la première école de Chartres, celle de Fulbert, vient de remettre en honneur l'étude des lettres et sciences profanes, après un siècle et demi de culture essentiellement monastique; lorsqu'elle s'achève, en 1130, l'Empire a fini de perdre la dure querelle qui l'opposait au Sacerdoce, l'ordre cistercien l'emporte sur Cluny en prestige et en autorité, Suger conçoit les plans de Saint-Denis et du même coup invente l'art gothique, les disciples d'Abélard appliquent à la science sacrée les méthodes de la logique aristotélicienne. Entre-temps, l'Angleterre sera tombée aux mains de Guillaume le Conquérant, dont Baudri se fait le chantre inspiré, la première croisade aura rendu Jérusalem

---

38 B. Nogara, "Di alcune vite e commenti medievali di Ovidio", dans *Miscellanea Ceriani*, Milan: Hoepli, 1910, 413-431; L. Rosa, "Due biografie medievali di Ovidio", dans *La parola del passato* 58 (1958): 168-172; et surtout Ghisalberti, 1946: 10-59.

39 La seule biographie circonstanciée de Baudri reste la thèse du chanoine H. Pasquier, *Baudri, abbé de Bourgueil, archevêque de Dol*, Paris-Angers 1878. Des approches plus synthétiques, et enrichies des apports de l'historiographie récente dans les articles de Bond, 1986: 143-193 (143-149) et de J.-Y. Tilliette, "Hermès amoureux ou les métamorphoses de la Chimère. Réflexions sur les *carmina* 200 et 201 de Baudri de Bourgueil", dans *Mélanges de l'Ecole française de Rome. Moyen Age* 104 (1992): 121-161 (123-127).

aux Chrétiens, comme notre auteur le relate dans une chronique pleine d'éloquence, Guillaume IX, que l'abbé de Bourgueil a sans doute connu personnellement, a inventé la poésie d'amour en langue d'oc. Multiples évolutions dans le monde et dans la pensée, concentrées en un laps de temps bien court, dont Baudri de Bourgueil, du simple fait de sa longévité, fut un témoin privilégié.

Il exerça successivement les fonctions d'abbé au monastère bénédictin de Saint-Pierre de Bourgueil, entre Tours et Angers (1080 environ- 1107) et d'archevêque métropolitain de Petite-Bretagne, titulaire du siège de Dol (1107-1130); donc, une carrière ecclésiastique prestigieuse, pour un homme d'origine sans doute assez modeste,[40] mais sans grand éclat. En fait, si Baudri mérite plus qu'une simple mention dans les listes abbatiales ou épiscopales, c'est à son talent d'écrivain qu'il le doit. Un talent d'ailleurs reconnu et célébré par ses contemporains. Lorsqu'il s'agit d'écrire, ou plus souvent de réécrire, en latin cicéronien telle vie de saint ou telle chronique, c'est volontiers à sa plume qu'ils font appel. La prose amphigourique et tissée de lieux communs de Baudri touche moins les modernes. En revanche, ce à quoi ils sont sensibles, depuis un peu plus d'un siècle,[41] c'est à la qualité exceptionnelle de sa poésie, aussi variée que libre de ton, et pétrie de références humanistes. Elle n'avait pourtant pas connu le même succès au moyen âge, puisqu'elle ne nous est parvenue qu'à travers un manuscrit unique (aujourd'hui Vatican, Reginensis lat. 1351, fin XIe - début XIIe s.), un recueil de 256 pièces de longueur variée. Ce volume n'en a pas moins une grande valeur, puisqu'il a été réalisé, selon toute vraisemblance, sous le contrôle et suivant les instructions de l'auteur,[42] ce qui témoigne suffisamment du prix qu'il accordait lui-même à cette partie de son activité.

Les interprétations historiques données de la poésie de Baudri sont variées. Il est généralement considéré comme l'un des représentants majeurs d'une hypothétique "école de la Loire", ou "cercle d'Angers", regroupant autour de 1100 les précurseurs de la renaissance littéraire et classique du XIIe siècle.[43] Avec deux autres prélats, avec qui il fut lié, mais sans doute pas très intimement, l'évêque de Rennes Marbode et celui du Mans, Hildebert de Lavardin, Baudri aurait remis en honneur les

---

40 C'est le parcours typique des prélats "grégoriens". Cf. Tilliette, *loc. cit.*, 126 et J. Dalarun, "La Madeleine dans l'Ouest de la France au tournant des XIe et XIIe siècles", *ibid.*, 71-119.

41 La "redécouverte" de l'oeuvre poétique de Baudri est due au grand Léopold Delisle ("Notes sur les poésies de Baudri, abbé de Bourgueil", dans *Romania* 1 (1872): 23-50).

42 J.-Y. Tilliette, "Note sur le manuscrit des poèmes de Baudri, abbé de Bourgueil (Vatican Reg. lat. 1351)", dans *Scriptorium* 37 (1983): 241-245.

43 H. Brinkmann, *Entstehungsgeschichte des Minnesangs*, Halle: Niemeyer, 1926, 20-28 et *passim*; R. R. Bezzola, *Les origines et la formation de la littérature courtoise en Occident (500-1200)*, 2ème partie: "La société féodale et la transformation de la littérature de cour", Paris: Champion, 1966 (BEPHE 313), 381-387. Critique de ce concept dans Bond, 1986: 188-189 et dans Tilliette, "Hermès amoureux...", 122 note 4.

genres, les techniques et les thèmes de la poésie de circonstance de l'antiquité, ressuscitant une tradition qui va d'Horace et Martial à Ausone et à Fortunat. C'est une poésie légère, une quantité d'épigrammes ou de courts billets en vers, écrits en hexamètres ou en distiques de facture impeccable, destinés à célébrer des thèmes le plus souvent profanes: la douceur de l'amitié, les petits cadeaux qui l'entretiennent, le ridicule des médiocres et des suffisants, le charme de la campagne, la passion du métier littéraire.

L'amour est un des thèmes de cette poésie, même s'il n'y est pas dominant. Aussi n'a-t-on pas manqué, et à juste titre, de s'interroger sur les rapports qu'elle entretient avec celle que crée, à la même date, Guillaume IX d'Aquitaine. Pour certains critiques, il y aurait un rapport de filiation directe entre l'inspiration des poètes de la Loire et la lyrique occitane.[44] Pour d'autres, les éloges enamourés que nos auteurs adressent à leurs puissantes et belles protectrices, comme les filles de Guillaume d'Angleterre, renoueraient avec l'antique tradition du panégyrique.[45] Pour d'autres encore, plus convaincants, lettres d'amour latines et chansons des troubadours marcheraient, les unes et les autres avec leurs techniques d'expression spécifiques, sur des voies parallèles, inspirées par un même air du temps qui est, dans le domaine profane aussi bien que religieux, à la découverte du sentiment, de l'affectivité.[46] Mentionnons pour mémoire la thèse curieuse qui fait de nos auteurs des hérauts de l'amour au masculin, les chantres de Ganymède;[47] les vocables modernes d'"homosexuel", plus encore "gay" ne correspondent strictement à aucune réalité sociale, morale ou culturelle au moyen âge.

Mais Baudri est aussi un poète savant, à la différence d'Hildebert et de Marbode - ce dernier, dans son célèbre *Livre sur les pierres*, s'en tient au pur didactisme. Aussi, en s'appuyant sur les deux grands textes de plus de mille vers qui sont les pièces maîtresses de son recueil,[48] a-t-on pu voir en

---

44 Ainsi Brinkmann, *op cit.*

45 Cf. Bezzola, *loc. cit.*, mais aussi T. Latzke, "Der Fürstinnenpreis", dans *Mittellateinisches Jahrbuch* 14 (1979): 22-65.

46 C'est la thèse de P. Dronke, *Medieval Latin and the Rise of European Love-Lyric*, Oxford: Clarendon Press, 1968^2, 2 vol.

47 J. Boswell, *Christianisme, tolérance sociale et homosexualité. Les homosexuels en Europe occidentale des débuts de l'ère chrétienne au XIVe siècle* , trad. fr., Paris: Gallimard, 1985, 308-336.

48 Le c. 134, *Adelae comitisae* de l'édition de K. Hilbert (*Baldricus Burgulianus, Carmina*, Heidelberg: Carl Winter Universitätsverlag, 1979 [désormais cité: Hilbert], 149-187) est une gigantesque *ekphrasis* du palais d'Adèle de Blois, fille de Guillaume le Conquérant - sur ce texte, voir J.-Y. Tilliette, "La chambre de la comtesse Adèle. Savoir scientifique et technique littéraire dans le c. CXCVI de Baudri de Bourgueil", dans *Romania* 102 (1981): 145-171 et C. Ratkowitsch, *Descriptio Picturae. Die literarische Funktion der Beschreibung von Kunstwerken in der lateinischen Grossdischtung des 12. Jahrhunderts*, Wien: Verlag der Österreichischen Akademie der Wissenschaften, 1991, 17-127. Le c. 154, sans titre (et mutilé) (Hilbert, 205-239) est une paraphrase en distiques élégiaques des *Mitologiae* de Fulgence.

lui un héritier, *via* l'Antiquité tardive, de la poésie alexandrine, par son érudition et par les techniques subtiles et complexes au moyen desquelles celle-ci est mise en œuvre.[49] Poésie multiforme, tantôt amoureuse, tantôt savante: voici que l'ombre d'Ovide commence enfin à se dessiner devant nos yeux.

Peut-être est-il donc temps d'analyser l'œuvre de Baudri en et pour elle-même et non dans les seuls rapports d'ailleurs fructueux (aux yeux de l'historien de la littérature) qu'elle entretient avec celle de ses contemporains. Une telle analyse conduite rigoureusement montrerait sans doute qu'elle a, hors son classicisme formel, peu de points communs avec la poésie d'Hildebert et celle de Marbode, dont elle est assez éloignée du point de vue de la thématique comme de la poétique.[50] Le trait le plus frappant de l'œuvre de Baudri, quand on songe qu'elle a été écrite par un moine du XIe siècle, c'est la passion sans retenue ni limites qu'elle révèle pour la littérature en soi: c'est à la Muse (et non à ses bonnes œuvres, ou à ses succès de carrière) que notre auteur confie le soin exclusif de sa renommée dans les siècles à venir.[51] De ce souci témoignent aussi le projet que seul en son temps il semble avoir conçu de faire luxueusement élaborer le recueil de ses œuvres poétiques complètes, et même l'attention minutieuse et tendre qu'il porte aux humbles instruments de son labeur d'écrivain, style, tablettes de cire.[52] Or, comment concevoir alors la gloire littéraire, sinon dans l'imitation des grands modèles? Horace, d'abord, après qui Baudri aimerait pouvoir s'écrier: "exegi monumentum aere perennius"; comme lui, il écrit épîtres et satires; il partage, fait rare au

---

49 C'est la thèse suggérée plutôt qu'exprimée par C. Ratkowitsch (*op. cit.*).

50 Les poèmes qui, en revanche, nous semblent les plus proches de ceux de notre auteur par le style et par l'inspiration sont ceux de Godefroid, écolâtre de Reims, pour qui Baudri professe une vive admiration et à qui il adresse notamment l'important c. 99 (Hilbert: 112-118). Les rares oeuvres conservées de cet auteur ont été publiées par W. Wattenbach, "Lateinische Gedichte aus Frankreich im elften Jahrhundert", dans *Sitzungsberichte der Kgl. Preussischen Akademie der Wissenschaften*, Berlin: 1891, 97-114 et par A. Boutemy, "Trois oeuvres inédites de Godefroid de Reims", dans *Revue du Moyen Age Latin* 3 (1947): 335-366. Cf. aussi J. Szövérffy, *Secular latin lyrics and minor poetic forms of the Middle Ages*, vol. 1, Concord: Classical Folia Editions, 1992, 375-384.

51 Cf. c. 84 (*Ad scriptorem suum*, Hilbert: 87), v.13-14: "Ipse tuum nomen in secula perpetuabo / Si valeant aliquem mea carmina perpetuare"; c. 99, v.71-72: "O utinam... Me perpetuaret Musa"; *ibid.*, v.114: "Aeterna, queso, nomen in astra meum"; c.117 (*Ad Maiolum*, Hilbert 130): "Te, si quid valeat, mecum mea Musa perpetuet", etc...

52 Cc. 12, *Ludendo de tabulis suis* (Hilbert, 42-43), 92, *De graphio fracto gravis dolor* (Hilbert, 96-98) et 196, *Ad tabulas* (Hilbert, 262-264). Textes commentés par Curtius 1986[2], t.II, 27-28 et, dans une perspective plus technique, par E. Lalou, "Les tablettes de cire médiévales", dans *Bibliothèque de l'Ecole des Chartes* 147 (1989): 123-140 et par R. H. et M. A. Rouse, "The vocabulary of wax tablets", dans *Vocabulaire du livre et de l'écriture au moyen âge*, Turnhout: Brepols, 1989 (Etudes sur le vocabulaire intellectuel du moyen âge, t.II), 220-230.

moyen âge, son amour de la campagne paisible et bocagère: son poème 126 *De sufficientia votorum suorum* est, comme l'indique son titre, une paraphrase charmante de la *Satire* II, 6 "*Hoc erat in votis*" ; à l'égard de ses correspondants, il fait preuve de la même sagesse bonhomme: ainsi, lorsqu'il s'emploie à dissuader un jeune orgueilleux d'emprunter les rudes voies de l'érémitisme (c.94, *Ad iuvenem qui heremita fieri cupiebat*)... A tous ces titres, Baudri est un bon représentant de l'*aetas horatiana*. Virgile, lui aussi, est présent. Comment ne le serait-il pas ? Tous les jeunes clercs apprenaient la versification latine en lisant l'*Enéide*. Cependant, Baudri n'a pas la tête épique. Les rencontres intertextuelles sont rarement signifiantes, sauf dans un passage comme le récit de la conquête de l'Angleterre par Guillaume le Bâtard (c.134, v.235-562).

Mais en réalité, le centre de son univers poétique, c'est Ovide. Avant de voir comment l'œuvre du poète de Sulmone nourrit et imprègne en profondeur celle de Baudri, il convient peut-être de recenser les attestations explicites de l'admiration de celui-ci pour celui-là:

- Le c. 111 de Baudri *Ad eum qui Ovidium ab eo extorsit* ("A celui qui lui a extorqué un Ovide") est une invective en forme d'épigramme: l'abbé de Bourgueil y maudit un de ses amis qui, à force de promesses et de cajoleries,[53] a réussi à lui emprunter un (son?) exemplaire d'Ovide - il n'est pas précisé de quelle (s) œuvre (s) il s'agit - qu'il doute désormais de récupérer. La véhémence disproportionnée de l'algarade - il a fallu littéralement ensorceler Baudri pour lui subtiliser son livre préféré![54] - a évidemment pour but de produire un effet comique. Elle n'en est pas moins révélatrice de la rareté des livres, notamment ceux de cet auteur, à l'époque, et du prix qu'on leur attachait.

- Le nom d'Ovide apparaît d'autre part attaché à la topique de l'éloge, sur le mode convenu de la surenchère:[55] quand on veut louer un bon poète, on le déclare égal, voire supérieur à Ovide. C'est ainsi qu'un certain Etienne, probablement moine à Bourgueil, se voit qualifier de "nouveau Nason" pour avoir composé un poème sur la taupe;[56] et il y a de toute évidence beaucoup d'ironie dans cette comparaison hyperbolique;[57] on hésitera donc à en déduire qu'étaient déjà alors attribués à Ovide toute une

---

53 v. 2-3: "Utque sibi prestem supplicat Ovidium, / Pendulus a collo pedibusque cubando volutus" (Hilbert, 125).

54 v. 7: "Et puto quod magica me tandem eluserit arte" (*ibid.*).

55 Curtius, t.I: 270-274.

56 C. 90, *Ad Stephanum monachum suum* (Hilbert: 94-95), v.21-22: "O quam iocundo tunc carmine sum recreatus / Cum michi de talpa Naso nouus recitas".

57 Les cc. 90, 107 (*Ad eum qui sibi inimicabatur*, Hilbert: 122-123) et 131 (*De talpa se reprehendendo*, Hilbert: 147-148), tous trois adressés à Etienne, constituent un véritable petit roman: Baudri demande à la taupe d'intercéder pour lui auprès d'Etienne, qui s'était brouillé avec lui (c.107). Sans doute n'avait-il pas rendu un hommage assez vibrant à la taupe; il promet de s'amender (c.131). Le mot de l'énigme nous échappe un peu. Sans doute serait-il anachronique d'y voir une manifestation d'humour du "nonsense". Malgré tout, cet éloge de la taupe a quelque chose d'irrésistiblement comique.

série d'apocryphes à sujet animalier (*de pulice, de cuculo, de lupo*).[58] Dans des contextes plus sérieux, Hildebert de Lavardin et Godefroid de Reims, deux poètes auxquels Baudri voue une admiration indubitable, se voient gratifier de la comparaison avec Ovide. A Hildebert, Baudri écrit: "s'il vivait aujourd'hui, Nason, à l'éloquence savante, n'écrirait pas avec plus d'élégance [que toi]";[59] Ovide est donc à la fois l'érudit auteur (*doctiloquus*) des *Métamorphoses* et des *Fastes*, mais aussi, et peut-être surtout , un parangon de courtoisie (*urbanus*), au sens que l'on ne tardera pas à donner à ce terme. Plus intéressants encore sont les termes de l'hommage adressé à Godefroid: "Nous savons que l'esprit des classiques (*auctores*) s'incarne en toi: / la gravité de Virgile, la légèreté d'Ovide";[60] l'œuvre de l'écolâtre de Reims résume à elle seule la tradition antique, sous la forme de ce double paradigme dont la symétrie est encore renforcée par les rimes internes (*Virgil*ii *gra*vitas, *Ovid*ii *le*vitas). Le poème idéal, c'est donc celui qui marie le sérieux à la légèreté, la pesanteur à la grâce. On notera toutefois que, si *gravitas* est un concept précisément défini et décrit par les théoriciens antiques et médiévaux - c'est le "style élevé" de la *Rhétorique à Herennius* avant d'être celui des arts poétiques des XIIe et XIIIe siècles[61] -, le statut de *levitas* est beaucoup plus imprécis aux yeux des stylisticiens, qui le prennent parfois en mauvaise part (légèreté = inconsistance).[62] En les associant, Baudri valorise *levitas*, l'élégance dans la frivolité, le trait dominant, à ses yeux, de la poétique ovidienne, et peut-être celui qu'il revendique pour la sienne propre...

En effet, notre auteur s'est abondamment expliqué sur sa démarche artistique. Et il l'a fait en utilisant les mots mêmes d'Ovide. Le recueil des poèmes de Baudri, dont l'organisation n'est certainement pas laissée entièrement au hasard, s'ouvre sur ces mots: "Vade liber". Le texte qui débute ainsi assume donc la forme topique du congé à son livre.[63] Ce n'est sûrement pas une coïncidence si l'expression "Vade liber" figure également en tête du tout premier poème des *Tristes*, le grand plaidoyer *pro domo* d'Ovide exilé. Mais c'est la longue élégie qui constitue à elle

---

58 Sur les pseudo-ovidiana, voir H.S. Sedlmayer, "Beiträge zur Geschichte der Ovidstudien im Mittelalter", dans *Wiener Studien* 5 (1883): 142-158 (spéc. 148-152); Lehmann, 1927: 2-15 et *passim*; indications chronologiques dans Munk Olsen, 1987: 84-88.

59 C. 87, *Audeberto Cenomannensi archidiacono* (Hilbert: 91-92), v.15: "Doctiloquus Naso non nunc urbanior esset".

60 c. 99, v.7-8: "Nouimus auctorum quia spiritus uiuit in te, / Virgilii grauitas, Ouidii leuitas".

61 *Rhetorica ad Herennium*, IV, 11-12; sur la théorie des styles au moyen âge, voir E. Faral, *Les arts poétiques du XIIe et du XIIIe siècle*, Paris: Champion, 1924, 86-89.

62 Cf. F. Quadlbauer, *Die antike Theorie der genera dicendi im lateinischen Mittelalter*, Wien: H. Böhlaus, 1962, 111.

63 M. Citroni, "Le raccomandazioni del poeta: apostrofe al libro e contatto col destinatario", dans *Maia* 38 (1986): 111-146.

seule le livre 2 de ce même recueil que cite le plus généreusement Baudri. On se souvient de l'argumentation développée par les vers 313 et suivants de ce poème: "César me reproche, écrit en substance Ovide, la frivolité de mon inspiration... Mais étais-je libre d'exercer autrement mon talent? Sans doute, j'aurais dû chanter la guerre de Troie, les combats sous les murs de Thèbes, la gloire de Rome ou les hauts faits de son empereur (v.317-326). Mais une telle entreprise est incompatible avec la nature même de mon génie, apte aux formes plus légères (v.331: *numeris levioribus aptus* - toujours la *levitas*!); si je la mets en œuvre, elle dépassera mes forces (v.334: *conantem debilitabit onus*). Je reviens donc à la poésie juvénile (v.339: *rursus... ad juvenilia carmina*)". Cette argumentation se retrouve trait pour trait dans l'un des nombreux "poèmes-manifestes" dont Baudri parsème son recueil,[64] poème dont le titre, *qua intentione scripserit,* dénote assez la valeur d' "Art poétique" - n'oublions pas, pour revenir un instant aux pratiques scolaires de l'enseignement de la littérature à l'époque, que l'*intentio auctor*is est un des chapitres importants des *accessus ad auctores*.[65] Que l'on nous permette donc de citer quelques vers de ce texte:

Carmen enim nostrum decet alti ponderis esse
Nec recitare senex pueriles debeo mimos;
Maturos sensus matura professio uellet.
Ipse recognosco quia iure quidem reprehendor,
Sed ueniamque peto ueniamque petendo merebor,
Excusanti me si credulus ipse fauebis.
Dicere quid poteram? temptando probare uolebam.
Ergo cur isto libuit discurrere campo ?
Cur auriga suas meus huc deflexit habenas ?
Prestiterat reges cecinisse, uel abdita rerum,
Vel michi materies esset gens antipodarum,
Phebei currus, uel menstrua motio lune,
Vel rabies Scille, uel seua uorago Caribdis.
Hec uere nostras superabant omnia uires,
Is quoque congressus foret importabile pondus
Aut etiam nemo sub tanto fasce grauandus
Hec legeret, subito cum tedia progenerare

64 Nous rangeons dans cette catégorie l'élégie initiale (c. 1, *Contra obtrectatores consolatur librum suum*, Hilbert: 7-10), le c. 85 (*Qua intentione scripserit*, Hilbert: 88-89) commenté ci-dessous, les "lettres-héroïdes" d'Ovide à son ami Florus (c. 98, *Ovidius Floro suo*, Hilbert: 107-112), de Baudri à son amoureuse Constance (c. 200, *Ad dominam Constantiam*, Hilbert: 266-272), dont nous parlerons un peu plus loin, la longue lettre à Godefroid de Reims (c. 99) déjà citée, et celle adressée au savant poète Galon (peut-être l'épigrammatiste Galon de Léon - c. 193, *Ad Galonem*, Hilbert: 255-258). Plusieurs autres textes, essentiellement des lettres, développent les mêmes thèmes de façon moins systématique.

65 Cf. E.A. Quain,"The Medieval Accessus ad Auctores", dans *Traditio* 3 (1945): 215-264; R.W. Hunt, "The Introductions to the 'Artes' in the Twelfth Century", dans *Studia medievalia in honorem R. J. Martin*, Bruges: 1948, 85-112.

Lectio difficilis soleat peregrinaque uerba.
Et cur scribatur, nisi scriptum forte legatur ?
Ergo, quod pueros demulceat atque puellas
Scripsimus ...

Il conviendrait que ma poésie fût d'une gravité profonde et le vieillard que je suis ne devrait pas débiter des bouffonneries puériles; ma condition et mon âge exigeraient des pensées pleines de maturité. Je reconnais moi-même que l'on a raison de me blâmer, mais je demande grâce, et en demandant grâce, je la mériterai, si l'on écoute ma défense avec confiance et bienveillance. Qu'étais-je capable de dire? Je voulais, pour le montrer, en faire l'essai. Pourquoi l'aurige qui est en moi a-t-il tiré dans cette direction les rênes? Il eût mieux valu chanter les rois ou les secrets de l'univers; la matière de mon œuvre, c'eût été la race des Antipodes, le char de Phébus ou le cours mensuel de la Lune, la rage de Scylla ou le gouffre féroce de Charybde. Mais à la vérité, tout cela était au-dessus de mes forces: le poids d'une telle accumulation était impossible à soulever; peut-être même personne n'aurait-il lu cela, au prix d'être écrasé par une telle masse - communément un exposé aride et des mots étrangers ne tardent pas à engendrer l'ennui. Et pourquoi écrirait-on, si ce qu'on écrit ne devait pas être lu? J'ai donc écrit des textes propres à charmer les garçons et les filles..."[66]

Si l'on consent à fermer les yeux sur la lourdeur démonstrative de l'exposé de notre abbé, qui a cependant la coquetterie de ne jamais citer littéralement son modèle, on ne peut qu'être frappé par le parallélisme saisissant des deux textes. L'un et l'autre assoient leur développement sur le mode du regret, l'irréel du passé: *canenda fuit* dans l'élégie d'Ovide (v.324), *carmen nostrum decet ... recitare* ici (v.12-13); de part et d'autre, on lit une évocation "en creux", par prétérition, du genre épique ou épico-didactique: notons d'ailleurs qu'il s'agit de modestie affectée, puisque les deux auteurs ont donné la mesure de leurs compétences dans ce domaine;[67] ils font en outre un usage commun de la métaphore du champ à labourer pour désigner le travail poétique;[68] tous deux justifient leurs limites en citant le précepte tiré de l'*Art poétique* d'Horace: "Prenez un sujet égal à vos forces et pesez longuement ce que vos épaules refusent, ce qu'elles acceptent de porter";[69] enfin, Baudri comme Ovide assimile le genre léeger (*leve opus*: *Tristes*, 11, v.339; *ioculare carmen*, Baudri v.1) à une poésie juvénile (*iuvenilia carmina, ibid.; pueriles mimos*, Baudri v.14), faite pour le plaisir d'un public jeune (*pueros atque puellas*, Baudri, v.31). On remarquera chez le poète médiéval ce souci du public, et de la

---

66 Vers 12-31 (Hilbert: 88).

67 Pour Ovide, les *Fastes* et les *Métamorphoses*, pour Baudri, les cc. 134 et 154 (cf. *supra* note 48) - mais la chronologie des oeuvres est incertaine.

68 Ovide, *Tristes*, 2, 327: "Tenuis mihi campus aratur", Baudri, c.85, v.19: "cur isto libuit discurrere campo ?".

69 Vers 38-40: "Sumite materiam uestris... aequam / uiribus et uersate diu quid ferre recusent, / quid ualeant umeri". Cf. Ovide, *Tristes*, II, v.333-334: "At si me iubeas domitos Iouis igne Gigantes / Dicere, *conantem debilitabit onus*", Baudri, c. 85, v.25-26: "Hec uere nostras superabant omnia *uires*; / is quoque congressus foret *importabile pondus*".

communication littéraire. La question ne se posait sans doute même pas pour Ovide.

Mais les plaidoyers de nos deux auteurs ne s'arrêtent pas là. S'ils sont en butte aux critiques, ce n'est pas tant pour la forme de leur poésie, superficielle, badine, indigne de vrais créateurs, que pour son contenu. Car la poésie "juvénile" est une poésie érotique. On sait bien, d'ailleurs, grâce aux travaux d'Erich Köhler et de Georges Duby, que la lyrique troubadouresque est spécifiquement destinée aux *juvenes*, au sens biologique et social du terme, c'est-à-dire aux jeunes aristocrates célibataires.[70] De même que l'*Art d'aimer* semble se moquer de la politique familiale puritaine mise en œuvre par Auguste,[71] de la même façon, les poèmes légers de Baudri semblent aller à l'encontre des préceptes de la réforme grégorienne, qui imposent la chasteté aux clercs, et commencent alors à porter leurs fruits dans l'Ouest de la France.[72] Si les textes programmatiques de notre auteur revêtent le plus souvent la forme topique de la réponse à des censeurs austères et hypocrites,[73] la fiction littéraire qu'ils mettent ainsi en place n'est peut-être pas sans rapport avec une situation réelle. Aussi, du v.340 du poème d'Ovide déjà cité, *Et falso moui pectus amore meum* ("et j'enflammai mon cœur d'une passion imaginaire"), l'abbé de Bourgueil retient-il un mot, *falso*, qu'il va assez pesamment gloser dans la suite du texte que j'ai déjà cité:

> Quod uero tanquam de certis scriptito rebus
> Et quod personis impono uocabula multis
> Et modo gaudentem, modo me describo dolentem
> Aut puerile loquens uel amo uel quidlibet odi,
> Crede michi: non uera loquor; magis omnia fingo.
> Nullus amor fœdus michi quidlibet associauit.

Et si je parle dans mes écrits de choses qui paraissent réelles, si je mets en scène, sous des noms inventés, un grand nombre de personnages, si je trace de moi-même un portrait tantôt joyeux, tantôt triste, ou que, sur le ton d'un jeune homme, je déclare mon amour ou ma haine pour tel objet, crois-moi (ce *Crede michi* en tête d'hexamètre est un tic de style ovidien, par lequel Baudri dénonce subtilement la source de son

---

70 G. Duby, "Les "jeunes" dans la société aristocratique dans la France du Nord-Ouest au XIIe siècle", dans *Annales E.S.C.* 19 (1964): 835-846 (repris dans *Hommes et structures du moyen âge*, Paris-la Haye: Mouton, 1973, 213-225); E. Köhler, "La piccola nobiltà e l'origine della poesia trobadorica", dans *Sociologia della fin'amor. Saggi trobadorici*, trad.it., Padova: Liviana, 1976, 1-18. Du même auteur, à propos de *joven*, qui est un des mots-clés de la lyrique occitane: "Senso e funzione del termine *joven*", *ibid.*, 233-256.

71 C'est, semble-t-il, l'un des motifs possibles de son exil.

72 Cf. Dalarun, *loc. cit. supra* (note 40).

73 Les "détracteurs" du titre du c. 1, définis comme "frons irsuta" (c. 1, v.31-32), "grande supercilium, nig(er) magnu(s)que cucullu(s)" (*ibid.*, v.35), "triste supercilium" (c.200, v.152), dont il est dit que "Vellus eos mentitur ouem, lupus obstrepit intus: /Nequiter intus agunt, at Curios simulant" (c. 1, v.49-50; cf. c. 200, v.151-152).

développement), je ne dis pas la vérité; au contraire, j'invente tout. Jamais une passion infâme ne m'a uni à quelque objet que ce soit ... .[74]

Est donc ici vigoureusement proclamée l'autonomie de la fiction. Toute lecture fondée sur l'illusion référentielle est d'avance disqualifiée.

Dans d'autres poèmes du même genre, Baudri va encore plus loin, lorsqu'il déclare en substance: "c'est précisément parce que je n'ai pas, réellement, éprouvé la passion amoureuse que je l'exprime dans mes vers. Si j'étais amoureux, à coup sûr je n'irais pas le clamer sur les toits. Vous êtes en présence d'un pur exercice littéraire: *ma muse est badine, mes mœurs sont intègres*". *Musa iocosa michi, sed vita pudica* (c.193, v.107): cette sentence où le mot important est le *sed* revient comme un leit-motiv en conclusion de tous les poèmes-programmes de Baudri.[75] Et, pour le coup, nous avons bel et bien affaire à une citation littérale d'Ovide, qui proclame, au vers 354 de l'élégie déjà souvent citée:

Vita uerecunda est Musa iocosa mea.

Notre auteur s'inscrit donc explicitement dans une longue tradition de poésie légère, qui, partie d'Ovide, passe par Martial et Ausone.[76]

Le mot-clé de cette poétique, qui revient, ainsi que ses dérivés, avec une fréquence quasi-obsessionnelle sous la plume de Baudri, c'est *iocus*.[77] Mot souverainement ambigu. *Iocus*, c'est d'abord, sans doute, le jeu poétique, l'exercice littéraire dans ce qu'il peut avoir de gratuit: *Mea Musa sonat iocum*, écrit notre auteur.[78] Mais il ne peut pas ignorer que ce terme s'est chargé de connotations tout à fait négatives dans la tradition romaine d'abord, mais surtout dans la tradition chrétienne et ascétique. Comme l'a montré Curtius, en des pages éclairantes auxquelles nous nous bornons à renvoyer,[79] la vieille antithèse cicéronienne entre *ioca* et *seria*, qui tend à valoriser la dignité et la gravité de l'orateur, de l'homme public, est reprise en charge par les Pères du désert, à leur suite par la spiritualité monastique du *contemptus mundi*, pour qui la tâche de l'homme sur cette terre, et en particulier de l'homme religieux, est "de prier et de pleurer" (*orare et*

---

74 Vers 35-40 (Hilbert: 89).

75 C. 1, v.33-34; c. 97, v.61; c. 99, v.197; c. 193, v.107; c. 200, v.145-148.

76 Martial, *Epigrammes* I, 4,8: "Lasciva est nobis pagina, vita proba"; Ausone, épître conclusive du *Cento nuptialis*: "... severa vita est et laeta materia".

77 Cf. *infra*, Annexe 1.

78 C. 93, v.58. L'identification de *iocus* avec l'activité poétique dans ce qu'elle a de plus concret (la production du poème) apparaît dans un vers comme: "Nos quoque *carminibus* aliquando *iocando* uacamus" (c. 91, v.13). Le mot *alludo* renvoie même une fois à une pratique d'écriture chère à Baudri, l'emploi de la figure de paronomase (ou *annominatio*): recevant la visite d'un certain Létaud, il "joue sur les mots" (*Vocibus alludo*) et s'écrie: "quid Letaudus nisi letos est pariturus ?" (c. 201, *Ad diem in qua letatus est*, Hilbert: 119).

79 *Op cit.*, t.II, 187-216. ("Le plaisant et le sérieux dans la littérature médiévale").

plorare), pour qui, même, la plaisanterie, la futilité ont quelque chose de diabolique.[80] On ajoutera à ces analyses qui, si le *iocus* est pris en mauvaise part, c'est qu'il semble bien avoir partie liée, parfois, avec la jouissance sexuelle: les *ioca monachorum*, pas toujours si innocents, sont volontiers truffés de sous-entendus obscènes, et mettraient ainsi en œuvre une pédagogie du défoulement;[81] la phonétique, sinon l'étymologie, facilitent les rapprochements entre *jocus* et le *joi* des troubadours;[82] quant à *ludere*, ce synonyme de *iocare*, les lexicographes (et la simple lecture d'Horace ou de Martial) nous apprennent que dès l'époque classique, il peut, avec valeur d'euphémisme, se référer aux pratiques amoureuses.[83]

Baudri, avec une habileté consommée, joue, si l'on ose dire, sur ces divers registres de sens, pratiquant un brouillage que nous croyons très intentionnel. Si le mot *iocundus*, que la figure de paronomase, chère à la rhétorique médiolatine, rapproche de la racine de *iocus*, est généralement pris en bonne part (*michi iocundo Musa iocosa placet*),[84] l'adjectif

---

80 Cf. J. Le Goff, "Le rire dans les règles monastiques du Haut Moyen Age", dans *Haut Moyen-Age. Culture, éducation et société. Etudes offertes à Pierre Riché*, Nanterre-La Garenne-Colombes: Editions Européennes Erasme, 1990, 93-103. Pour une période un peu plus récente, sur la condamnation par l'Eglise des *levitates* des jongleurs (*joculatores*), substantielle contribution de C. Casagrande et S. Vecchio ("L'interdizione del giullare nel vocabolario clericale del XII e del XIII secolo", dans *Il contributo dei giullari alla drammaturgia italiana delle origini*, Viterbo: Amministrazione provinciale di Viterbo, s.d. [1978], 207-258).

81 Hypothèse peut-être hasardeuse. En la formulant, nous songeons en particulier au texte énigmatique de la *Cena Cypriani* - sur lequel voir A. Lapôtre, "Le 'Souper' de Jean Diacre", dans *Mélanges d'archéologie et d'histoire* 21 (1901): 305-385 et "La Cena Cypriani et ses énigmes. Lettre à M. le professeur Strecker, de l'Université de Berlin", dans *Recherches de science religieuse* 3 (1912): 495-596; cf. aussi l'usage romanesque qui en est fait par U. Eco, *Il nome della rosa*, Milano: Bompiani, 1980, 429-441. Des remarques cursives, mais éclairantes sur le sujet dans J. M. Ziolkowski, *Jezebel. A norman latin poem of the early eleventh century*, New York-Bern-Frankfurt-Paris: Lang, 1989, 47-61.

82 Nous n'entrons pas ici dans la question infiniment complexe du sens réel (amour charnel ou amour sublimé?), liée notamment à la solution du problème étymologique, de ce terme-clé de la lyrique occitane. Voir les opinions contrastées de R. Nelli, *L'érotique des troubadours*, Toulouse: Privat, 1963, 84-88 et 169-174, M. Lazar, *Amour courtois et Fin'amors*, Paris: Klinksieck, 1964, 103-117 et C. Camproux, *Joy d'amour (jeu et joie d'amour)*: Montpellier: Causse Castelnau Imprimeurs, 1965, 113-133 et les efforts de synthèse de P. Bec, *Nouvelle anthologie de la lyrique occitane. Initiation à la langue et à la poésie des troubadours*, Avignon: Aubanel, 1970, 27-35 et de J.C. Huchet, *L'amour discourtois. La "Fin'Amors" chez les premiers troubadours*, Toulouse: Privat, 1987, 203-220.

83 H. Wagenvoort, "*Ludus poeticus*", dans *Studies in Roman Literature, Culture and Religion*, Leiden: Brill, 1956, 37; E. Montero Cartelle, *Aspectos lexicales y literarios del latín erótico (hasta el s. I d.C.)*, Santiago de Compostela: Universidad de Santiago de Compostela, 1973, 231-235 et 314-315. Cf. TLL, t.VII/2 (Leipzig, 1970-79), col. 1773-4 (s.v. *ludere*) et 1889 (*lusus*).

84 C. 193, v.102 (Hilbert: 258).

iocosus, référé à la réalité (*facta iocosa*) et non à la seule littérature (*Musa iocosa*) peut se charger de connotations négatives:[85] ainsi, l'innocence des jeux poétiques se voit-elle opposée au jeu immoral pratiqué par les censeurs hypocrites et débauchés qui les condamnent.[86] En fait, la seule jouissance que Baudri reconnaisse avoir jamais éprouvée et s'être efforcé de procurer à ses interlocuteurs, correspondants ou lecteurs, c'est ... le plaisir du texte. Lorsque notre auteur demande au "divin poète" Marbode de "jouer avec lui", c'est un échange de poèmes qu'il lui réclame (*Carmine rescribas, ut mecum carmine ludas*).[87] Quand il invite, avec les mots mêmes de Corydon, le jeune et charmant Avitus à venir "s'éjouir dans le jardin" - à savoir: le monastère de Bourgueil, toujours décrit sous les traits topiques du *locus amœnus* -:

> Huc ades ergo, puer, ut iocundemur in orto,[88]

c'est à une joute poétique qu'il le convie.

On est bien sûr en droit de se tenir à cette lecture littérale, et de ne chercher dans les lettres en vers de Baudri que d'utiles notations sociologiques, sur la nature et la diffusion de la culture monastique vers 1100, ou encore psychologiques sur les amitiés claustrales.[89] Le lecteur averti, celui que requiert la muse joueuse, cette virtuose de l'al-lusion[90] (et de l'il-lusion), n'ignore pas que, par exemple, l'austère Marbode est aussi l'auteur d'épigrammes érotiques fort licencieuses;[91] il constate d'autre part

---

85 L'effet de brouillage sémantique (s'appuyant sur le jeu des paronomases) atteint son intensité maximum dans le c. 193, v.101-107 (cf. note précédente): "Nec iuuenilis amor nec me malus abstulit error, / Sed michi iocundo Musa iocosa placet. / Musa iocosa placet, quoniam michi uita iocosa; / Vita iocosa tamen facta iocosa fugit / (...) Musa iocosa michi, sed vita pudica iocoso" (cf. aussi c. 200, v.143-148, Hilbert: 270). On notera en particulier l'opposition *vita iocosa* (joyeuse) vs. *facta iocosa* (impudiques). Sur ces jeux de mots - et de choses -, nous nous permettons de renvoyer à notre thèse dactylographiée (Paris-Sorbonne, 1981), *Rhétorique et poétique chez les poètes latins médiévaux. Recherches sur Baudri de Bourgueil*, 289-293 (analyses reprises par Bond 1986: 176-179).

86 Cf. c. 1, v.31-32: "Frons irsuta *iocos* tibi nostros improperabit, / Frons irsuta licet sepe *iocum* faciat", où la répétition souligne l'opposition entre les deus sens de *iocus*.

87 C. 86, v.41. Cf., dans le même poème, v.4: "Noluimus calamos al se colludere nostros", et, c. 113 (*Ad puerum mirandi ingenii*), v.15-16: "Si placeat metricis *alludere* cuilibet odis, / Odis *alludis* cuilibet egregiis"; c. 117, v.21-22: "Si prior insistat metricis *alludere ludis*, / Alloquar hunc *ludis*... metricis". Noter l'emploi des composés de *ludere*, plus connoté érotiquement que *iocari*.

88 C. 129, *Ad Avitum ut ad eum veniret* (Hilbert: 145-147), v.25.

89 Dom J. Leclercq, "L'amitié dans les lettres au moyen âge", dans *Revue du Moyen Age Latin* 1 (1945): 391-410, et les travaux de Mother A. Fiske recueillis dans *Friends and Friendship in the Monastic Tradition*, Cuernavaca: 1970.

90 Cf. les exemples cités *supra*, note 87.

91 Censurées par le prude dom Beaugendre (dont l'édition très fautive des poèmes de Marbode est reproduite dans la PL, t.171, col. 1647-1736), mais d'authenticité

que, parmi les œuvres que notre abbé se propose de lire à Avitus - dont un ami intime se nomme, comme par hasard, Alexis[92] - se trouvent des poèmes lyriques, tels qu'en composent ou qu'en écoutent les *iuvenes*,[93] ou encore une pièce de vers sur la Chimère - emblème récurrent de la luxure dans la poésie de Baudri, ainsi que nous l'avons montré ailleurs.[94] Au bout du compte, l'antithèse explicitement posée entre *iocus-carmen* et *iocus-amor* s'avère factice - tautologie qui ne choquera que ceux qui oublieraient de considérer que Baudri, comme tous ses contemporains, a une conception réaliste du langage et ne croit pas à l'arbitraire du signe. Pour lui, la poésie revêt bien cette fonction que lui assigne, dans un célèbre essai, Johan Huizinga, à savoir (être) "expression verbale du jeu, toujours répété, de séduction et de dérobades des jeunes gens et des jeunes filles, et consistant en une compétition de virtuosité dans la répartie railleuse".[95] Il y a bel et bien là de quoi alimenter l'indignation des moralistes du XIe siècle, tout comme la naïveté critique des commentateurs du XXe, trop enclins, tels Boswell, à tomber dans l'illusion référentielle. Mais c'est ne pas s'apercevoir que, comme l'écrit fort justement Gerald Bond, "le réel mérite littéraire (de Baudri) tient à son talent confondant pour situer ses créations entre vérité et fiction, pour laisser le lecteur incertain de la nature de la relation qu'il entretient avec son (sa) correspondant(e), comme avait fait Ovide avec son énigmatique Corinne".[96]

Revoici donc Ovide. On conviendra sans doute que le parallèle que nous avons tracé entre les deux poètes n'est pas forcé, et qu'en tous cas l'étude de leurs rapports ne se réduit pas à une simple question d'influences et de sources. Qu'est-ce au fond que cette muse joyeuse, joueuse, jongleresque dont ils se réclament l'un et l'autre? Aux deux sens du mot *iocus* analysés ci-dessus, il ne faut pas omettre d'en adjoindre un troisième: le jeu, c'est d'abord le poème lui-même, dans sa texture verbale, et la virtuosité littéraire qu'il manifeste; c'est aussi son contenu thématique, volontiers amoureux. Mais c'est enfin, et c'est surtout, l'acte même d'écriture, je veux dire la mise en fiction. La fiction qui, comme chacun

---

incontestable, elles ont été retrouvées voilà une quarantaine d'années par W. Bulst dans l'unique exemplaire subsistant de l'*editio princeps* de ces poèmes (Rennes, 1524) et publiées par lui ("Liebesbriefgedichte Marbods", dans *Liber floridus (Mélanges Paul Lehmann)*, Sankt Ottilien: Eos Verlag, 1950, 287-301).

92 C. 129, v.30-31: "Multa (carmina) reseruo tibi, que tu recitabis Alexi: / Sepius ipse tibi recitanti primum adhesit". L' "hypotexte" (cf. Genette, *op. cit.*) de ce poème est évidemment la 2ème églogue de Virgile.

93 C. 129, v.35: "Si uis, in iuuenum quedam nugabimur odis". Tout y est: le "joven" (*juvenes*), le jeu (*nugae=iocus*), la lyrique (*odis*).

94 *Ibid.*, v.34: "Versibus informem, si uis, formabo Chimeram". Cf. Tilliette, "Hermès amoureux...", 153-154.

95 *Homo ludens. Essai sur la fonction sociale du jeu*, trad.fr., Paris: Gallimard, 1951, 202. Particulièrement caractéristiques de ce genre de jeu sont la correspondance avec Constance (cf. *infra*) et les lettres adressées à la jeune nonne Béatrice (cc. 140, *Beatricem reprehendit* et 141, *De eadem*, Hilbert: 193-194).

96 Bond, 1986: 194.

sait, est une composante primordiale du concept de jeu.[97] "Tous mes vers sont mensongers", écrivent aussi bien l'exilé de Tomes que l'abbé de Bourgueil. Mais ils l'écrivent en vers ... A bon entendeur, salut!

Dans son essai percutant et perspicace sur l'élégie érotique romaine (et notamment sur le recueil des *Amours*), Paul Veyne définit ce genre comme "une poésie qui ne plaide le réel que pour glisser une imperceptible fêlure entre elle et lui; une fiction qui, au lieu d'être cohérente avec elle-même et de concurrencer ainsi l'état-civil, se dément elle-même ... rien de plus qu'un plaisant paradoxe".[98] *Imitatio* de la lyrique alexandrine, notamment celle de Callimaque, *mimesis*, destinée à divertir plus qu'à émouvoir, de comportements amoureux conventionnels, l'élégie érotique du 1er siècle avant Jésus-Christ doit son succès à ce qu'elle est, non l'expression sentimentale d'une subjectivité, mais un jeu subtil (*doctus*). Nous n'ignorons pas que la thèse iconoclaste de Veyne a suscité les réserves, voire l'indignation des gardiens du temple. Nous n'avons pas qualité pour juger du bien-fondé de leurs objections, mais force nous est de constater que Baudri a évidemment lu et compris l'œuvre d'Ovide de la manière que fera Paul Veyne. Reste à déterminer la nature de la fiction que lui-même, imitant son maître comme ce dernier imitait Callimaque, a mise en scène.

C'est de mise en scène qu'il s'agit, en effet. Le jeu que nous décrivons prend la forme du travestissement, du masque (*persona*). Marbode prend bien soin de signaler qu'il a écrit ses épigrammes les plus hardies *sub assumpta persona*.[99] Baudri, quant à lui, déclare, on vient de le voir: *personis impono vocabula multis*.[100] Le plus simple, et le plus propre à rendre compte de cette démarche, est sans doute d'analyser pour terminer, non pas les poèmes qui ont pour sujet un ego ambigu, mais ceux où l'auteur avoue explicitement la mascarade en prêtant sa plume à des personnages imaginaires: les lettres héroïdes.

Sur le genre littéraire, inventé par Ovide,[101] de l'*Héroïde*, lettre en vers attribuée à un personnage, généralement féminin, de l'histoire ou de la légende, le philologue allemand Heinrich Dörrie a écrit un gros et savant ouvrage.[102] On y apprend que, s'il a été pratiqué par les poètes rhéteurs des IIIe-IVe siècles,[103] le genre, à la différence de l'élégie, de

---

97 Cf. R. Caillois, *Les jeux et les hommes. Le masque et le vertige*, Paris: Gallimard, 1958², 43 et 60-67 ("Mimicry").

98 *L'élégie érotique romaine. L'amour, la poésie et l'occident*, Paris: Seuil, 1983, 10, 169 et *passim*.

99 Cf. l'édition Bulst, *cit. supra* note 91.

100 C. 85, *Qua intentione scripserit*, v.26 (cf. *supra*).

101 *Art d'aimer*, III, 345-46: "... composita cantetur Epistula uoce; / Ignotum hoc aliis ille nouauit opus".

102 *Der heroische Brief. Bestandsaufnahme, Geschichte, Kritik einer humanistisch-baroken Literaturgattung*, Berlin: De Gruyter, 1968.

103 D'après le témoignage de Sidoine Apollinaire (*ep.* I, 1,2), le rhéteur Julius Titianus (milieu du IIIe siècle) aurait écrit "in stilo epistulari sub nominibus inlustrium feminarum"; le n° 83 de l'*Anthologie latine* (Codex Salmasianus, fol.

l'épigramme ou de la bucolique, disparaît complètement de la littérature latine du haut moyen âge; avant de connaître une remarquable floraison aux époques baroque et classique, c'est dans les premières décennies de l'*aetas ovidiana*, vers 1100, qu'il rencontre une éphémère renaissance. On peut invoquer le témoignage de Guibert de Nogent qui, selon les termes mêmes de son autobiographie, se serait exercé dans sa jeunesse à composer des héroïdes,[104] citer aussi la lettre en vers de Deidamie à Achille, œuvre d'un anonyme, que son plus récent éditeur considère précisément comme originaire du val de Loire et datant de la fin du XIe siècle.[105] Mais, si l'on s'en tient du moins aux textes conservés, le meilleur témoin médiéval de la postérité du recueil ovidien est notre Baudri de Bourgueil. Ce dernier a en effet composé six poèmes, ou plutôt trois groupes de deux poèmes, que l'on peut considérer comme autant d' "héroïdes doubles":

- les cc. 200 et 201 sont une correspondance amoureuse entre Baudri lui-même et une jeune vierge nommée Constance. On pourrait dénier à ces textes la qualité d'héroïdes, puisqu'ils mettent en scène des personnages réels et contemporains, s'ils ne constituaient pas, surtout la réponse de "Constance" (évidemment rédigée par Baudri), une transposition tout à fait exacte et subtile des poèmes du recueil ovidien, les adaptant à un contexte médiéval, et en particulier monastique. De ces poèmes, où Baudri dévoile peut-être, sur le mode ludique, le plus profond de ses conceptions de la poésie et de l'amour, nous proposons ailleurs une analyse détaillée, à laquelle nous nous autorisons à renvoyer le lecteur.[106]

- le c. 97 est une lettre de consolation d'un certain Florus à son ami Ovide exilé sur les bords de la Mer Noire, le c. 98 la réponse de ce dernier. On devine que les deux séries d'œuvres d'Ovide pastichées ici sont celles dont nous avons constaté plus haut la popularité précoce: les *Héroïdes*, puisque Baudri prête sa voix au poète de Sulmone comme celui-ci la prêtait à Sapho, et les élégies de l'exil, qui fournissent à ces deux textes leur cadre et y sont abondamment citées. Leur analyse serait sans doute du plus haut intérêt dans le contexte de cette étude, puisqu'on ne voit nulle part Baudri serrer d'aussi près son maître et son modèle, auquel il vient même à s'identifier: le plaidoyer qu' "Ovide" prononce en défense et illustration de sa poésie amoureuse est substantiellement identique à celui que notre auteur construit en faveur de son œuvre propre, et que nous

---

67-74) est une lettre de Didon à Enée (Cf. G. Solimano, *Epistula Didonis ad Aeneam*, Genova: Pubblicazioni del Dipartimento di Archeologia, 1988).

104 "... duce mea *levitate*, jam veneram ut *ovidiana* et bucolicorum dicta praesumerem, et *lepores amatorios* in...*epistolis* nexilibus affectarem" (*De vita sua*, I, 17, éd. E.-R. Labande, Paris: Les Belles-Lettres, 1981, 135 - c'est bien sûr nous qui soulignons).

105 J. Stohlmann, "Deidamia Achilli. Eine Ovid-Imitation aus dem 11. Jahrhundert", dans Alf Oennefors - Johannes Rathofer - Fritz Wagner (éd.), *Literatur und Sprache im europäischen Mittelalter. Festschrift für Karl Langosch.*, Darmstadt: Wissenschaftliche Buchgesellschaft, 1973, 195-231 (sur le lieu et la date du poème, 214-217 et 219).

106 "Hermès amoureux... "(cf. *supra* note 39).

avons examiné plus haut. Les pratiques hypertextuelles que Baudri met en œuvre dans le c. 98 *Ovidius Floro suo* (situé, semble-t-il, à une place stratégique dans le recueil de ses poèmes)[107] relèvent donc à la fois de la réécriture - des élégies des *Tristes* et des *Pontiques* - et de la transposition. Mais tout cela est fort bien mis en lumière par plusieurs articles récents, auxquels on voudra bien se reporter.[108]

- En revanche, les cc. 7 *Paris Helenae* et 8 *Helena Paridi*[109] n'ont guère suscité la volubilité de la critique. Cela se comprend à première vue, ces deux longs poèmes (respectivement 300 et 370 vers) apparaissant comme de simples, et plutôt médiocres, réécritures des *Héroïdes* XVI et XVII. Paul Lehmann, qui les édite sans guère les commenter, les enrôle sous la bannière du *Pseudo-Antike* - osera-t-on traduire: du faux maladroit? -;[110] pour Phyllis Abrahams, ils "semblent être des *juvenilia*" - on dira: de purs exercices d'école.[111] Les commentateurs se bornent en général à signaler, pour s'en divertir, les anachronismes grossiers que renferment ces textes. On fera cependant une place à part à l'étude brève et dense de l'excellent spécialiste de la littérature augustéenne qu'est Michael von Albrecht, qui les compare aux poèmes d'Ovide pastichés - la comparaison, on s'en doute, ne tourne guère en faveur du poète médiéval.[112] Ce sont ces poèmes que nous voudrions, malgré tout, essayer de comprendre, à la lumière des données établies précédemment.

Si l'on entreprend, en une phrase, de donner de façon aussi drastique que prosaïque le résumé de l'*Héroïde* XVI et du c. 7 de Baudri, il s'écrira: "plaidoyer retors de Pâris pour convaincre Hélène d'abandonner Ménélas à

---

107 Si l'on admet l'hypothèse vraisemblable selon laquelle les folios 5 à 108 du manuscrit Reg. lat. 1351 constituent le recueil transcrit et composé à Bourgueil sous la responsabilité directe de Baudri, le c. 98, aux fol. 55-58, en occupe le centre exact. Il est en outre contigu du plus développé des arts poétiques de Baudri, la lettre à Godefroid de Reims (c. 99).

108 S. Schuelper, "Ovid aus der Sicht des Balderich von Bourgueil, dargestellt anhand des Briefwechsels Florus-Ovid", dans *Mittellateinisches Jahrbuch* 14 (1979): 93-118; C. Ratkowitsch, "Baudri von Bourgueil, ein Dichter der inneren Emigration", *ibid.*, 22, 1987, 142-165. Cf. aussi Offermanns, 1970: 94-97 et Bond 1986: 169-170. La lecture subtile de Ratkowitsch serait très convaincante, si elle n'avait le tort de se fonder sur une interprétation de type autobiographique et sur une erreur de chronologie (cf. *infra*, notre Annexe 2).

109 Hilbert: 21-40.

110 *Op. cit. supra* (note 58), 10-11 et 65-87 (édition des poèmes).

111 *Les oeuvres poétiques de Baudri de Bourgueil (1046-1130). Edition critique publiée d'après le manuscrit du Vatican*, Paris: Champion, 1926, XXII. Cette édition, avantageusement remplacée par celle de Hilbert, a du moins le mérite de présenter, à la différence de celle-ci, annotation et commentaires.

112 "La correspondance de Pâris et d'Hélène: Ovide et Baudri de Bourgueil", dans Chevallier 1982: 189-193. Au moment où nous redigions ce texte (été 1992), nous n'avions pas connaissance de l'intéressant, mais discutable, article de C. Ratkowitsch, "Die keusche Helena: Ovids Heroides 16/17 in der mittelalterlichen Neudichtung des Baudri von Bourgueil", *Wiener Studien* 104 (1991): 209-36.

son profit"; de l'*Héroïde* XVII et du c. 8: "réponse d'Hélène, qui est un quasi-consentement, plein cependant de réticences dues essentiellement à la coquetterie". Les deux questions qui viennent aussitôt à l'esprit sont les suivantes: pourquoi Baudri a-t-il justement choisi de *retractare* l'échange épistolaire entre Pâris et Hélène, de préférence à d'autres héros mythologiques moralement plus recommandables? Comment s'y est-il pris pour énoncer, de façon point trop révoltante pour son public de moines, cette histoire passablement scandaleuse? Laissons provisoirement entre parenthèses la première, à laquelle les réponses ne peuvent être que conjecturales, pour examiner la seconde.

La première remarque, capitale, à faire est que Baudri ne triche pas avec le texte de son modèle. Presque tous les éléments du "jeu de séduction et de dérobades" (caractéristique foncière de la poésie selon Huizinga)[113] mis en scène par Ovide figurent dans les poèmes de Baudri; tous les arguments des deux protagonistes y sont repris. Certes, ils sont pondérés de façon bien différente: ainsi, le long développement autobiographique qui constitue la première partie de l'*Héroïde* XVI (v. 39-126) n'est évoqué que de façon allusive par le Pâris médiéval; à l'inverse, comme on va le voir, telle description ovidienne se trouve démesurément amplifiée par l'abbé de Bourgueil. Il reste que la lettre d'Ovide, sinon son esprit, n'est pas trahie. On note en tous cas l'absence totale de tentative pour sauver, ou pour récupérer, l'auteur antique par le détour de l'allégorie, telle que l'école médiévale y aura si souvent recours à partir du XIIe siècle. Et l'on ne peut pas dire que ce refus de l'allégorisme tient à l'ignorance ou à l'incapacité de notre auteur, puisque celui-ci connaît parfaitement cette technique d'interprétation.[114]

Point de "moralisation" donc, au sens que le XIVe siècle donnera à ce mot, mais une moralisation dans l'acception moderne du terme. Car il faut bien pourtant, autant que faire se peut, rendre admissible l'adultère. Dans ce but, Baudri recourt à une double argumentation:

1. Il accentue le caractère fatal de la passion; c'est le côté, si j'ose dire, "tristanien" du Pâris de Baudri, prêt à s'embarquer en quête d'une princesse lointaine. Partant d'une très brève notation de l'*Héroïde* XVI (v. 39: *sic placuit fatis*), notre auteur, ou plutôt son personnage, déploie, sur plus de 60 vers (c. 7, v.5-67) un discours insistant sur l'aspect dirimant, inéluctable de l'arrêt des dieux. Qu'Hélène et lui le veuillent ou non, c'est l'oracle, la prophétie retue sur l'Ida qu'il leur faut accomplir:

> Ecrire ces mots, mainte divinité m'y a contraint: Jupiter maître des destins, le devin Phébus et les pénates Phrygiens, par-dessus tout Vénus qui me seconde et présage l'avenir (...) Ni la voix venue de l'ombre qui a résonné dans les cieux, ni les dieux qui m'assistent n'ont pu en effet me tromper, car jamais

113 Cf. *supra* note 95.

114 Il connaît en effet très bien l'oeuvre de Fulgence le Mythographe. Mais il est vrai que c'est seulement quelques décennies plus tard, avec l'école de Chartres, que l'exégèse allégorique recommence à être systématiquement appliquée aux textes profanes (cf. H. de Lubac, *Exégèse médiévale. Les quatre sens de l'Ecriture*, t.II/2, Paris: Aubier, 1964, 188 sqq.).

jusqu'alors leur oracle n'a trompé quiconque. Souventes fois ils m'en ont averti en ces termes: l'Achéenne épousera le Teucrien....[115]

On aura noté d'après ce bref exemple (mais l'ensemble des deux poèmes serait à citer) le caractère raisonneur, solennel, voire religieux des personnages, qualité dont leur fait si fort grief von Albrecht, et qui est encore renforcé par l'emploi du majestueux hexamètre virgilien, au lieu de l'agile distique. Ainsi sacralisé et dramatisé, l'amour de Pâris et d'Hélène perd de sa violence subversive.

2. Le second argument de Pâris relève en quelque sorte du droit canon - ce qui n'étonnera pas à une époque où les canonistes comme Yves de Chartres s'efforcent précisément de réglementer les comportements matrimoniaux des laïcs.[116] Il s'agit donc de contester la validité du mariage d'Hélène et de Ménélas. Là encore, l'argumentation prend appui sur un distique de l'*Héroïde* XVI ("Je ne pense pas que, sous le rapport de la beauté et de l'âge, Ménélas doive à tes yeux m'être préféré").[117] Il sert pour le Pâris médiéval de prétexte à une longue diatribe contre la race grecque (v.110-152), dont, conformément à une tradition topique ancienne, mais sans doute d'actualité quelques années après le schisme d'Orient,[118] sont stigmatisées les mœurs efféminées et équivoques, en un mot l'incapacité conjugale:

> Que dire du fait que les Grecs portent des vêtements de femme? Ils revêtent de grands voiles, et balaient le sol de leurs robes; des épingles ramènent en arrière et ordonnent leur chevelure. La nuit, ils se mettent sur la tête des turbans. Ils laissent en paix leurs femmes, pour faire besogne avec Ganymède (...). Tu ne seras pas fautive, si (...) tu dédaignes d'être la putain d'un Danéen qui passe son temps à soigner sa barbe et ses cheveux: une telle union en effet ne peut être appelée mariage.[119]

---

115 C. 7, v.5-15 (Hilbert: 21): "Scribere quod scripsi, deitas me multa coegit: / Fata Iouis, uates Phoebus Frigiique Penates, / Immo coadiutrix Venus et presaga futuri (...) / Ex aditis igitur uel uox delata sub auras / Vel dii presentes nec enim me fallere possunt, / Nam nec adhuc aliquem cortina fefellit eorum. / Sepe quidem numero super hoc me commonuerunt, / Hi michi dixerunt quia Teucro nubet Achiua".

116 G. Duby, *Le chevalier, la femme et le prêtre. Le mariage dans la France féodale*, Paris: Hachette, 1981, 173-197.

117 Vers 205-206: "Nec, puto, conlatis forma Menelaus et annis / Judice te nobis anteferendus erit".

118 Les termes employés sont ceux-là même par lesquels Liutprand de Crémone, un siècle plus tôt, relatait avec une ironie mordante son ambassade à Byzance (*Relatio de legatione Constantinopolitana*, éd. J. Becker, *Die Werke Liudprands von Cremona*, Hannover: Monumenta Germaniae Historica, Scriptores rerum germanicarum, 1915, 175-212). Pour les sources antiques, cf. Juvénal, *Satire* III, v.58-125.

119 Vers 125-129 et 144-147 (Hilbert: 24-25): "Quid, quod uirgineos homo Grecus gestat amictus ? / Suppara magna gerunt et terram *sirmate uerrunt* / Et crinalis acus reuocat ducitque capillos; / Imponent capiti nocturno tempore *mitras*; / Coniugibus parcunt, ut cum Ganimede laborent. / (...) Non eris in culpa... / Si

Les Grecs ont en outre le défaut d'être des bigots du paganisme, les inventeurs de l'abominable fiction mythologique (v.112-122). Critique paradoxale venant d'un Pâris qui apparaît ainsi, *pace* Roger Dragonetti, comme un "chrétien de Troie" avant la lettre! Quoi qu'il en soit, la cause de nullité du mariage achéen d'Hélène est double.

Ce qui, en revanche, disparaît des poèmes de Baudri, c'est le roman d'amour libertin, les petits tableaux de genre, le récit des ruses érotiques déployées par le Troyen lors de son premier voyage à Sparte. Le Pâris du c. 7 n'a encore jamais rencontré Hélène: est-elle pour lui une princesse lointaine, un "amour de lonh"? Or, c'étaient précisément l'atmosphère de marivaudage et de vaudeville, l'application par Pâris des conseils que donne l'*Art d'aimer*,[120] les "vorrei e non vorrei" d'Hélène, en un mot la transposition brillante de l'aventure mythologique dans le (demi -) monde tardo-républicain qui faisaient tout le charme des poèmes d'Ovide. On conçoit qu'un ovidien aussi fervent que M. von Albrecht n'ait guère goûté leur adaptation à la rhétorique et à la mentalité médiévales: "Tandis que pour Ovide, écrit-il, Pâris est un jeune homme du monde - beau, sensuel, vaniteux et sans scrupules, pour Baudri en revanche, il est l'émissaire secret des dieux, voire leur missionnaire... Même différence de caractère en ce qui concerne les deux Hélènes: l'une légère, coquette, disposant d'une gamme d'artifices, ... se défendant d'une manière raffinée pour vaincre enfin ... - l'autre: épouse fidèle, profondément attachée à son pays, sérieuse et larmoyante, un peu lourde".[121] Ces reproches sévères sont immérités. On peut faire grief à Baudri de la facture plutôt médiocre de ces poèmes, de leur composition maladroite, bavarde et déséquilibrée, non de n'être pas Pierre Ménard, l'auteur du Quichotte, je veux dire de n'avoir pas reproduit mot pour mot le texte d'Ovide.

Ce qui semble avoir échappé à notre critique, c'est que les poèmes de Baudri naissent dans un environnement psychologique, social et moral qui n'a rigoureusement rien à voir avec celui de la Rome républicaine. Les relations entre les sexes, telles qu'Ovide les met en scène, d'ailleurs de façon bien peu réaliste (voir Paul Veyne), sont strictement indéchiffrables pour un homme du XIe siècle. Et il n'est pas tout à fait révoltant que l'image que l'on se fait alors d'Hélène s'apparente de moins loin à la Dame chantée par Jaufré Rudel qu'aux dames galantes du Ier siècle.

---

dedigneris Danao fore concuba pelex, qui terit aetaten barbamque comamque colendo: / Nam neque coniugium dici hec coniunctio debet". Les mots soulignés viennent de l'invective que, dans la *Psychomachie* de Prudence, Sobriété adresse à Luxure. Noter encore que, selon L. Bréhier (*La civilisation byzantine*, Paris: Albin Michel, 1970², 47), "la question de la barbe a tenu une place parmi les griefs qui aboutirent au schisme entre les patriarches de Constantinople et l'Eglise romaine".

120 Ou les scènes du genre que reproduisent les *Amours*: la situation décrite dans l'*Héroïde* XVII, v.77-92 est exactement celle d'*Amours* I,4.

121 *Loc. cit.*: 191.

Mais tout autant qu'éthique, la distance entre Baudri et son modèle est esthétique. La poésie médiolatine, hors le genre de l'épopée - et encore! -, n'est guère une poésie narrative. Suivant et accentuant une évolution commencée en fait dès le Ier siècle de notre ère, elle est poésie de l'ornement du style, des couleurs de rhétorique. D'où, dans le cas qui nous intéresse, la suppression, ou du moins la réduction drastique des passages narratifs, au profit d'une part de développements discursifs, et plus précisément oratoires - aux v. 45-46 du c. 7, Pâris désigne les *colores* dont il pare ses écrits (c'est l'*elocutio* des rhéteurs) et l'*ordo saporus* de son poème (c'est la *dispositio*) comme les meilleurs moyens de charmer Hélène -, d'autre part, et surtout, de morceaux descriptifs. L'un des procédés les plus habituels de la poétique de cette époque, dont le maître-mot est *amplificatio*, c'est la description de personnes, d'objets ou de lieux.[122] On en trouve un exemple très caractéristique dans le c. 7: c'est la description du pays troyen. Pour allécher Hélène, Pâris lui vante l'opulence de sa patrie. Ce développement occupe 12 vers, pas plus, dans l'*Héroïde* XVI (v.177-188); il s'étend sur près de 70 dans le poème de Baudri (v.153-221). Ce ne sont pas tant les palais d'or, d'ivoire et de marbre de la ville de Troie qui suscitent l'éloquence de notre auteur que la campagne environnante: un paysage agraire et sylvestre à la fois, éminemment propice à toutes sortes de cultures, à la chasse aussi bien qu'à la pêche. Le mobilier topique du *locus amœnus* n'y fait évidemment pas défaut: sources, prairies verdoyantes (v.202), frondaisons accueillantes (v.212-213), perpétuel printemps (v.217). En somme, "la douceur angevine", comme cela est d'ailleurs explicitement suggéré.[123] On est quelque part entre les *Géorgiques* et la *Satire* II, 6 d'Horace (*Hoc erat in votis...*), que Baudri a pastichée avec un réel bonheur dans son c.126.[124]

Ce qui me paraît particulièrement intéressant dans cette description, c'est les anachronismes. Ceci par exemple (n'oublions pas que c'est Pâris qui parle):

> La région est aimée du riant Iacchus (...). Préneste la bachique ne voit pas naître de si belles grappes; bien mieux: même le lieu-dit "Aire de Bacchus", voisin de la ville que l'on nomme Orléans, ne boit ni ne donne à boire de tels vins - et ce sont ses vins que le roi Henri emportait toujours avec lui pour aller au combat et lutter avec plus de cœur".[125]

---

122 Cf. Mathieu de Vendôme, *Ars versificatoria*, I, 38-75 ("descriptio personae") et 109-111 ("descriptio loci") (éd. Munari, Roma: Edizioni di Storia e Letteratura, 1988, 59-95 et 115-126); Geoffroy de Vinsauf, *Poetria nova*, v.554-667 (éd. Faral, dans *Les arts poétiques... cit.*: 214-217).

123 C. 7, v.207-208 (Hilbert: 26): "Quis Xanthi uitreas non admirabitur undas, / Cui *preter Ligerim* nullus similabitur amnis?".

124 *De sufficientia uotorum suorum* (Hilbert: 140-144).

125 Vers 191-198 (Hilbert: 26): "Ipse etiam tractus hilari dilectus Hiaco /... Bacchica non similes generat Preneste racemos, / Immo nec ille locus, qui dicitur Area Bacchi, / Vrbi uicinus quam dicunt Aurelianem, / Talia uina bibit nec talia uina refundit. / Que rex Henricus semper sibi uina ferebat, / Semper ut in bellis animosior iret et esset".

La critique s'est gaussée de la naïveté de telles mentions, comme si Ovide, en installant ses héros achéens dans un immeuble bourgeois de Rome ne pratiquait pas de son côté l'anachronisme systématique. Faisons donc ce crédit à notre abbé de penser qu'il n'est pas complètement inconscient de l'incongruité de ces notations, et que celles-ci répondent à un dessein bien précis. A vrai dire, nous aurions même tendance à chercher là le sens de ces poèmes, la réponse au "pourquoi" que nous avons précédemment laissé en suspens.

Parmi les diverses explications qui se proposent à nous, faisons d'abord l'essai, sans grande conviction, de l'explication historique. L'allusion un peu absurde au roi Henri Ier, en forme de "private joke", renvoie en effet à l'histoire contemporaine. Or, la chronique des dernières années du XIe siècle est défrayée par les mésaventures d'un Pâris, d'une Hélène et d'un Ménélas: je fais bien sûr allusion à l'épisode célèbre de l'enlèvement, par le roi de France Philippe Ier, de Bertrade de Montfort, épouse du comte d'Anjou Fouque le Réchin. Cet adultère aristocratique est l'occasion de féroces et long conflits entre la royauté et l'Eglise, et au sein de l'Eglise elle-même.[126] Quelques indices, à vrai dire ténus, pourraient laisser à penser que nos textes se réfèrent de façon cryptée à ces événements: on est à l'époque où la monarchie capétienne commence à se prévaloir de ses ascendances troyennes, à telle enseigne que Philippe Ier fera graver sur son tombeau les mots: *Philippus ex genere Priami*; Fouque le Réchin est volontiers décrit par les chroniques du temps comme un être veule, impie et lascif, semblable au Ménélas de Baudri. Mais quel intérêt aurait eu ce dernier, angevin, à prendre le parti royal? On sait que, trois ans environ après le rapt, en 1095-1096, l'abbé de Bourgueil s'est beaucoup dépensé pour entrer dans les faveurs de la reine Bertrade, afin d'obtenir d'elle l'évêché ... d'Orléans.[127] Cela fournirait en outre un élément de datation, assez vraisemblable, pour nos poèmes. L'hypothèse est ingénieuse, mais dépourvue de tout fondement solide, et nous devons avouer que nous n'y croyons guère. Nous avons suffisamment constaté que, chez Baudri, tout semblant de référence biographique est piégé pour faire fond sur ce genre d'interprétation. Nous préférerons donc donner de ces anachronismes trois lectures plus littéraires, qui d'ailleurs ne se contredisent pas entre elles.

La première, d'ordre assez général, verrait volontiers dans de telles notations la marque d'une attitude humaniste. Le paradoxe n'est qu'apparent. La désinvolture dont notre auteur use soudain vis-à-vis de son modèle signale sa volonté d'établir ou de rétablir la continuité, jamais

126 A. Fliche, *Le règne de Philippe Ier, roi de France (1060-1108)*, Paris: Société française d'imprimerie et librairie, 1912; L. Halphen, *Le comté d'Anjou au XIe siècle*, Paris: A. Picard, 1906; G. Duby, *Le chevalier...* (*cit. supra* note 116), 7-26 et *passim*.

127 L'épisode est rapporté par Yves de Chartres, lettre 65 (éd. J. Leclercq, Paris: Les Belles-Lettres, 1949, 288).

d'ailleurs vraiment interrompue, entre l'œuvre présente et les grands écrits du passé. De manière analogue, mais sur le mode réflexif, Pétrarque dialoguera avec son cher Cicéron - et nul n'a jamais songé à dire qu'il était inconscient de la distance temporelle qui l'en séparait. De ce point de vue, Baudri est un bon exemple de ces "go-between" entre culture classique et culture renaissante qui sont les protagonistes du grand livre d'Ernst Robert Curtius. Insérer dans un pastiche ovidien des allusions contemporaines, c'est proclamer l'éternité du chef d'œuvre, qui est toujours d'actualité. Baudri s'approprie Ovide comme ce dernier s'était approprié Homère. Mais cette familiarité, par cela même justement qu'elle est familiarité, implique la capacité pour le texte de mettre à distance, de mettre en perspective son modèle. La démarche ici décrite est diamétralement opposée à celle du symboliste nîmois Pierre Ménard qui, en recréant à la virgule près le chef d'œuvre de Cervantes, invente un "Quichotte" qui n'a rien à voir avec celui du romancier espagnol.[128] Qu'au contraire un moine du XIe siècle réécrive, dans "l'esprit de Virgile"[129] (plutôt: d'Augustin) les *Héroïdes* XVI et XVII, il fait selon nous, et n'en déplaise à M. von Albrecht, acte de fidélité et de respect envers Ovide.

Ces réflexions nous conduisent à une deuxième interprétation, plus spécifique, des deux poèmes de Baudri. Comment ne pas voir en effet que les allusions au vin d'Orléans, à la Loire, au Changeon, la petite rivière qui baigne les prairies de Bourgueil,[130] constituent une signature, déchiffrable uniquement par les *happy few*, les *pueri et puellae* que notre auteur désigne comme les lecteurs privilégiés de ses œuvres? Car il est très vraisemblable que celles-ci, où le nom du poète n'apparaît pas une seule fois en plus de 8500 vers, ont d'abord circulé de façon anonyme. Ce sont des noms propres géographiques, *Burgulius*, Bourgueil, ou *Cambio*, le Changeon qui portent l'empreinte de l'identité de l'auteur.[131] S'il en est ainsi, les cc. 7 et 8 ne sont rien d'autre que la transposition, en vêtement mythologique, d'un genre littéraire que Baudri a très volontiers pratiqué, l'*invitatio amicae* (ou plus souvent *amici*). Il s'agit de part et d'autre pour le locuteur de l'expression insistante du désir de voir son ami(e) le rejoindre pour goûter les joies d'une existence délicieuse dans un lieu paradisiaque. Le lieu, Troie ou Bourgueil, est toujours le même, et décrit

---

128 J. L. Borges, *Fictions* , trad.fr., Paris: Gallimard, 1974 (coll."Folio"), 63-74.

129 Cf. Chevallier 1982: 193.

130 Vers 209: le Xanthe est comparé au "Cambio felix", "qui Burgulii rigat ortos".

131 Ainsi, c. 99, *ad Godefredum Remensem*, v.3-4 (Hilbert: 116): "Sique salutantis uis nomen nosse locumque: / Burgulius locus est. Nomen id insinuet". Cf. B. Fraenkel, *La signature. Genèse d'un signe*, Paris: Gallimard, 1992, 204-246 (La signature comme empreinte). Sur l'attachement sincère de Baudri à la campagne de Bourgueil, par quoi il justifie la *rusticitas* de son style, voir notamment le c. 153, *Emme ut opus suum perlegat*, le dernier du "recueil originel", un congé un peu mélancolique à la poésie, où on lit notamment ces beaux vers: "Attamen iste locus foret olim uatibus aptus, / Dum Muse siluas soliuage colerent" (Hilbert: 204). En somme, la poésie de Baudri, c'est la pastorale, non pas "en costume de ville" (P. Veyne, à propos des élégiaques romains), mais en habit monastique.

par les mêmes mots: prairies vertes, bosquets ombreux, oiseaux chanteurs, ruisseaux murmurants, bref, le *locus amœnus* de la tradition.[132] Quant aux joies que l'on se propose d'y partager, c'est bien sûr, dans le cas de Pâris et d'Hélène, celles de l'amour, puisque la *fabula* l'exige, et les arrêts des dieux; pour Baudri et ses amis, comme on l'a vu à propos de la lettre à Avitus, c'est la suave douceur d'un entretien poétique: ce que notre auteur désigne systématiquement du terme de *colloquium*.[133] Voire... Si l'échange poétique entre Baudri et Avitus n'est pas exempt de sous-entendus amoureux, l'amour de Pâris et d'Hélène ne s'identifierait-il pas avec la poésie? C'est, comme je viens de le dire, à la parole seule, ornée de toutes les fleurs de la rhétorique, que le troyen confie mission de séduire sa belle, et, si cette dernière consent finalement à céder à ses invites, c'est dans l'espoir que lui sera ainsi donnée l'*occasio colloquiorum*.[134] On rejoint donc ici les conclusions sur l'équivalence entre amour et littérature auxquelles nous avait conduit l'analyse du mot *iocus*. La poésie comme passion sublimée ... ou fantasmée.

Et à cet égard, il n'est peut-être pas indifférent que l'archétype de l'*invitatio amicae* s'incarne dans un épisode troyen. Certes, le dialogue ovidien entre Pâris et Hélène fournissait une situation-cadre parfaitement apte à modéliser ce genre littéraire tout neuf, qui est peut-être à la source de toute la lyrique amoureuse médiolatine.[135] Mais surtout, il importe de rappeler que la deuxième moitié du XIe siècle voit une puissante réactivation de la légende troyenne, sur le plan poétique[136] aussi bien que politique.[137] Dans les années 1060-1070, un certain Eudes d'Orléans écrit un poème sur la guerre de Troie aujourd'hui perdu, mais dont nous connaissons la substance par son destinataire Godefroid de Reims - ce même Godefroid que Baudri considère comme son ami le plus cher et le

---

132 D. Thoss, *Studien zum locus amoenus im Mittelalter*, Wien: Wilhelm Braumüller, 1972.

133 Nous comptons 27 occurrences du mot dans ce genre de contexte (Tilliette, *Rhétorique et poétique...*, 448-449, note 753). Noter en particulier les expressions *commoditas colloquii* (c. 89, *Ad eum cuius colloquium expetebat*, v. 2, Hilbert: 93; c. 137, *Murieli*, v.22, Hilbert: 190), *gratia colloquii* (c. 103, *Ad amicum post reditum suum*, v.16, Hilbert: 120), *dulcedo colloquiorum* (c. 129, *Ad Avitum ut ad eum veniret*, v. 5, Hilbert: 145). Voir aussi Bond 1986: 174.

134 C. 8, v.302 (Hilbert: 37).

135 H. Brinkmann, *Geschichte der lateinischen Liebesdichtung im Mittelalter*, Halle: Niemeyer, 1925.

136 P. Dronke, "Hector in eleventh-century latin lyrics", dans S. Krämer -M.Bernhard (éd.) *Scire litteras*, München: Bayerische Akademie der Wissenschaften, 1988, 137-148 (repris dans *Intellectuals and Poets in Medieval Europe*, Roma: Edizioni di Storia e letteratura, 1992, 389-405); Szövérffy, *Secular latin lyrics...(cit. supra* note 50), 279-286.

137 Henri 1er et Philippe 1er sont les premiers capétiens à se prévaloir de l'ascendance de Priam. Cf. B. Guenée, "Les généalogies entre l'histoire et la politique: la fierté d'être capétien, en France, au Moyen Age", dans *Annales E.S.C.* (1978): 450-477 (452).

prince des poètes de son temps.[138] L'on pourrait également citer l'héroïde *Deidamia Achilli*, déjà évoquée, ou encore le très célèbre poème *Pergama flere volo*, longtemps attribué, mais à tort, à Hildebert. Mais un parallèle plus intéressant encore nous est fourni par les *versus eporedienses*: ce texte composé vers 1080 en Italie du Nord par le chanoine Guidon d'Ivrée - un des rares hommes de cette époque, avec Baudri, à proclamer sa confiance absolue dans la capacité de la poésie à immortaliser l'objet de son chant[139] - est une des toutes premières *invitationes amicae*;[140] on a la surprise d'y apprendre au détour d'un vers que la princesse (*regia proles*) que le poète invite à le rejoindre sur les rives du Po est d'origine troyenne (*genuit me Trohica terra*). De cela, on peut déduire sans risque d'erreur que c'est à cette époque (mettons les années 1060-1100, celles du séjour de Baudri à Bourgueil) que, pour un siècle, jusqu'à l'inscription en littérature de la "matière de Bretagne", "Troie" se constitue en lieu unique d'origine de toute fiction, de toute poésie. D'où la nécessité fonctionnelle de mettre en scène Pâris et Hélène, de préférence à tout autre couple d'amants célèbres. Lorsque Pâris (Baudri) demande à Hélène: "viens à Troie", il ne dit rien d'autre que: "entre en littérature" ...

Seulement, le sens du voyage est inversé: ce n'est pas en direction de l'Est que doit s'embarquer Hélène. Nous sommes en fait en présence d'un processus de *translatio*: puisque Troie, c'est Bourgueil, rien d'étonnant à ce que "Pâris" vilipende le paganisme des grecs et l'immoralité des fictions mythologiques. Dans le c. 200, la lettre qu'il adresse à Constance, où nous avons relevé plusieurs *loci paralleli* avec le poème de Pâris, Baudri entreprend de justifier les références qu'il fait dans ses vers aux dieux grecs, et en particulier aux récits des *Métamorphoses*.[141] Il conclut ce développement en ces termes: "Désormais Athènes défaite est prisonnière à Bourgueil, désormais la Grèce barbare est l'esclave de Bourgueil".[142] Ainsi, pour paraphraser le mot célèbre, Troie vaincue a vaincu son superbe ennemi.

C'est donc du bon usage de la littérature païenne, tel que le préconisaient les pères de l'Eglise, Jérôme et Augustin, Cassiodore et

---

138 Ce texte est édité par A. Boutemy, *loc. cit supra* (note 50), 344-352.

139 On lui doit le vers célèbre: "Sum sum sum vates, Musarum servo penates", qui se poursuit par les mots: "Musa mori nescit nec in annis mille senescit"; et, un peu plus loin: "perspicue signa quare sit nota Corinna: / Vivere Naso facit". Sur *aeternare*, *perpetuare* chez Baudri, cf. *supra* note 51, et Tilliette, *Rhétorique et poétique...*, 450-451, note 778. Cf. enfin Curtius, 1986: t.II, 301-303 ("Fierté du poète").

140 Ce texte a été édité par E. Dümmler, "Gedichte aus Ivrea", dans *Zeitschrift für deutsches Altertum* 14 (1869): 245-253. Voir le commentaire qu'en donne F.J.E. Raby, *Secular Latin Poetry in the Middle Ages*, Oxford: Clarendon Press, 1957[2], t.I, 383-387.

141 Cf. Christine Ratkowitsch, "Io und Europa bei Baudri von Bourgueil", dans E. Könsgen (éd.), *Arbor amoena comis*, Stuttgart: Steiner, 1990, 155-161.

142 C. 200, v.129-130 (Hilbert: 270): "Burgulii uictae nunc captiuantur Athenae, / Barbara nunc seruit Grecia Burgulio". Cf. Tilliette, "Hermès amoureux...": 158-159.

Théodulphe,[143] qu'il est question ici. Nous n'avons guère jusqu'alors fait droit à la composante religieuse de la vocation de Baudri, telle qu'elle transparaît pourtant dans maint de ses poèmes. Nombre des lettres par lesquelles il convie ses amis à le rejoindre dans le "jardin de Bourgueil" sont aussi des invitations à se faire moine.[144] Autrement dit, le lieu du *iocus* est également celui de l'*otium monasticum* cher à dom Leclercq. Il y aurait sans doute beaucoup d'abus à donner une interprétation chrétienne aux lettres de Pâris et d'Hélène,[145] même si ces derniers ne ménagent pas leurs efforts rhétoriques pour assurer la licéité de leur union. Rappelons cependant la réponse, imparable, que Baudri fait à ses censeurs ecclésiastiques, à ces "grandes bures noires"[146] qui l'accablent de leurs critiques: "tout ce que j'écris n'est que pure fantaisie, un *iocus* au troisième sens du terme (= fiction)". Or, quels sont les indices textuels qui dénoncent la *retractatio* des scandaleuses *Héroïdes* XVI et XVII comme une pure fiction? Evidemment les anachronismes dont nous proposons enfin une dernière lecture, sans doute la plus vraisemblable et la plus cohérente avec la poétique de Baudri. Nous postulons ici que notre auteur n'imaginait pas un seul instant que le Pâris réel, à l'historicité duquel il croyait sûrement, fût un connaisseur en matière de vins de Loire. Malgré l'opinion contraire des commentateurs, ce postulat semble raisonnable: la recherche récente sur l'historiographie a pu prouver que l'attitude médiévale face au temps (et spécialement, ajouterons-nous, celle des

---

143 De ce dernier, le plus fin connaisseur d'Ovide au IXe siècle, possible fondateur de l'école de Meung-sur-Loire où Baudri fut éduqué, voir le c. 45, *De libris quos legere solebam et qualiter fabulae poetarum a philosophis mystice pertractentur* (éd. Dümmler, MGH, *Poetae...*, t.I, 543-544): "In quorum (=Virgile et "Naso loquax") dictis quamquam sint frivola multa, / Plurima sub falso tegmine vera latent" (v.19-20).

144 Voir les titres des cc. 77*Ad eundem (=Gerardum Lausdunis) ut monachus fiat* (Hilbert: 78) et 91 *Invitatio ut quidam se monacharet* (Hilbert: 95). On trouve une description du *locus amoenus* dans le c. 77 (v. 158-167), un éloge du *colloquium* dans le c. 91 (v. 5-14).

145 Peut-on voir en Hélène une *figura* de l'âme pecheresse, choisissant d'abandoner la souillure de la chair (la Grèce et Ménélas) pour rejoindre son Seigneur (Pâris) au paradis? Une telle lecture, digne de l'*Ovide moralisé*, nous paraît disqualifiée par son anachronisme. Nos textes en effet - à moins que l'on ne considère qu'ils sont totalement hétérogènes au reste de l'œuvre poétique de Baudri, sauf le médiocre c. 154, où d'ailleurs les équivalences allégoriques sont tres pesamment soulignées - actualisent un paradigme réthorique, *et non allégorique*: ainsi, le c. 8 est bâti sur le modèle de la *controversia*, dont toutes les techniques et toutes les figures sont rigoureusement mises en œuvre... avant de se conclure, ironiquement, sur la description jubilatoire, par la reine de Sparte elle-même, de son propre enlèvement (vv. 320 - 370)! Il est donc clair que toute interprétation christianisante offense gravement le principe d'"économie isotopique" qui doit présider à un déchiffrement raisonnable (U. Eco, *Les limites de l'interprétation*, trad. fr., Paris: Grasset, 1992, 125-128). C'est pourtant le travers où tombe C. Ratkowitsch (*Die keusche Helena...*, cit. *supra* n.112), résolument imperméable à l'humor "ovidien" de Baudri.

146 C. 1, v.3-5: "... nigrum magnumque cucullum".

écrivains) n'est rien moins que cette "vaste indifférence" évoquée par Marc Bloch.[147] Nous suivrons donc volontiers Michel Zink lorsqu'il affirme, à propos de tout autres textes: "Le romancier imposait sa présence dans son œuvre en l'avouant comme fictive et en revendiquant pour elle la vérité du sens au détriment de la vérité du référent historique".[148] Alors, quelle est, ici, "la vérité du sens"? Pour flatter Galon, un poète apparemment satisfait de ses dons intellectuels, Baudri écrit: *Galo sonat sensum, sed mea Musa iocum.*[149] Le jeu, donc, une fois de plus. Ce que déclarent, avec un humour très subtil, les allusions contemporaines, les "interventions d'auteur" du c. 7, c'est: "N'y croyez pas. Tout cela (n') est (que) littérature". On est donc aux antipodes du sérieux pesant que reproche à notre auteur M. von Albrecht. "Son ovidianisme est la passion d'un poète qui dédaigne de se justifier par des astuces d'écolâtre", écrit justement Paule Demats.[150] Nous ne la suivrons pas, cependant, lorsqu'elle qualifie cette attitude de "candeur". Si c'est le texte d'Ovide que Baudri a choisi de se réapproprier, et quelles que soient la qualité ou la fidélité littérale de son *imitatio*, c'est qu'il en avait fort bien saisi la dimension ludique. Dans les limites que définissaient la morale et l'esthétique de son temps, il a parfaitement (mieux en tous cas, pensons-nous, que bien des exégètes modernes de celui-ci) retenu et intégré la leçon d'Ovide.

Il est temps de conclure, ce que nous ferons en essayant d'apporter un embryon de réponse au problème que nos posions en commentant. D'après le philologue-codicologue du XXe siècle, qui nous en apporte les preuves irréfutables, il est clair qu'Ovide n'était pas un auteur "populaire", jusque vers 1150 environ. Mais qu'est-ce qu'un auteur populaire pendant le haut moyen âge? C'est un auteur qui est lu dans les écoles - les seuls lieux où l'on doive, à l'époque, par obligation ou par nécessité, étudier les classiques. Si l'écrasante majorité des manuscrits d'auteurs païens, à la différence des manuscrits patristiques ou d'écrivains médiévaux, sont agrémentés d'une foule de gloses lexicales ou explicatives, c'est parce qu'ils étaient destinés à un usage didactique. Rien n'interdisait qu'on y prît goût, mais ce n'était pas le but recherché en priorité. Dans ces conditions, on comprend que les œuvres d'un auteur réputé aussi douteux moralement qu'Ovide n'aient connu qu'une diffusion limitée.

A vrai dire, ce qui est étonnant, c'est que, dans une époque d'illettrisme quasi généralisé, où l'apprentissage de la lecture ne visait guère qu'à répondre à des besoins pour ainsi dire professionnels (ceux du moine ou

---

147 Voir, à ce sujet, le point de vue de l'historien, B. Guenée, dans *Histoire et culture historique dans l'Occident médiéval*, Paris: Aubier-Montaigne, 1980, 147-165 ("La maîtrise du temps") et celui du critique littéraire, M. Zink, dans *La subjectivité littéraire. Autour du siècle de saint Louis*, Paris: PUF, 1985, 81-126.

148 *Op. cit.*: 105.

149 C. 193, v.58 (Hilbert: 256).

150 Demats, 1973: 116.

ceux du scribe de chancellerie),[151] il ait existé malgré tout tant de lecteurs "pour le plaisir". C'est en bonne partie à eux, je pense, que l'on doit la survie d'Ovide. D'où vient qu'il ne nous en reste que si peu de traces matérielles? La réponse à cette question est, me semble-t-il, contenue dans ce qui précède. Les livres destinés aux *happy few*, aux lecteurs privés, ne connaissent pas la même diffusion que ceux qui répondent aux exigences d'un programme scolaire. Ils ne font donc pas l'objet de la même protection "institutionnelle".[152] Le texte d'Ovide, donc, ne constituera que tard une matière d'enseignement - non sans avoir eu à vaincre de sérieuses résistances -, grâce, semble-t-il, à l'atmosphère plutôt libérale des monastères germaniques, où sa lecture est couramment pratiquée assez tôt,[153] grâce au formidable appétit de culture classique des maîtres orléanais comme Arnoul, qui ne veulent plus se contenter de connaître les réalités romaines à travers Servius et Isidore. Mais ces démarches ne font que consacrer un état de fait, et prendre le relais de celle des lettrés, des amateurs, dont Baudri est un bon exemple, qui depuis un siècle pratiquaient avec ferveur l'œuvre du poète romain.

Quelle est la nature, quel est le sens de cette pratique? On a l'impression, à la lecture des poètes du XIe siècle finissant, d'une découverte enthousiaste, d'une adhésion spontanée par-delà la différence des codes culturels - attitude qui n'est pas sans nous rappeler celle des humanistes des Tre- et Quattrocento face aux textes latins et grecs que l'on croyait perdus. La situation dans les années 1050-1100 n'est cependant pas exactement comparable: Ovide n'a jamais tout à fait disparu. Simplement il semble que les écrivains des siècles précédents se soient imposés face à ses œuvres une espèce de surdité. Sans doute, ils leur empruntent à l'occasion une clausule d'hexamètre, une élégante *junctura verborum*. Mais ils ne leur manifestent pas - sauf, sans doute, aux élégies de l'exil, quelques poètes d'époque carolingienne - la compréhension, la sympathie qu'ils réservent à Virgile et Horace, Térence et Juvénal, dont la connaissance nourrit la lettre et l'esprit de leurs écrits. D'Ovide à eux, la distance morale et mentale est trop longue. Pourquoi les choses changent-elles à l'époque qui nous intéresse? On peut invoquer ici l'explication historique traditionnelle. A savoir: concomitantes à l'essor des écoles urbaines, une certaine laïcisation de la culture, l'accession à la *literacy* d'un public moins étroitement monastique et clérical, et sensible à l'expression

---

151 Cf. M.T. Clanchy, *From Memory to Written Record. England, 1066-1307*, Londres: Arnold, 1979.

152 Munk Olsen, 1991: 32: "... più di un terzo dei codici ovidiani menzionati negli inventari di biblioteche di quest' epoca (=l'XI secolo) provengono da collezioni private".

153 Cf. Hexter 1986. Le plus ancien commentaire d'Ovide que nous ayions conservé se trouve dans le manuscrit de Munich Clm 4610 (début XIIe s.), provenant de Benediktbeuren. Voir aussi, de la même époque, les *accessus* édités par Huygens, 1970 et conservés à Tegernsee.

littéraire de désirs et de sentiments autres que religieux.[154] En somme, la rude idéologie clunisienne du *contemptus mundi* a fait son temps.

Elle est relayée cependant par le moralisme grégorien. L'austère figure du cardinal Pierre Damien, grand pourfendeur des lettres profanes, est emblématique de ce lien. D'où la prudence souvent maladroite dont sont tenus de faire preuve les ovidiens du XIe siècle. Dès la fin du XIIe, relater en distiques l'amour malheureux de Pyrame et Thisbé est un simple exercice scolaire,[155] qui ne tire pas plus à conséquence que la composition en vers latins imposée aux lycéens français jusque vers la fin du XIXe siècle; dans les années 1070-1080, mettre en vers l'aventure de Pâris et d'Hélène est un exercice relativement périlleux. Aussi dans l'ovidianisme à la fois déclaré et nié d'un Baudri de Bourgueil y a-t-il une certaine tension. Cette tension, elle disparaît avec la révolution intellectuelle que constitue la pensée chartraine: en appliquant aux textes profanes les méthodes de l'exégèse allégorique, Bernard Silvestre et ses disciples transforment le sens du mot *fabula*: de pure fiction, elle devient message à décrypter. Dès lors, les écrivains peuvent s'approprier la littérature païenne avec l'assurance tranquille des héritiers sûrs de leurs droits. Il entre en revanche un peu de bâtardise dans l'ovidianisme de Baudri, de Godefroid de Reims et de ceux de leurs contemporains dont la liste de leurs correspondants dessine le réseau informel. Ils restent imprégnés de culture encore monastique, tributaires de modèles d'écriture virgiliens - c'est dans Virgile qu'ils ont appris à l'école la versification latine ... Il n'empêche. Ils ont lu Ovide sans la médiation de la glose. L'unique sujet de leur poésie, c'est les jeux du langage et du désir amoureux. Jamais, peut-être, contre toute apparence, le moyen âge ne sera aussi réellement ovidien.

---

154 C'est la conclusion de l'article de Bond, 1986 (189-193).

155 R. Glenndinning, "Pyramus and Thisbe in the Medieval Classroom", dans *Speculum* 61 (1986): 51-78.

Annexe 1

Iocus et ses synonymes dans la poésie de Baudri de Bourgueil
Liste des occurrences

Iocus: c. 1, v.31,32,76; c. 86, v.12; c. 99, v.198; c. 109 (*Amicis qui ab eo recesserant*, Hilbert: 123-124), v.16; c. 143 (*In remordendo falsum amicum*, Hilbert: 196-197), v.27; c. 193, v.58,98; c. 200, v.144,153; c. 223 (sans titre, Hilbert: 290-292), v.41.

- *iocosus*: Musa iocosa, c. 1, v.30,32; c. 86, v.42; c. 99, v.197; c. 193, v.103,107; vita iocosa, c. 86, v.42; c. 193, v.103,104; c.200, v.145; facta iocosa c. 193, v.104; verba iocosa, c. 1, v.33; c. 217 (sans titre, Hilbert: 287), v.11; (substantif masculin) c. 144 (*Pro tabulis gratiarum actio*, Hilbert: 197), v.4; c.193, v.107; (substantif neutre pluriel) c. 200, v.143.
- *iocor*: c.91 (*Invitatio ut quidam se monacharet*, Hilbert: 95), v.13; c. 193,v.97;c.223,v.41.
- *iocularis*: c. 85, v.1 (ioculare carmen).
- *iocundus*: c.85, v.43; c.87, v.1; c. 99, v.121; c. 130 (*Ad supradictum Avitum*, Hilbert: 147), v.3; c. 144, v.4; c. 194 (*De Hostiensi episcopo*, Hilbert: 259), v.15; c.197 (*Ad Geraldulum*, Hilbert: 265), v.13; c. 203 (*Ad amicum mentientem*, Hilbert: 277), v.1; c. 206 (sans titre, Hilbert: 279), v.10; c. 208 (sans titre, Hilbert: 282), v.53 (deux fois); c. 217, v.12; Musa iocunda: c. 193, v.102.
- *iocundor*: c. 84 (*Ad scriptorem suum*, Hilbert: 87), v.22; c. 129, v.25.

Familles de mots appartenant au même champ sémantique:
- Famille de *ludus*: ludus, c. 12, v.41; c.117, v.21,22; c. 192 (*Duci Rotgerio*, Hilbert: 254), v.43,45; alludo, c. 85, v.12; c. 101, v.16; c. 113, v.15-16; c. 117, v.21; c. 142 (*Constantiae*, Hilbert: 194), v.7; c. 196, v. 5,6,7; allusor, c. 153, v.11; colludo, c. 86, v.4; eludo, c. 101, v.16.
- Famille de *nugae*: nugae, c. 1, v.55; c. 85, v.2; c.88 (*Ad Simeonem qui cum episcopo morabatur*, Hilbert: 92), v.5; c. 200, v.121 et 125; (opposé à doctrina): c. 99, v.93; c. 200, v.133; c. 250, v.10; nugari, c. 193, v.97.

Annexe 2
La date des cc. 97 *Florus Ovidio* et 98 *Ovidius Floro suo*

Dans un article récent (cf. *supra* note 108), l'éminente spécialiste de Baudri de Bourgueil qu'est Christine Ratkowitsch propose une lecture fort séduisante de la lettre d'Ovide exilé à son ami *Florus* (Hilbert: 107-112). Se démarquant en effet des interprétations traditionnelles, elle voit dans ce texte et dans celui auquel il répond beaucoup plus qu'un simple exercice scolaire, un pur jeu sur l'intertexte ovidien des *Tristes* et des *Pontiques*. Après l'avoir rattaché aussi à la tradition carolingienne de l' "élégie de l'exil" (Théodulphe, Modoin, Ermold), elle met en relief les parallèles textuels qui associent ce poème aux plaidoyers *pro domo* que Baudri prononce en son nom propre, les cc. 1 *Contra obtrectatores consolatur librum suum*, 193 *Ad Galonem* et 200 *Ad dominam Constantiam*. C'est donc bien notre auteur qui s'exprime "sub assumpta persona Ovidii" pour défendre l'inspiration frivole de sa muse amoureuse. Jusque là, on ne peut que suivre cette démonstration. Elle devient en revanche beaucoup plus incertaine lorsque C. Ratkowitsch s'efforce de rapporter l'exil d'Ovide à des circonstances réelles de la vie de Baudri. Ce dernier aurait composé les cc. 97 et 98 plusieurs années après son accession au siège archiépiscopal de Dol-de-Bretagne, en 1107. En effet, il semble n'avoir pas tardé alors à regretter les délices de son "jardin de Bourgueil": dans la lettre autobiographique qu'il adresse entre 1123 et 1130 aux moines bénédictins de Fécamp (publiés dans la PL, t.166, col. 1173-1182 sous le titre d'*Itinerarium*), il déplore amèrement sa relégation, au milieu de peuplades barbares et hostiles, dans un lieu aussi lugubre à ses yeux que la Dobroudja à ceux d'Ovide. Il emploie même à ce sujet le mot d'exil.[156]

L'hypothèse de C. Ratkowitsch serait convaincante si elle ne se heurtait pas à trois objections majeures:

1. La transmission textuelle des poèmes de Baudri: nous croyons avoir établi solidement (cf. *supra* note 42) que les folios 5 à 108 du manuscrit des poèmes - la correspondance Florus-Ovide se trouve aux fol. 53-58 - ont été copiés à Bourgueil sous la responsabilité directe de Baudri, donc avant la fin de son abbatiat. Aux nombreux arguments paléographiques et codicologiques s'ajoute celui de la vraisemblance: l'analyse de l'écriture attestant que les 104 folios en question sont d'origine "angevine",[157] il est bien compliqué de penser qu'un scribe de Bourgueil ou de sa région, plusieurs années après le départ d'un abbé qui n'y reviendra jamais, ait eu à cœur de collecter et de retranscrire dans un ordre qui n'est pas arbitraire des poèmes dispersés, et voués à un médiocre succès. De plus, on a l'impression qu'après 1107, Baudri a largement délaissé l'écriture

---

156 PL 166, col. 1774 B: "ad Angliae comparationem Britanniam quam incolere coeperam autumaui exilium". Il faut bien voir cependant que ce n'est pas de Bourgueil que Baudri se plaint d'être exilé, mais que, comme l'indique le contexte, son nouveau séjour lui paraît un exil par rapport aux riches abbayes anglo-normandes.

157 Cf. J. Vezin, *Les scriptoria d'Angers au XIe siècle*, Paris: Champion, 1974.

poétique pour s'adonner à la composition, plus compatible avec sa dignité d'archevêque, de récits historiques et hagiographiques. Les rares poèmes, à sujet religieux, que l'on puisse à coup sûr attribuer à la dernière période de la vie de notre auteur,[158] les cc. 215-221 de l'édition Hilbert (p.285-289) ont été copiés après coup et assez maladroitement reliés au reste du volume.

2. Le contexte historique: C. Ratkowitsch assoit son argumentation sur une notation curieuse de la lettre de Florus à Ovide. Désireux de rejoindre son ami en exil, malgré l'interdiction de César, celui-là se déclare prêt à saisir l'occasion que lui fournit l'absence de l'empereur - lequel est en effet occupé à guerroyer à l'autre bout du monde pour "foudroyer les Morins": "Nunc etenim Morinos et fines fulminat orbis" (c.97, v.107). Les Morins, ce sont un peuple de la Gaule Belgique subjuguée par César (leur territoire recouvre en gros celui de l'actuel Pas-de-Calais), à qui les historiens médiévaux comme Orderic Vital assimilent volontiers, de façon pédante, les Flamands. Le vers en question se référerait donc à une campagne militaire du roi de France contre la Flandre. Le problème, c'est qu'il n'y a pas à l'époque de principauté territoriale avec laquelle la monarchie capétienne n'entretienne de relations plus pacifiques qu'avec le comté de Flandre.[159] Les seules guerres franco-flamandes ont lieu en 1071 (succession de Baudoin V - c'est d'ailleurs un échec cuisant pour Philippe ler) et en 1127 (conséquences de l'assasinat de Charles le Bon). C. Ratkowitsch ne retient pas la première date, qui ne cadre pas avec sa thèse, ni la seconde - il est vrai que Baudri, alors plus qu'octogénaire, a sans doute passé l'âge de faire l'apologie de sa poésie érotique. Sans être très catégorique, elle semble lire dans le vers 107 une allusion au conflit qui oppose en 1111-1113 les armées de Louis VI le Gros à celles du roi d'Angleterre Henri 1er, au cours duquel, d'ailleurs, les Flamands sont alliés aux Français. Il nous semble que Baudri connaissait suffisamment bien sa géographie, et les anglo-normands, pour ne pas qualifier ces derniers de "Morins". Nous nous demandons si notre auteur n'a pas employé le vocable exotique *Morinos* pour signifier poétiquement le plus grand éloignement possible, suivant Virgile qui définit les Morins comme "extremi hominum" (*Enéide* VIII, 727) - à moins, peut-être, qu'il ne s'agisse d'une allusion à la guerre de 1071, à lire comme des anachronismes du c. 7.

---

158 L'obscure allégorie qui constitue le c. 2, *Somnium et expositio somnii* (Hilbert: 11-14) se réfère symboliquement, selon K. Forstner ("Das Traumgedicht Baudris von Bourgueil", dans *Mittellateinisches Jahrbuch* 6 (1972): 45-57), aux difficultés que rencontre Baudri dans l'exercice de la charge épiscopale. Bond, 1986: 147 (note 11) a montré que cette interprétation était totalement dépourvue de fondement.

159 Cf. A. Fliche, *Le règne de Philippe Ier...cit*.: 266: "L'alliance flamande... est un des traits de la politique royale à partir de la fin de l'année 1071"; A. Luchaire, *Louis VI le Gros. Annales de sa vie et de son règne (1081-1137)*, Paris: A. Picard, 1890, XCIII: "Les Flamands ont été, pendant la majeure partie du règne, les alliés les plus dévoués, le principal soutien de la maison régnante".

Mais là où l'illusion réaliste produit ses effets les plus pervers, c'est lorsque la nomination de Baudri à Dol est présentée (il est vrai sur le mode hypothétique) comme une espèce de sanction infligée par le roi de France - consécutive notamment à la tentative simoniaque d'obtenir à prix d'or l'évêché d'Orléans (cf. *supra*). Or, il est bien évident que l'abbé de Bourgueil, après avoir longtemps ambitionné d'accéder à une charge épiscopale, a dû ressentir comme une promotion, non comme une punition, son élection au siège de Dol, qui se pare en outre du prestige un peu illusoire d'être "métropole de Petite-Bretagne". En outre, si le roi peut intervenir dans les successions épiscopales à Orléans, capitale capétienne, les affaires bretonnes échappent absolument à sa compétence. Il est donc hors de question de considérer Baudri, à l'image des bannis carolingiens et de son ami Hildebert, comme une espèce d'exilé politique. Exil moral, ou, selon la juste formule de C. Ratkowitsch, "émigration intérieure" - mais qu'il n'y a aucune raison objective de situer au cours du séjour breton du poète - , sans doute. Mais rien de plus. Et cela nous fournit un troisième motif, le plus sérieux, de réfuter la datation basse des cc. 97-98.

3. La poétique de Baudri: les parallèles fort judicieusement tracés entre le c. 98 et les cc. 1, 193 et 200 nous renvoient une dernière fois à la conception que se fait Baudri de son métier d'écrivain. Il est bien aisé de voir que ce texte-là n'est, comme ceux-ci, qu'une pure revendication de la liberté créatrice. "J'invente tout", affirment-ils, c'est-à-dire: "mes actions (*facta*) et mes vers appartiennent à deux ordres différents de réalité". Il est vain d'attribuer au "je" des poèmes, surtout si Ovide s'interpose entre lui et leur auteur, un référent biographique. Ce serait procéder comme les auteurs des *Vidas* des troubadours, qui lisent dans les chansons de ceux-ci les péripéties amoureuses de leur existence réelle. Certes, les poèmes de Baudri ne relèvent pas du strict formalisme, froidement impersonnel; nous y percevons distinctement les traces d'une sensibilité esthétique, d'une conscience morale, peut-être même d'une intériorité sentimentale. Mais on reste dans la sphère de la pure subjectivité littéraire, où le monde extérieur ne fait irruption que très rarement. Quand c'est le cas cependant - ainsi lorsque notre auteur prend la défense de son ami Robert de Saint-Remi de Reims, menacé d'excommunication (c. 194, v.81-94, Hilbert: 260-261) -, il parle non sous le couvert d'un masque, mais en son nom propre, comme il aurait fait, comme il fait dans l'*Itinerarium*, s'il avait eu à déplorer des malheurs vécus. Si l'on veut comprendre la sentence d'exil dont est frappé l'Ovide des cc.97-98, il faut se remémorer que le recueil entier est placé sous l'invocation des *Tristes*: "Vade, liber ..." (c. 1, v.1). Livre vagabond (*vagus*), banni (*profugus*), oublieux du sol natal (*geniale solum ... dicere nescit*, c.1, v.107-108). Cet exil, c'est - hors toute contingence autobiographique -, celui de la liberté et du jeu poétiques, étrangers à un monde où règnent l'esprit de sérieux, la rude gravité des bien-pensants.

I trovatori e l'esempio ovidiano

Luciano Rossi
(Universität Zürich)

0. Limiti epistemologici della ricerca

Prima d'impegnarci in un'analisi destinata a far luce sulla pertinenza dell'esempio ovidiano nelle opere di taluni dei più importanti trovatori del periodo "classico" (e, in ambito d'oïl, di Chrétien de Troyes), sarà opportuno delimitare le pretese di questa come d'ogni altra indagine che ambisca a definirsi, per adoperare un termine ormai fin troppo abusato, "intertestuale". È stata spesso sottolineata l'estrema difficoltà di ricavare dati il più possibile oggettivi dalle cosiddette "reminiscenze poetiche", necessariamente sintetiche e spesso funzionalmente ambigue.[1] Se poi la verifica è operata non su testi coevi e appartenenti al medesimo ambito linguistico, bensì in un arco diacronico così vasto come quello che va dall'antichità classica al medioevo, e al latino sono confrontate le lingue volgari, ancora maggiore è il rischio d'attribuire significati allusivi a tratti meramente "grammaticali", che non tollerano d'essere rianimati.[2] La semplice ripresa d'immagini o di stilemi caratteristici d'un autore non garantisce, infatti, di per sé la dipendenza poetica, soprattutto ove non si sia in grado di accertare la presenza d'eventuali "interpositi" (come furono i florilegi, i repertori di sentenze, etc.).

Per quel che concerne in particolare il modello ovidiano, dopo l'iniziale trionfalismo dei positivisti,[3] convinti di rinvenire un po' ovunque nella poesia d'amore medievale reminiscenze classiche, è subentrato lo scetticismo di chi, pur essendo disposto a riconoscere, sul piano formale, i debiti contratti dai trovatori nei confronti dei modelli latini, non di rado anzi esagerandone la portata,[4] negava però l'esistenza d'una reale continuità storica fra l'antichità classica e le letterature volgari.[5] Tale scetticismo s'è fatto ancora più radicale in tempi a noi più recenti: valga per tutte l'affermazione di Leo Pollmann, per il quale la poesia amorosa presenta analogie in ogni epoca, in ragione d'un'affinità archetipica che non permette di ricavare, dalla ricorrenza più o meno generica di *topoi*, alcuna conclusione in ordine a possibili contatti fra poeti.[6] In questi ultimi anni, a parte qualche rara eccezione,[7] alla riflessione sui riscontri testuali si

---

1 Roncaglia 1985: 279, Rossi 1989: 59 s.

2 Conte / Barchiesi 1989: 95 s.

3 Schläger 1895, Schrötter 1908, Faral 1923: 204-259.

4 Come finisce col fare in quasi tutti i suoi articoli Dimitri Scheludko. Si veda in proposito Kähne 1983: I, 93-104, II: 136-138.

5 Scheludko 1931: 137-206; Axhausen 1937: 46-49.

6 Pollmann 1966: 248-265.

7 Penso soprattutto ai recenti lavori di R.N.B. Goddard, nei quali a una corretta interpretazione delle fonti classiche non sempre corrisponde, però, un'esegesi dei testi volgari altrettanto adeguata.

sono preferite le discussioni più generali sulle analogie "mentali" o "di costume",[8] e s'è indicato nell'atteggiamento di distaccata ironia nei confronti dell'effusione lirica (e dei generi poetici che l'esprimono) la parte più importante del retaggio ovidiano oggi reperibile nella produzione trobadorica.

Il problema più arduo è, ancora una volta, quello ermeneutico, poiché i cosiddetti *topoi*, il più delle volte, sono tali solo per alcuni troppo frettolosi storici della letteratura, preoccupati di estrapolare, a scopo meramente classificatorio, questi *loci critici* dai diversi contesti in cui essi erano presenti e vitali. Nel momento in cui si operino più approfonditi tentativi d'interpretazione, si comprende, invece, come immagini e metafore poetiche assumano significati in parte inediti in ogni nuova elaborazione, pur conservando la memoria di quei tratti che hanno contraddistinto la peculiarità dei modelli prescelti (anche al di là di ogni possibile intermediazione). In altri termini, ogni indagine volta a sottolineare elementi di contatto fra diversi sistemi testuali non può sottrarsi all'obbligo di ricostruire i processi che hanno presieduto all'elaborazione dei testi esaminati, al fine d'individuare vere e proprie "isotopie poetiche",[9] nelle quali le analogie formali sono finalizzate all'espressione di significati non di rado divergenti rispetto a quelli degli eventuali "modelli". Per quanto tali affermazioni possano apparire scontate, non ci si stancherà di ripetere che solo una completa esegesi del testo può garantire la comprensione dei singoli elementi di quest'ultimo e la validità di connessioni con altre opere. Ciò significa, in concreto, che saremo costretti a sottoporre a verifica ognuno dei riscontri, che analizzeremo con particolare attenzione allo stato della trasmissione manoscritta del testo e alla ricezione delle possibili "fonti", ovviamente non solo ovidiane.

Non credo sia necessario, in questa sede, insistere sulla ricercatezza formale della poesia trobadorica, né sulla sua ricca e polivalente dimensione sociale, legata alla plurivocità dei modelli culturali postulati dalla Fin'Amor. Questo complesso sistema di rappresentazione comprende sia la forma dei contenuti testuali, che quella dell'espressione (nella triplice connessione della melodia, della versificazione e delle figure verbali). Quel che più ci interessa non è, quindi, la mera presenza di *topoi*, bensì la loro trasformazione che, sola, conferisce al *corpus* lirico una dimensione storicamente verificabile.[10] I più antichi trovatori e Chrétien (come più tardi Guittone, Cino, o alcuni altri stilnovisti) non videro nei testi ovidiani solo quello che in francese si chiamerebbe "un modèle de compétence générique", quanto soprattutto lo stimolo a riflettere sulla possibilità di sottrarsi, grazie all'auto-ironia, alla convenzionalità dei "modelli". Non tanto, dunque, un'opera da imitare o utilizzare alla stregua d'un repertorio d'immagini o di formule (come troppo a lungo si è ripetuto), bensì una poesia viva, con la quale si entra in discussione, grazie a quel particolare tipo di "dialogicità" che caratterizza ogni processo di "riuso" o di

8 Crossland 1947: 199-206, Sabot 1982: 241-260, Cahoon 1989: 119-155.

9 Greimas / Courtés 1986: t. I, 197 s., Segre 1985: 32-34, Segre 1993: 66-80.

10 Jung 1992: 991.

"riscrittura". Che venga considerato un "modello" o un "anti-modello", l'esempio ovidiano degli *Amores*, dell'*Ars Amatoria* e soprattutto dei *Remedia* è centrale, nel dodicesimo secolo, sia nella riflessione abelardiana, che in quella di San Bernardo e di Guglielmo di Saint-Thierry, come, per altro verso, in quella dei Vittorini.[11] I trovatori, a cominciare da Marcabruno e da Bernart de Ventadorn, non furono insensibili a questa temperie culturale. Se quel formidabile esempio di contaminazione dei generi che sono le *Heroides* sembra avere suggestionato più gli autori di *romans* e, ovviamente, di *saluts* che i lirici, ciò non significa, però, che questi ultimi siano rimasti insensibili al fascino d'una poesia immaginata "al femminile"[12] e che non si siano identificati con le più celebri fra le eroine ovidiane (soprattutto con Didone). Anche se non se ne deve sopravvalutare la portata, alcuni importanti elementi che oggi si definirebbero di "soggettività poetica", presenti nelle elegie "autobiografiche" ovidiane, non sfuggirono ai Provenzali, come avremo occasione di vedere. Per venire, infine, alle *Metamorfosi*, più che il loro carattere enciclopedico, è il fascino di alcuni miti (esaltato dalla particolare "riscrittura" ovidiana) che sembra maggiormente suggestionare poeti come Bernart de Ventadorn, Raimbaut d'Aurenga, Aimeric de Peguilhan o lo stesso Folquet de Marselha.

Il presente studio si svolgerà in tre momenti fondamentali: innanzitutto verrà esaminata la ricorrenza del nome di Ovidio nell'intero corpus lirico occitanico. Anche se non si tratta d'un' enorme massa di riscontri, come ci si potrebbe attendere, avremo la sorpresa di verificare che la grande maggioranza di tali menzioni è operata con precisi riferimenti alle opere del poeta latino e non in modo generico, come si è sovente ripetuto. In un secondo momento, saranno analizzate in maniera non sistematica e senza troppe pretese d'esaustività, ma con particolare attenzione alle modalità della trasmissione testuale, alcune delle "isotopie" più interessanti che legano la produzione "erotica" ovidiana alla lirica trobadorica classica. Infine ci soffermeremo su talune opere di Chrétien de Troyes, che paiono particolarmente vicine al *trobar* occitanico, nel tentativo di far luce sull'atteggiamento dello Champenois - primo volgarizzatore d'Ovidio - nei confronti del poeta latino.

L'obiettivo del lavoro è quello di fornire nuovi elementi di riflessione - al di là dei soliti elenchi di riscontri, tanto astratti e generici da rivelarsi spesso fuorvianti - in merito al significato dell'influenza ovidiana sulla poesia d'oc e d'oïl del XII secolo. Se è vero infatti che solo nel XIV e nel XV secolo le opere del poeta latino vengono ampiamente studiate, tradotte e analizzate in Francia, sarebbe errato sottovalutare l'importanza dell'esempio ovidiano in relazione alla stessa origine della poesia d'amore d'oc e d'oïl. Non sarà inutile ribadire che il presente contributo ha un senso solo nel quadro del seminario a più voci per il quale esso è stato concepito, e che lo scrivente si riserva di tornare in altra sede, in forma più

---

11 Roques 1962: 312-326, Dumeige 1952: 3-12, Javelet 1961: 273-290; 429-450.

12 Ruhe 1975: 140-162.

articolata, sia sul problema dell'eredità ovidiana nella poesia lirica occitanica che, soprattutto, sull'interpretazione dei singoli testi.[13]

1. Il nome d'Ovidio

Potrebbe apparire singolare che la più antica menzione del nome di Ovidio nella poesia lirica volgare sia reperibile in un "dibattito" fra un "cavaliere" e un trovatore atipico come Marcabruno, il quale per di più fa appello all'*auctoritas* non in funzione "positiva", bensì per confermare una sua polemica *damnatio Amoris*. Poiché, però, di fronte alle intemperanze verbali di Marcabruno, l'interlocutore del Guascone si assume il ruolo del più ortodosso "fedele d'amore", la "querelle" è particolarmente vivace e si rivela di straordinaria importanza per la storia della poesia lirica d'oc.

Il testo in questione è la "tenzone"[14] con Ugo Catola, *Amics Marcabrun, car digam* (*BdT* 293, 6) e, data l'eccezionalità del documento, converrà leggerlo integralmente:[15]

I. Amics Marchabrun, car digam
un vers d'amor, que per cor am,
qu'a l'hora que nos partiram
en sia loing lo chanz auziz.

II. Ugo Catola, er fazam;
mas de faus'amistat me clam,
q'anc pos la serps baissa lo ram,
no foron tant enganairiz.

III. Marcabrun, ço no m'es pas bon
qe d'amor digaz si be non;
per zo.us en move la tenzon,
que d'amor fui naz e noiriz.

---

13 In particolare, sia nella silloge *Poesie d'Amore provenzali*, che soprattutto, nel volume *Triumphus Cupidinis*, di prossima pubblicazione, nel quale il capitolo *Magister Naso* è dedicato a un'analisi più esaustiva delle riscritture da Ovidio reperibili nella poesia medievale gallo-romanza.

14 Anche se al v. 11 compare, per bocca di Ugo Catola, il termine *tenzo*, sul piano meramente tecnico è più opportuno considerare il componimento come un *débat*. Köhler 1959: 37, Meneghetti 1992: 115.

15 Per quanto concerne la ricostruzione del testo del *débat* e la relativa traduzione, si vedano le mie *Poesie d'Amore Provenzali*.

IV. Catola, non entenz razon?
Non saps d'amor cum trais Samson?
Vos cuidaz e.ill autre bricon
qe tot sia ver quant vos diz.

V. Marcabrun, nos trobam auctor
de Sanso.l fort e de s'uxor
q'ela n'avia ostat s'amor
a l'ora que ce fo deliz.

VI. Catola, qar a sordeior
la det, e la tolc al meillor,
lo dia perdet sa valor
que.l seus fo per l'estraing traiz.

VII. Marcabrun, si cum declinaz,
qu'amor si ab engan mesclaz:
dunc es lo almosna pechaz,
la cima devers la raiz!

VIII. Catola, l'amors dont parlaz,
camja cubertament los daz;
aprop lo bon lanz vos gardaz!
Ço dis Salomons e Daviz.

IX. Marcabrun, amistaz dechai
car a trobat joven savai;
eu n'ai al cor ir'et esclai
qar l'en alevaz tan laiz criz.

X. **Catola, Ovides mostra chai,**
e l'ambladura o retrai,
que non soana brun ni bai,
anz se trai plus aus achaiz.

XI. Marcabrun, anc non cuit t'ames
l'amors, ves cui es tant engres,
ni no fo anc res meinz prezes
d'aitals joglars esbaluiz.

XII. Catola, anc de ren non fo pres
un pas, que tost no s'en lognes,
et enqer s'en loingna ades
e fera tro seaz feniz.

XIII. Marcabrun, quant sui las e.m duoill,
e ma bon'amia m'acuoill
ab un baisar, quant me despuoill,
m'en vau sans e saus e gariz.

XIV. Catola, per amor deu truoill
tressaill l'Avers al fol lo suoill,
e puois mostra la via a l'uoill,
aprop los autres eschamiz.

[I. "Amico Marcabruno, intoniamo / un componimento d'amore, / ch'io amo di cuore, / così che quando ci separeremo / ne sia udito lontano il canto"; II. "Ugo Catola, facciamolo pure, / ma contro il falso amore io mi querelo: / da quando il serpente abbassò il ramo, non vi furon mai tante ingannatrici"; III. "Marcabruno, non mi par giusto / che d'amore diciate altro che bene, / perciò vi stimolo al dibattito: / io d'amore son figlio e allievo"; IV. "Catola, non senti ragione? / Non sai, a proposito d'amore, come ingannò Sansone? / Voi pensate, tu e gli altri sciocchi, / che tutto sia vero quanto vi dice"; V."Marcabruno, noi troviamo autorevole testimonianza,/ a proposito del forte Sansone e della sua compagna, / ch'ella gli aveva tolto il suo amore,/ nel momento in cui egli fu perduto"; VI. "Catola, proprio perché a qualcuno peggiore / lo concesse, togliendolo al migliore, / quel giorno perdette ogni valore/ che il suo fu tradito a vantaggio dell'estraneo"; VII. "Marcabruno, stando a quanto voi dichiarate, / così mescolando amore con inganno,/ allora carità è peccato: / sottosopra cima e radice!"; VIII. Catola, l'amore di cui parlate/ cambia di soppiatto i dadi; / dopo il colpo fortunato, state in guardia! / Così ammoniscono Salomone e Davide."; IX. "Marcabruno, amore decade/ perché ha trovato gioventù infingarda;/ io ne ho al cuore dolore e sgomento/ che gli addossiate accuse così vergognose"; **X. "Catola, Ovidio ci insegna, / con una puntuale dimostrazione, / che [amore] non**

disdegna bruno né biondo, / anzi s'indirizza di preferenza verso i più vili"; XI. "Marcabruno, non credo che mai t'abbia amato / l'amore verso cui sei così malevolo, / né ci fu creatura che stimasse meno/ di simili giullari imbambolati"; XII. "Catola, [amore] non s'accostò mai a creatura / d'un passo, che tosto non se ne allontanasse, / e ancora se ne allontana, adesso, / e così farà, finché non sarete finito"; XIII. "Marcabruno, quando sono stanco e dolente / e la mia cara amica m' accoglie / con un bacio, quando mi spoglio, / mi ritrovo sano e salvo e guarito"; XIV. Catola, per amore della "pigiatura"[16] /, l'Avere del folle attraversa l'uscio di casa,[17] / e poi indica con l'occhio la strada / vicino agli altri scherniti"].

Secondo Aurelio Roncaglia, possiamo datare *Amics Marcabrun*, "con la maggiore verosimiglianza" verso il 1133.[18] In realtà l'unico appiglio storico in nostro possesso è una lettera di Pietro il Venerabile, eletto abate di Cluny nel 1122, a un "cavaliere" ("quendam militem"), da questi definito "Charissimo amico nostro domino Hugoni Catulae";[19] una lettera che Giles Constable, il maggiore studioso dell'epistolario di Pietro, colloca con approssimazione negli anni '30. Nel testo in questione, Pietro stigmatizza l'intenzione di Ugo Catola di posticipare l'adempimento del suo proposito di farsi monaco cluniacense a un pellegrinaggio a Gerusalemme.[20] Poiché lo stesso Ugo è menzionato di sfuggita nella cronaca di Cluny[21] e sembra dunque avere ottemperato al proprio voto e allo stesso desiderio dell'amico, tutto quel che possiamo concludere è che il *partimen* con Marcabruno, visti gli ideali squisitamente "laici" cui si ispira,[22] al di là delle convenzioni del genere, dev'essere anteriore all'epistola e risalire a un'epoca in cui dovevano ancora prevalere le preoccupazioni e le abitudini "mondane" del cavaliere Ugo Catola. Non è mancato chi abbia considerata pretestuosa la chiamata in causa di Ugo

---

16 Il *truoill* (<TORCULUM) è alla lettera "il torchio" e simbolizza "l'atto sessuale", nella sferzante replica di Marcabruno a Catola che, dell'amore fisico, aveva esaltato gli aspetti "taumaturgici". Anche se la metafora oscena non è stata compresa dagli interpreti, essa si spiega perfettamente nel clima "dialettico" del *débat*. Del resto questo tipo d'immagini non è raro nel repertorio marcabruniano; si veda ad esempio, *L'iverns vai* (*BdT* 293,31), v. 61 s.: "... e jai / e part lo gran e.l balai", dove la medesima idea è espressa dalla metafora oscena del "vaglio".

17 Il senso dell'intera *cobla* mi pare chiaro. A Catola, che esalta soprattutto l'aspetto fisico dell'amore, Marcabruno replica, con la consueta virulenza, che, con simili "inclinazioni", si viene facilmente ingannati. Roncaglia 1968: 217 propone una diversa soluzione, invero piuttosto contorta: "Catola, per amore sotto il torchio fuoriesce [ma non si capisce dove sia finito *al fol*] dal secchio ogni sostanza, e poi con l'occhio (amore) indica la strada dietro gli altri scherniti".

18 Roncaglia 1968: 213.

19 Pietro il Venerabile: I, 151 s.

20 Pellegrinaggio che Berry 1959: 151, identifica a torto con la Seconda Crociata.

21 *Bibliotheca Cluniacensis*: col. 594 D.

22 Si ricordino le espressioni: *per cor am* (v.2); *d'amor fui naz e noriz* (v.12); *ma bon'amia* (v. 50) etc.

Catola, e fittizio il *partimen,* che sarebbe opera del solo Marcabruno,[23] ma tale ipotesi sembra aprioristica e contrasta con i dati oggettivi in nostro possesso, anche se non si può escludere un intervento del poeta nella *mise par écrit* delle battute del suo interlocutore. Quel che in questa sede ci interessa è la circostanza che il *débat* nasce nell'entourage di Pietro il Venerabile e, secondo la recente ipotesi di Maria Luisa Meneghetti,[24] non sembra sottrarsi all'influenza d'un'opera certo ben nota in tale circolo, il *Sic et Non* di Abelardo.[25] La studiosa dimostra persuasivamente che l'intero *partimen* si articola intorno a sette *quaestiones* ognuna delle quali si sviluppa in due coblas e verte sulla natura e sugli effetti di amore, che i due "contendenti" si riservano il compito d'esaltare (Catola) o di denigrare (Marcabruno).

Per venire alla quinta di tali *quaestiones*, nella quale compare l'allusione a Ovidio, a Catola che lamenta la decadenza d'Amore, causata dall'indegnità e dall'infingardia dei "giovani" che dovrebbero esaltarlo, Marcabruno replica che è proprio Amore (significativamente femminile in antico-provenzale) a essere attratto dagli indegni e, per corroborare la propria affermazione, fa riferimento a una dettagliata esposizione ovidiana di tale concetto. Poiché Marcabruno parla esplicitamente d'una "puntuale dimostrazione" degli aspetti negativi dell'amore,[26] l'opera cui si riferisce non possono che essere i *Remedia Amoris*.[27] I critici che si sono occupati, invero piuttosto superficialmente, del problema hanno proposto, però, altri riscontri, più o meno parziali;[28] o hanno finito col sentenziare che il riferimento marcabruniano al nome d'Ovidio dev'essere paradossale e polemico e non ha nulla a che vedere coi testi dell'autore latino. A complicare le cose, nei quattro versi della sua replica a Catola, Marcabruno sembra anticipare talune formule che diverranno tipiche della sua "querelle" contro le ingannatrici, che il trovatore ama spesso paragonare alle stesse prostitute.[29] Se al v. 39 di *Amics Marcabrun* si dice d'Amore

---

23 Tortoreto 1976: 79-84, Meneghetti 1992: 113 s.

24 Meneghetti 1992: 114 s.

25 *Patrologia Latina*, CLXXVIII: coll. 1339-1610.

26 Con l'espressione *l'ambladura* (v. 38): "a passi lenti", cioè, "punto per punto", "nei dettagli", in Giraut de Borneil 1910, *De chantar ab deport* (*BdT* 242,30), v. 90.

27 Nel *Tractatus de natura et dignitate amoris* (*Patrologia Latina*, CLXXXIV: col. 379-408, Davy 1953), composto da Guglielmo di Saint-Thierry fra il 1119 e il 1122 e fonte probabile di Marcabruno, si fa già allusione a Ovidio come al "doctor artis amatoriae", costretto a "recantare...quod intemperantius cantaverat, et de amoris carnalis scribere remedio qui de amoris carnalis scripserat incendio" (Roncaglia 1984: 74-76).

28 Marcabru: 219, ove Dejeanne propone a riscontro i vv. 767 s. dell'*Ars Amatoria*; o Wilhelm 1970: 77, che vede un riferimento ad *Amores*, II iv, 39-44. Sui versi in questione, si vedano anche Cahoon 1989: 120 s.; Pollina 1991: 85 s.

29 Sull'esempio del *De Meretrice* di Marbodo di Rennes (cf. da ultimo sull'argomento, Harvey 1989: 88-121; più in generale sul motivo della "Chimera", Tilliette 1992: 121-161.

che "non disdegna bruno né biondo" (*que non soana brun ni bai*), al v. 43 di *L'iverns vai e.l temps s'aizina* (*BdT* 293, 31) è al "falso Amore" (*Amars*) che si attribuisce l'ammissione d'aver prediletto ogni sorta d'amante: *Tal amei blanc brun ni bai*. Che l'espressione fosse destinata a divenir proverbiale è provato dal fatto che la ritroviamo in vari testi lirici occitanici, e perfino al v. 1290 dell'*Ille et Galeron* di Gautier d'Arras, in un brano dedicato agli amanti troppo leggeri, di cui andrebbe ricordata l'affinità con un analogo passo del *Cligés* :[30]

> Ne cuidiés ja que garçonier
> soient ja d'amor parçonier,
> ne ja n'en seront parçonieres
> celes qui en sont garçonieres,
> *que tote gent lor sont commun*
> *ensi li bai [31] come li brun* (*Ille et Galeron*, vv. 1285-1290).

È stata sottolineata[32] la circostanza che è Ovidio medesimo, nella quarta elegia del secondo libro degli *Amores*, a vantarsi di amare ogni sorta di donna, la bruna come la bionda o anche la bianca:

> Candida me capiet, capiet me flava puella
> est etiam in fusco grata colore Venus...
>
> ...Me nova sollicitat, me tangit serior aetas;
> haec melior specie corporis, illa sapit. (*Amores*, II iv, vv. 39-45).

È chiaro però che il riscontro può spiegare solo in parte l'allusione marcabruniana: in quanto, cioè, lo stesso poeta latino, anche se

---

30 *Cligés*, vv. 3121-3124: "Ja mes cors n'iert voir garçoniers, / N'il n'i avra deus parçoniers, / Qui a le cuer, cil a le cors,/ Toz les autres an met defors". Raynaud de Lage (1976: 217-221) ha già avuto modo di accostare ai versi di Chrétien un passo dell'*Eracle* (vv. 3544-3547): "Amors n'a cure de rentier / s'ele n'a tout le cuer entier; / ne de cuer malvais a parchon, / c'Amors n'a cure da garçon". Il passo corrispondente d'*Ille et Galeron* e le relative occorrenze provenzali mostrano però che la rete di rapporti intertestuali è molto più complessa (dell'intricata trama di riscontri che uniscono i romanzi di Gautier a quelli di Chrétien mi occuperò in un saggio dedicato all'interpretazione della *Charrete*).

31 Nella versione "riveduta", del ms. di Nottingham, Gautier scelse la variante *li blanc*, anch'essa significativamente legata alla tradizione ovidiana; va sottolineato però che l'aggettivo *bai*, più comune in provenzale, è raro in antico-francese.

32 Si veda, qui sopra, la nota 28.

indirettamente, col proprio esempio personifica quella leggerezza in amore che, dai poeti volgari, è addebitata alle "traditrici". Nella seconda parte della sua *damnatio*, il trovatore soggiunge che, di preferenza, Amore sarebbe attirato dai vili e dagli inetti (*anz se trai plus aus achaïz*). Quest'espressione, riferita alla prostituta, ritorna al v. 72 di *Soudadier, per cui es Jovens* (*BdT* 293, 44):

> Molt fai gran glotonia
> la trichairitz
> quan los pros lais'e tria
> los achaïtz.

Ancora una volta, un concetto simile è reperibile anche in ambito d'oïl, in un testo che non esiterei ad attribuire a Chrétien de Troyes, la *Philomena*, v. 416 s.:

> Qu'Amor les plus mauves retient
> et refuse çaus qui plus valent.[33]

Tale affermazione trova un riscontro abbastanza puntuale nell'*Ars Amatoria*, proprio a conclusione del primo libro (vv. 767 s.):

> Inde fit, ut quae se timuit committere honesto,
> Vilis ad amplexus inferioris eat.

La grande messe di concordanze ci invita alla prudenza nelle conclusioni generali, anche se è indubbio che intorno ad alcuni concetti chiave dell'erotica ovidiana viene intessuta una fitta trama di riferimenti, che dalla poesia lirica provenzale si estende fino al romanzo francese degli anni Ottanta del dodicesimo secolo.

Per reperire altre menzioni del nome d'Ovidio nella produzione trobadorica, dovremo fare un salto di circa quarant'anni e rivolgerci ai testi di Arnaut de Mareuil e di Azalaïs de Porcairagues.[34] Entrambi i componimenti in questione, così come la canzone di Bernart de Ventadorn

33 Si veda egualmente Peire Vidal, *Estat ai gran sazo* (*BdT* 364, 21), vv. 45-49 e il relativo commento di Hoepffner 1961: 90: "Les Bestiaires médiévaux enseignent que la louve a telle 'nature' qu'étant en chaleur, elle s'attache au mâle le plus vil de la bande et repousse les meilleurs".

34 Il riscontro relativo ad Azalaïs non figura, però, nel repertorio di Chambers1971: 202, s.v. *Ovidi*).

cui essi fanno implicito riferimento,[35] sono ascrivibili alla "querelle" che Erich Köhler ha designato col termine di "Polemica sulla nobiltà".[36]

Nella canzone *Bel m'es qu'eu chan en aquel mes*, un testo in cui sono individuabili anche altri echi ovidiani,[37] ai vv. 29-35, Bernart cantava:

Del major tort qu'eu anc lh'agues,
vos dirai, si.us voletz, lo ver:
        amara la, s'a leis plagues,
        e servira.lh de mo poder,
mas no s'eschai qu'ilh am tan *paubramen*;
pero be sai c'assatz for'avinen,
que ges amors segon ricor no vai.[38]

Anche se l'avverbio *paubramen* potrebbe trarre in inganno, qui *ricor* indica la posizione sociale degli amanti,[39] più che la loro "ricchezza" economica.

Bernart illustra ulteriormente questa sorta di dikh amorosa nella canzone *Can vei la flor* (*BdT* 70, 42), vv. 15-18:

Mas en amor non a om senhoratge,
e qui l'i quier, vilanamen domneya,
que re no vol amors qu'esser no deya;
paubres e rics fai amdos d'un paratge.[40]

---

35 Come spero risulterà chiaro dall'analisi che segue.

36 Köhler 1976: 139 ss

37 Si pensi, ad esempio ai versi 8-11, della seconda strofe: "Amors, e cals onors vos es / ni cals pros vo.n pot eschazer, / s'aucizetz celui c'avetz pres, / qu'enves vos non s'auza mover", per cui è d'obbligo il rinvio agli *Amores*, I ii, 22 s.: "Nil opus est bello; pacem veniamque rogamus; / nec tibi laus, armis victus inermis ero".

38 Bernart de Ventadorn 1915: 62 s. " Del maggior torto ch'io abbia nei suoi confronti / vi dirò, se lo desiderate, la verità: / la amerei, s' a lei piacesse, / e la servirei per quanto è in mio potere, / ma non si conviene ch'ella ami chi si trova così in basso; / anche se son convinto che sarebbe stupendo, / poiché amore non procede di pari passo con la nobiltà ".

39 Köhler 1976: 81 ss.

40 Bernart deVentadorn 1915: 242. "Ma in amore non esiste supremazia sociale, / e chi la pretende corteggia in modo scortese, / giacché amore non consente alcunché di sconveniente / e pone nobile e plebeo sullo stesso piano".

Intorno agli anni Venti del XIII secolo, nel "descort" *S'a midons plazia* (*BdT* 9, 20), nel quale vengono citati *Hyris* e *Biblis*,[41] Aimeric de Belenoi, nella quarta strofe, riprende molto fedelmente il verso 35 di *Bel m'es*, chiarendoné il senso:

> De sa valor
> ai gran paor,
> quar ges no.s tanh a mi;
> *ma ges amor*
> *segon ricor*
> *no vay, mas a.l plus fi.*[42]

Quel che più direttamente ci interessa in questa sede è però, come s'è detto, l'esempio di Arnaut de Mareuil il quale, nella canzone *Mout eron doutz miei cossir* (*BdT* 30, 19), v. 28, fa anch'egli ricorso a Bernart, esplicitando anzi il riferimento a Ovidio contenuto nei versi bernardiani:

> Doussa dompna cui desir,
> per vostr'enseignamen,
> vostre bel acuillimen
> no.m vedetz, que.m soletz faire;
> del plus no.us aus preiar gaire,
> tant sui espaventatz,
> car etz de tant rics plais.
> **Mas Ovidis retrais**
> **qu'entre.ls corals amadors**
> **no paratgeia ricors.**[43]

Anche se la frequentazione d'Arnaut dei testi ovidiani non è mai stata messa in dubbio, ove si pensi soprattutto ai suoi *Saluts*,[44] il fatto che i

---

41 Su Itis / Hyris, Caunus e Biblis, si vedano Pirot 1972: 533-535, Rossi 1989: 66 s.

42 Aimeric de Belenoi: 111. "Il suo valore / molto m'intimidisce, / ché non si conviene per nulla a qualcuno come me; / certamente però amore / non vien concesso a seconda della nobiltà / bensì al più gentile".

43 Arnaut de Mareuil, *Poésies*: 148. "Dolce Signora ch'io desidero, / per la vostra saggezza, / non vietatemi la bella accoglienza/ ch'eravate solita farmi; / non oso domandarvi nulla di più , / tanto sono timoroso, / poiché siete tanto altolocata./ Ma Ovidio afferma / che fra gli amanti sinceri / la nobiltà non entra in gioco".

44 Friedmann 1910: 9 s., Ruhe 1975: 140 ss.

termini *rics plais*, *ricors* siano da intendere in senso sociale, e non meramente economico, ha provocato lo scetticismo degli interpreti, che hanno considerato strumentale il rinvio al poeta latino.[45] Non è sembrato infatti sufficiente il riscontro con l'*Ars Amatoria*, II. vv. 161-165, più volte invocato dai commentatori:[46]

Non ego divitibus venio praeceptor amandi;
Nil opus est illi, qui dabit, arte mea...
Pauperibus vates ego sum, quia pauper amavi.

In realtà, per meglio spiegare i citati riferimenti trobadorici, sarebbe utile esaminare altri passi ovidiani; in primo luogo, l'ottava elegia del terzo libro degli *Amores*, interamente dedicata a schernire gli altolocati e potenti "predoni d'amore", cui si oppone o stesso poeta-amante; quindi la terza epistola delle *Heroides (Briseis Achilli)*, nella quale il problema della "disuguaglianza sociale" degli amanti è risolto armonizzando il codice epico con quello elegiaco.[47]

Verso la metà del XIII secolo, nel suo *Bestiaire d'Amors*, Richart de Fournival ci fornisce una testimonianza per molti versi eccezionale, sottolineando esplicitamente il legame che unisce le canzoni di Bernart de Ventadorn, definito "li poitevins qui en sievi Ovide", alle fonti ovidiane e suggerendo un ulteriore rinvio all'*Ars Amatoria*, II 241 s.:

...Exue fastus,
curam mansuri quisquis amoris habes.[48]

---

45 Sakari 1949-50: 192. Dal momento che Arnaut attribuisce particolare rilievo alla "cultura" (*enseignamens*, vv. 22 e 41) della sua dama, non sembra inutile ricordare in proposito l'ironico elogio ovidiano delle *doctae puellae* dell'*Ars Amatoria*, II, vv. 273-284.

46 *Ibidem*: 192 s.

47 Rosati 1989: 366 s. Per quanto concerne la "povertà", nel senso letterale del termine, ben più cinica è la posizione ovidiana (cf. *Remedia Amoris*, 749: "Non habet unde suum paupertas pascat amorem"), come Jean de Meun non mancò di rilevare (cf. *Roman de la Rose*, vv. 7952 ss.: "Ausint le doivent cil savoir / qui d'amors veulent joie avoir, / car povres n'a don s'amor pesse, / si con Ovides le confesse").

48 Richart de Fournival, *Bestiaire*: 89. Non mi pare tuttavia che il riscontro con le *Metamorfosi*, II 846, indicato nel 1957 da Cesare Segre (p. XI), sia il più appropriato: anche se l'esempio di Giove è caro a Ovidio che lo ripete più volte, la *maiestas* evocata nel passo in questione non ha molto a che fare con la "superbia". Aggiungerò che, con l'espressione "Dont uns Poitevins dist que riens ne vaut l'amours qui ensi ondoie", Richart sembra alludere ai vv. 36-40 di *Tant ai mo cor ple de joia* (*BdT*,70 44); abbiamo la conferma del fatto che l'autore ha in mente proprio Bernart de Ventadorn quando al suo "Poitevin" Richart attribuisce la citata massima di matrice ovidiana "Non pot l'orgueill od l'amour remanoir", e cioè il v. 20 di *Can vei la flor, l'erba vert e la folha* (*BdT*, 70 42), ricordato

Il piccolo dossier qui raccolto (e del resto ben noto) dovrebbe servirci a meglio valutare la lezione tràdita dal ms. H dei vv. 23 s. di *Ar em al freg temps vengut* (*BdT* 43, 1) di Azalaïs de Porcairagues:

> Que **Ovidis** o retrai
> qu'amors per ricor no vai[49]...

Nella *varia lectio*, alla versione metricamente corretta[50] e letterariamente "colta" di H, si oppongono l'evidente trivializzazione di N:[51]

> Car so diz om *sai e lai*:
> amor per ricor no vai...

e la variante "provinciale", ma non meno banalizzante, della "vulgata" (CDIK d):

> Car so diz om en Veillai
> que ges per ricor non vai[52] ...

A un'analisi imparziale, dovrebbe risultare evidente che quella di H è una *lectio difficilior*, di gran lunga preferibile alle varianti degli altri codici. Il fatto è, però, che il maggiore esperto di Azalaïs, Aimo Sakari - uno studioso in genere equilibrato e scrupoloso - nel caso specifico s'è intestato a denigrare il manoscritto vaticano, a cui ha riservato peraltro un'attenzione piuttosto superficiale,[53] sostenendo che sarebbe stato "il

---

secondo una versione molto vicina a quella del ms. M: "L'amars non pot ab ergolh remaner".

49 "Ovidio l'afferma che amore non procede di pari passo con la ricchezza".

50 La stessa dialefe del v. 23 è perfettamente legittima.

51 Tale banalizzazione è del resto reperibile nell'insieme del componimento, e soprattutto nella quinta strofe, in cui lo scriba non comprende l'allusione all'arco romano d'Orange, "sul quale sono effigiate le gesta". Anche Rieger 1991: 492 mostra non poco imbarazzo, di fronte alla polisemia di *assag* / *assai* (sul problema, cf. *Poesie d'Amore Provenzali*).

52 L'allusione al *Velai* (peraltro non univoca nella *varia lectio*) fu a suo tempo spiegata dal Sakari 1949: 195 come un implicito riferimento a Guillem de Saint-Didier. Molti anni dopo, pur rinunciando (grazie a una nota inviatagli privatamente da Kurt Lewent) all'accostamento con Guillem, Sakari 1971 continuò a considerare il riferimento al *Velai* come originale, anche se nulla autorizza una simile interpretazione.

53 Nell'arco di ventun anni (Sakari 1949: 192, Sakari 1971: 524), lo studioso finlandese non mostra d'aver cambiato opinione quanto al valore di H. Come ha

copista di H" a fabbricare il riferimento a *Ovidis* da un originale [?] *o dis*.[54] Sakari sembra però dimenticare che l'allusione al poeta latino è ottenuta sintetizzando quelle di Bernart de Ventadorn e di Arnaut de Marueil, in due canzoni che oltre tutto non figurano in H: che ciò sia l'opera d'uno scriba, per quanto colto e raffinato, e non della stessa poetessa, mi pare francamente fantascientifico. L'ipotesi di Sakari è stata però supinamente accolta dalla critica, tanto che nell'ultima edizione della canzone di Azalaïs, proposta da Angelica Rieger, al problema non si accenna che in modo molto sbrigativo, in una nota.[55] E dire invece che l'appello a Ovidio è perfettamente coerente, nel contesto della terza strofe di *Ar em al freg temps vengut*:

Dompna met mout mal s'amor
qu'ab trop ric ome plaideia,
ab plus aut de vavassor,
e s'il o fai, il folleia,
que **Ovidis** o retrai
qu'amors per ricor non vai,
e dompna que n'es chauzida
en tenc per envilanida.[56]

Nella "discussione sulla nobiltà", Azalaïs sembra schierarsi con Giraut de Borneil,[57] anche se la sua scelta di campo appare funzionale allo squisito gioco delle parti inaugurato dalla *trobairitz* con l'amico e *Joglar*, Raimbaut d'Aurenga.[58] Nel ribadire che per una donna onesta sarebbe disdicevole sceglier come amante qualcuno che sia più nobile d'un valvassore, l'allusione a Ovidio si arricchisce di connotazioni inedite rispetto a quelle dei predecessori, e non può non evocare il topos misogino delle cosiddette

dimostrato Careri 1990: 124), egli non sembra però aver esaminato il codice vaticano con la necessaria attenzione.

54 Poiché però nella *varia lectio* s'incontra *so diz*, il famigerato *o dis*, da cui il "maldestro" scriba di H avrebbe tratto il nome del poeta latino, non è altro che una congettura altamente ipotetica.

55 Rieger 1991: 488.

56 *Poesie d'Amore Provenzali*. "Ripone molto male il suo amore la donna / che ha una relazione con chi è troppo nobile, / più altolocato d'un valvassore, e se lo fa, vaneggia / ché Ovidio lo spiega / che amore non è funzione di ricchezza, / e donna scelta da nobile / la considero disonorata".

57 Che nella tenzone con Alfonso II d'Aragona, *Be.m plairia, seigner en Reis* (*BdT* 242, 22) chiarisce i termini del *dêbat*, nel quale interverrà lo stesso Raimbaut d'Aurenga: si vedano in proposito Köhler 1976: 115 ss., Rossi 1987: 61.

58 Un gioco poetico illustrato con dovizia di particolari da Sakari 1987: 429-440.

"merchadandas venaus".[59] Lo chiarisce, del resto, la stessa poetessa, soggiungendo ch'ella considera disonorata una donna che sia attirata da una relazione con un *ric ome*.[60]

Con Rigaut de Berbezilh ci spostiamo verosimilmente agli inizi del secolo XIII, com'è stato recentemente ribadito da Saverio Guida.[61] Il riferimento del trovatore al poeta latino, nella canzone *Tuit demandon qu'es devengud'Amors* (*BdT* 421, 10), vv. 29-32, è dei più classici, dal momento che l'*Ars Amatoria* vi è designata con la perifrasi "el libre que no men", e l'appello a Ovidio serve a sottolineare il topos della "pazienza", grazie alla quale l'amante può raggiungere i propri obiettivi:

C'**Ovidis** dis el libre que no men
que per sofrir a hom d'amor son grat,
e per sofrir son maint tort perdonat
e sofrir fai maint amoros jauzens[62] ...

Sebbene Rigaut appaia incline, secondo il suo costume, all'*amplificatio sermonis* e all'iterazione ternaria, sembra evidente che il suo modello siano i vv. 177 s. del secondo Libro dell'*Ars Amatoria*:

Si nec blanda satis nec erit tibi comis amanti,
Perfer et obdura. Postmodo mitis erit[63] ...

---

59 Come definisce le dame troppo sensibili alla "ricchezza" lo stesso Bernart de Ventadorn, in *Chantars no pot gaires valer* (*BdT* 70, 15), al v. 25, con probabile riferimento alla decima elegia del primo libro degli *Amores*. Della medesima opera si veda, naturalmente, anche l'ottava elegia del terzo libro, nella quale, come s'è detto, è stigmatizzata la prepotenza dei "ricchi".

60 Inaccettabile, sia sul piano grammaticale che lessicale, mi pare l'interpretazione proposta da Rieger 1991: 483: "Liebe und hoher Stand passen nicht zusammen / und eine Frau, *die dem nicht abgeneigt ist* [?], / setzt sich dadurch in meinen Augen herab". È infatti estremamente improbabile che *n'es* sia una negazione, e soprattutto non sembra plausibile dare a *c(h)ausir* il senso di 'opporsi' (possibile solo nella forma riflessiva).

61 Guida 1989: 87-108 (ma la "querelle" è lungi dall'esser conclusa).

62 "Ovidio afferma nel libro che non mente / che grazie alla sofferenza paziente si ottiene il proprio scopo / e grazie alla sofferenza vengon perdonati molti torti / e la sofferenza rende infine felici molti amanti". Ovidio riprende e sviluppa tale concetto nell'undicesima elegia del terzo libro degli *Amores*, v. 7 s.: "Perfer et obdura; dolor hic tibi proderit olim"; e, con ben diversa intenzione, in *Tristia*, V xi, 7. Per le variazioni medievali, Walther 1982-86: nn. 21334 s.

63 Quel che importa qui non è la descrizione degli atteggiamenti topici dell'amante elegiaco nei confronti dell'amata, ma il fatto che l'incondizionata schiavitù amorosa sia codificata in funzione d'una ben precisa strategia erotica (Conte1991). In tal senso, l'interpretazione di Rigaut dei versi ovidiani si rivela, al di là delle attese, estremamente fedele.

Altrettanto topica (e quindi in larga misura scontata) è la menzione d'Ovidio reperibile, intorno agli anni Ottanta del XIII secolo, nella canzone *Aissi m'a dat fin'amors conoissensa* (*BdT* 82, 6), vv. 25-32, di Bertran Carbonel:

Aissi, dona, co yeu dic, ses falhensa
vos ai amad'e.us am de cor plenier;
mas tan m'aura dat fin'amors temensa
de dir a vos que, qui.m des Monpeslier,
non parlera, qu'ieu truep en l'escriptura
c'**Ovidis** dis qu'ieu feira desmezura;
pero ar vol qu'ieu vos o deya dir
e vos preguar qu'ieu vos dey' abelir[64] ...

Qui entra in questione il celeberrimo distico (vv. 9-10) della quarta epistola delle *Heroides*:

Qua licet et quitur, *pudor est miscendus amori;*
Dicere quae puduit, scribere iussit amor...,

più volte invocato dai trovatori, nella poesia lirica come nei *Saluts* o nei *romans*,[65] tanto che non serve soffermarsi ulteriormente su un riscontro così generico.

Prima di procedere all'analisi di alcune fra le più significative "isotopie poetiche", sarà invece opportuno gettare un rapido sguardo alle menzioni del nome d'Ovidio reperibili sia nel *roman* di *Flamenca* come in vari testi d'oïl del XIII secolo.

Procedendo con ordine, ai vv. 5566-5571 di *Flamenca* troviamo una citazione abbastanza fedele dei vv. 9-12 della già ricordata quarta epistola delle *Heroides*:

---

64 *Provenzalische Inedita*: 69 s. "Così, donna, come dico, senza menda /v'ho amata e v'amo di cuore, completamente;/ ma amore m'incute un timore così grande / di confessarlo a voi, che se anche mi dessero Montpellier,/ non parlerei, poiché trovo nei testi / che Ovidio afferma che commetterei un eccesso; ora però [Amore] vuole ch'io ve lo confessi / e vi preghi che vi piaccia d'amarmi".

65 Si vedano, ad esempio, Bernart de Ventadorn 1915, *BdT* 70, 17, vv.49-56; o, ancora, Arnaut de Mareuil, *Dona, genser qe no sai dir*, vv. 23-28: "Est cosselh m'a donat Amors, / a cuy deman tot jorn secors; / Amors m'a comandat escrire / so que.l bocha no auza dire. / Ieu no.us aus far esdig ni ganda / en so qe Amors me comanda" (Arnaut de Marueil, *Saluts:* 73 s.).

Qua licet et quitur, pudor est miscendus amori,
Dicere quae puduit, scribere iussit amor,
Quidquid Amor iussit, non est contemnere tutum;
Regnat et in dominos ius habet ille deos

...E non a cor de fin aman,
si.[l] tol Vergoina ni Temensa
de far tot so qu'al cor agensa.
E, si con Ovidis declina,
Amors es domna e reïna
que vol de tota gent trahut [66]...

La seconda allusione, ai vv. 6271-6283, è molto più circostanziata e riprende, anche se con qualche digressione, i vv. 69-72 del terzo libro dell'*Ars Amatoria:*

Tempus erit, quo tu, *quae nunc excludis amantes,*
frigida deserta nocte iacebis anus,
nec tua frangetur nocturna ianua rixa,
sparsa nec invenies limina mane rosa.[67]

...Mala vi dona sa beutat,
quan merce pert e pietat
e conoissenza e mesura,
car beutatz faill e merces dura.
Aissi con **Ovidis** retrai,
tems sera que sil c'aras fai
parer de son amic no.l qu[a]illa
jaira sola e freja e veilla.
E cil a cui hom sol portar
de nugz la[s] rosas al lumtar,

66 *Flamenca*, vol. I: 165. "..e non ha coraggio d'amante fino, / se Vergogna o timore gli impediscono / di fare tutto ciò che piace al cuore. Come spiega Ovidio, / Amore è signora e regina / e pretende il tributo da ognuno".

67 Sui riscontri classici del topos del *tempus erit*, si veda Ovidio, *L'arte di amare*: 358.

per so qu'al matin las trobes,

non trobara qui la toques

per nulla ren que puesca dire.[68]

La terza allusione, ai vv. 7552-7554, è invece piuttosto ambigua, tanto da esser ritenuta assolutamente fantasiosa dai critici, che non hanno individuato alcun plausibile riscontro nel corpus ovidiano:

...E per so plus en tal art val

una domna que mil baron:

so dis **Ovidis**, qu'en saup pron[69] ...

Esiste però un passo dell'*Ars Amatoria* (III, v. 90), nel quale è affermato che "mille uomini" possono tranquillamente godere della mitica *pars* muliebre, senza arrecarle alcun danno:

Mille licet sumant, deperit inde nihil.[70]

Anche se il contesto è indubbiamente molto diverso, analogo è il riconoscimento della superiorità femminile in amore, e soprattutto è identica la parola-chiave *mille*. Poiché il brano ovidiano è molto probabilmente alla base della celebre "leis del con", a suo tempo formulata da Guglielmo IX,[71] non è escluso che esso fosse noto ai trovatori provenzali.

Se dall'ambito occitanico ci si sposta a quello d'oïl, ci si avvede che, a una nutrita messe di citazioni del nome d'Ovidio nella letteratura narrativa in versi ottosillabi, corrisponde il sostanziale silenzio dei trovieri. Ciò non significa naturalmente che questi ultimi abbiano ignorato le opere del poeta latino: a smentire una simile ipotesi basterebbe l'esempio delle canzoni di Chrétien, che avremo modo di analizzare in seguito; semplicemente i

---

68 *Ibidem:* 183. "È per la sua infelicità che s'è accorta della propria bellezza / la donna che perde mercede e pietà / e saggezza e misura, / poiché la beltà vien meno e la pietà dura / Come dice Ovidio, / tempo verrà che colei che ora fa / mostra di tener in non cale il proprio amico / giacerà sola e fredda e vecchia./ E quella a cui solevan portare / la notte delle rose all'uscio, / perché le trovasse al mattino, / non troverà chi la sfiori, / per quanto possa andar blaterando".

69 *Ibidem:* 215. "Perciò in quest'arte val / molto più una donna / che non mille soldati".

70 Per un dettagliato commento a questi versi, cf. Ovidio, *L'arte di amare*: 360.

71 *Companho, tant ai agutz d'avols conres* (*BdT* 183, 5), vv. 10-12: "Pero dirai vos de con, cals es sa leis./ com sel hom que mal n'a fait e peitz n'a pres; / si com autra res en merma, qui.n pana, e cons en creis". E si veda in proposito anche Thurlow 1984: 109-118.

trovieri evitano di menzionare esplicitamente Ovidio. Unica eccezione sembra essere il *jeu-parti* fra Gille le Vinier e Simon d'Authie, *Maistre Simon, d'un essample nouvel* (RS 572). Al quesito posto da Gille: "Cos'è preferibile: che un vecchio abbia un'amante giovane, o che un giovane abbia un'amica attempata?", Simone risponde: "Si stima maggiormente un vecchio soldato che conquista un castello nuovo che un giovincello che s'impadronisce d'una vecchia torre". A Gille, obbligato a difendere la tesi opposta, non resta dunque che ribattere lodando la bontà del vino vecchio. L'autorità d'Ovidio dovrebbe confermare la massima:

> Maistre, **Ovides**, el sens ke vous espel,
> laissa le moust, si se tint au vin viés.
> De saige amour n'est nus jalous n'iriés,
> saige dame est clers vins en bon vaissel[72] ...

Qui non è chiaro se si debba scorgere un generico quanto scanzonato riferimento allo pseudo-ovidiano *De Vetula*,[73] o se invece si alluda ai vv. 667 ss. del secondo libro dell'*Ars Amatoria*,[74] cui rinvia ad esempio lo stesso Jean de Meun, nel *Roman de la Rose* (vv. 21415-21420):

> **Ovides** meïsmes affirme,
> par sentence esprovee et ferme,
> que, qui se veust a vieille prendre,
> mout an peut grant loier atendre.
> Tantost est grant riches acquise
> par mener tel marcheandise.[75]

In fondo, però, poco importa attardarsi in simili riflessioni, e meglio varrà soffermarsi su taluni emblematici appelli al poeta latino, reperibili nella più antica produzione narrativa. Anche se si lasciano da parte i riferimenti dei cosiddetti "ovidiana", ove tale richiamo è in qualche modo scontato, risulta chiaro che, quali che siano le ragioni che motivano la citazione, il nome d'Ovidio assume sempre una forte carica simbolica, che si rivela molto più complessa di quanto non appaia a prima vista.

---

72 *Jeux-partis*, II, 122-26.

73 Sull'enorme successo medievale dell'opera, cf. Demats 1973: 121-127.

74 "Utilis, o iuvenes, aut haec aut serior aetas: / iste feret segetes, iste serendus ager". Si ricordino naturalmente anche *Amores*, II iv, 45. "me nova sollicitat, me tangit serior aetas", e *Ars*, I 65; II, 701: "Venerem.. seram".

75 *Le Roman de la Rose*, vol. III, 144. Per altri richiami al poeta latino, si vedano i vv. 7956, 10492, 13589, 20151.

Se ad esempio leggiamo i vv. 229-245 del lai di *Guigemar*, di Marie de France, ci accorgiamo che il *liber Ovidii* cui allude la poetessa non è, come ci si potrebbe attendere, l'*Ars Amatoria*, ma sono invece, ancora una volta, i *Remedia*:

Li sire out fait dedenz le mur,
pur mettre i sa femme a seür,
chaumbre: suz ciel n'aveit plus bele!
A l'entree fu la chapele.
La chaumbre ert peinte tut entur;
Venus, la deuesse d'amur,
fu tres bien mise en la peinture;
les traiz mustroit e la nature
cument hom deit amur tenir
e lealment e bien servir.
Le livre Ovide, ou il enseine
comment chascuns s'amur estreine,
en un fu ardant le gettout,
et tuz iceus escumengout
ki jamais ce livre lirreient
ne sun enseignement fereient.
La fu la dame enclose e mise.[76]

Nell'ekfrasis ideata da Maria, Venere, la dea dell'amore, getta nel fuoco il "libro" nel quale Ovidio insegna a reprimere[77] gli slanci amorosi, e scomunica tutti coloro che siano disposti a seguire tali precetti. Non bisogna dimenticare, tuttavia, che la scena qui descritta è affrescata nella camera da letto della torre in cui la dama è tenuta prigioniera dal suo raffinato e innamoratissimo carceriere, il suo vecchio marito. Alla concezione cortese e misogina dell'amore come prigione, Maria oppone una sintesi originale dell'insegnamento erotico ovidiano. Non v'è alcun dubbio, infatti, che, al di là dei modelli medievali persuasivamente indicati dalla critica,[78] il *lai* pulluli di riferimenti alle opere del poeta latino: dal motivo del giovane insensibile all'amore, ferito durante la caccia;[79] a

76 Marie de France 1966: 12 s.
77 Tale è il senso del verbo *estreindre* del v. 240.
78 Marie de France 1983: 343.
79 *Ovid's Metamorphoses*: 538-552.

quello della nave;[80] a quello, fondamentale, dell'ancella maestra d'amore, in un lungo brano direttamente ispirato all'*Ars Amatoria*.[81] Anche se i rapporti cronologici fra i due poeti sono tuttora difficilmente definibili, personalmente non escluderei che *Guigemar* sia influenzato (anche se in forma velatamente polemica) dagli "ovidiana" di Chrétien de Troyes.[82]

Riservandoci di esaminare nel terzo paragrafo le opere dello Champenois, concludiamo questa rassegna con due testi non convenzionali, *Richeut* e il *Donnei des Amanz*.

Nel primo, ai vv. 747-750, al di là del tono scanzonato e irriverente della parodia, si riflette un'eco della concezione clericale, in base alla quale, in amore, le doti "naturali" sono preferibili a qualsiasi insegnamento "teorico":

> Mout set Ri. de l'art d'amer
> qui Sansonet vialt dotriner
> et mout *en cuide*
> Sansonez *savoir* par **Ovide**[83] ...

A dispetto della sua grande cultura erotica, il giovane sarà infatti atrocemente beffato dalla madre.

Nel *Donnei*, vv 151-172, il nome d'Ovidio, insieme a quelli di Virgilio (chiamato però soltanto *Marrun*), Lucano, Stazio e Catone, è citato a testimonianza del fatto che anche presso autori la cui sapienza è rinomata sono reperibili delle *fables*: vere e proprie *famfelues*, cui difficilmente un lettore "laico", e cioè "indotto" (anche se non necessariamente "ignorante"), insensibile all'autorità dei loro inventori, presterebbe fede, giudicando anzi questi ultimi degli autentici bricconi. Il fatto è, soggiunge il narratore, per giustificare il carattere necessariamente frivolo della propria opera, che anche il saggio non può vivere se non è capace di distinguere "senno" da "follia"; inoltre, perfino dalle *fablettes* i giovani posson ricavare utili insegnamenti:

> Pernez garde de ces aucturs,
> des trespassez, des ancessurs,
> cum fu **Ovides** e Marrun,
> Lucan e Staces e Catun:

---

80 Pulega 1989: 5-28.

81 Penso ai vv. 438-464. Anche nella scena del dialogo-confessione ritornano molti motivi riecheggiati dall'*Ars*: in particolare ai vv. 481-494 e 515-524.

82 Sui rapporti intercorrenti fra i testi di Chrétien e quelli di Marie, si veda da ultimo Angeli 1993:165-80.

83 *Richeut*: 32.

fables trovum en lor escrit,
famfelues e maint tel dit
ke si un lai les escutast
a maus bricuns tost les jugast,
quant il de fablettes traiterent
et de ces plusurs enseignerent;
mas, seignurs, pas ne vait issi,
e ço porez vus oïr ci:
kar Salomon dit en sun livre
ke ne pot nul home sages vivre,
s'il ne set qu'est sen e folie,
afaitement e vilainie:
l'un contraire tut a estrus
par l'autre per cunuisum nus;
tut oium nus des aucturs fable,
noter i put l'em chose estable,
e sovent tel chose enseeigner
ke a gevene gent avra mesteir[84] ...

La dotta e garbata autodifesa dell'autore del *Donnei* poggia in realtà su un'autorevole tradizione, ben documentata da Paule Demats, nei suoi studi di mitografia antica e medievale, cui rinviamo il lettore interessato.[85] Per quel che concerne invece la nostra rassegna, credo risulterà chiaro come le allusioni di trovatori e trovieri al nome d'Ovidio non siano mai generiche e superficiali, ma rivelino nella maggior parte dei casi un'autentica frequentazione delle opere del poeta latino, meritando per questo un'analisi approfondita. Non altrettanto avviene per i personaggi ovidiani delle *Metamorfosi*, i cui nomi non sempre derivano dall'originale latino, ma molto più spesso sono tratti dai florilegi medievali o dalle prime rielaborazioni volgari, come risulta abbastanza chiaramente dall'analisi dei vari *Ensenhamens*.[86]

---

84 *Donnei des Amanz*: 497-541. Dell'operetta abbiamo in preparazione una nuova edizione commentata.

85 Demats 1973: 5-60.

86 Si veda in proposito Pirot 1972: 533-535, 542, 560, 588. Proprio per la genericità di tali riferimenti ci sembra inutile riesaminarli dettagliatamente in questa sede.

2. Su alcune "isotopie" poetiche

In questa sezione del lavoro, non intendiamo soffermarci sulle indubbie affinità che legano la "norma" poetica della *fin'amor* a quella della poesia elegiaca, e in particolare "la concezione secondo cui l'amante-poeta è schiavo: della sua donna, della sua passione, della sua incurabile debolezza, e in fondo anche della sua poesia".[87] Sebbene tali analogie meritino d'essere riesaminate con strumenti adeguati, siamo per il momento costretti, per ragioni di spazio, a lasciarle da parte. Il retaggio ovidiano nella poesia volgare non consiste, infatti, in una più o meno passiva trasmissione del codice elegiaco, bensì nell'ironico (e talora malinconico) distacco con cui l'autore riesce a considerare la propria sofferenza amorosa da un punto d'osservazione superiore. Come ha acutamente osservato Gian Biagio Conte, negli *Amores,* "il poeta-amante della tradizione elegiaca è tenuto in vita dislocando a due diversi livelli di testualità le due funzioni prima coincidenti: in quanto amante, condivide lo statuto delle diverse *personae* elegiache; in quanto poeta, detentore del codice, approfitta di questo privilegio per governare dall'alto il gioco delle *personae* ".[88]

L'elemento più rilevante dell'eredità ovidiana nella poesia trobadorica, a cominciare dai componimenti di Guglielmo IX, consiste, a mio parere, proprio nella consapevolezza di tali potenzialità. Non a caso, Guglielmo esalta la propria funzione di "magister amoris", comportandosi come se avesse a disposizione un codice lirico-amoroso già costituito, sul quale ironizzare.[89] Non a caso, anche i componimenti più squisitamente "cortesi" del primo dei trovatori sono per così dire "contaminati" da digressioni "oscene" che non hanno mancato di disorientare la critica più tradizionalista,[90] oltre che da un assoluto e irriducibile scetticismo. Ma, anche se con motivazioni diverse, analoghe constatazioni potrebbero esser fatte quanto a Cercamon o a Jaufre Rudel,[91] per non parlare di Raimbaut d'Aurenga, il quale del proprio ironico ruolo di "praeceptor amoris" ha fatto una delle costanti della sua poesia.[92]

---

87 Conte 1991: 55; e ancora: "Ma il codice elegiaco vuole anche che l'amante-poeta sia un malato renitente alla cura: ama la sua sofferenza come quella che è sostanza, ma soprattutto condizione, del suo far poesia, ché vivere senza sofferenza d'amore, sarebbe per il poeta restare senza parole, non più poeta" (*ibidem*: 59).

88 *Ibidem*: 66 s.

89 Quest'aporia continua a condizionare in larga misura l'interpretazione dei poemi del Conte, giustificando anche i ricorrenti tentativi di postdatarne la produzione.

90 In particolare, ci si è sentiti obbligati a erigere steccati nei quali confinare le diverse "anime" del poeta, ignorando o misconoscendo la profonda unità della produzione lirica di Guglielmo (cf. *Poesie d'Amore Provenzali*).

91 *Poesie d'Amore Provenzali*

92 *Ibidem*; cf. anche Rossi 1987: 48-51.

Al topos del *locus amoenus* Roy Rosenstein ha dedicato la sua tesi di dottorato, che contiene pagine interessanti, senza tuttavia riuscire a cogliere le affinità più profonde che uniscono l'opera del Conte a quella d'Ovidio.[93] Certo, in quest'ambito, i primi testi da analizzare sono *Ben vueill que sapchon li pluzor* (*BdT* 183,2), nel quale, al v. 36, il Conte si definisce "Maistre Certa": infallibile maestro d'amore e, insieme, di "gioco" e di poesia; o, ancora, *Companho, tant ai agutz d'avols conres* (*BdT* 183, 5), in cui Guglielmo sembra riecheggiare la quarta elegia del terzo libro degli *Amores*,[94] oltre che la stessa *Ars*.[95]

Se però si vogliono esplorare più profondamente le relazioni intertestuali che uniscono i *vers* del Conte alle opere ovidiane bisognerà soffermarsi con maggiore attenzione sulla cosiddetta vena "cortese" di Guglielmo: soprattutto sull'enigmatico *Pos vezem de novel florir* (*BdT* 183, 11), in cui viene per la prima volta lamentata l'impossibilità di godere dell'oggetto d'amore, *topos* che guiderà come un Leitmotiv la produzione trobadorica fino ai più attardati suoi epigoni. Credo non sia inutile ribadire[96] come nel terzo libro delle *Metamorfosi*, sulla cui enorme fortuna medievale sarebbe inutile attardarsi,[97] fosse anticipato uno sconvolgente "paradoxe amoureux":

Sic amet ipse licet, sic non potiatur amato! (v. 405)

All'anonima maledizione d'una delle ninfe (o dei fanciulli) disprezzate da Narciso, s'aggiungeva la scoperta dello stesso giovane:

Et placet et video, sed, quod videoque placetque
non tamen invenio: tantus tenet error amantem! (vv. 446 s.)

La vanità di quest'amore era stata del resto già introdotta dalla voce narrante:

---

93 Rosenstein 1980: 159-225. Fra i riscontri che andrebbero aggiunti, si potrebbe osservare che *Farai un vers [de] covinen* andrebbe accostato alla decima elegia del secondo libro degli *Amores*.

94 La figura del *gardadors*, così come il motivo del *cons gardatz*, sono sati in genere accostati alla poesia araba e al personaggio del *Raqib* delle *jarchas* (su cui si veda Hilty 1991: 155-165). In realtà, però, il personaggio del custode-eunuco è presente anche nella tradizione classica, ad esempio nella sesta *Satura* di Giovenale, così come presso i poeti elegiaci: non solo Ovidio, ma anche Tibullo e Properzio (sui quali si veda Hernandez 1989: 189-202).

95 Su cui si veda, qui sopra, la nota 71.

96 Rossi 1987: 42 s.

97 Munk Olsen 1991: 39-51, Munk Olsen 1987: 67-98, Tilliette, Jean-Yves, *Savants et poètes du Moyen Age*, qui sopra *Ovidrezeption*: 63-104.

Credule, quid frustra simulacra fugacia captas?

Quod petis, est nusquam; quod amas, avertere, perdes!

(vv. 432 s.)

Assolutamente "inedito per un amante" era definito il vóto espresso da Narciso: "vorrei che fosse lontano quel che amo!":

votum in amantem novum: vellem, quod amamus abesset! (v. 468)

Sulla fortuna di questi versi nella lirica occitanica ho già avuto modo di soffermarmi, in altra sede,[98] a proposito di Jaufre Rudel e di Bernart de Ventadorn. Per tornare a Guglielmo e a *Pos vezem de novel florir*, mi pare che non sia possibile comprendere appieno il senso della terza cobla, se si prescinde dall'esempio ovidiano:

A totz jorns m'es pres enaisi
c'anc d'aquo c'amei no.m jauzi,
ni o farai, ni anc non ho fi;
c'az essïens
fauc, maintas ves que.l cor me di:
"Tot es nïens!"[99]

Dopo aver ricordato la maledizione che perseguita l'amante-poeta: "Sempre m'è accaduto così, / che di quel che ho amato non ho mai gioito, / e non lo farò né lo feci mai", con uno scarto evidente anche rispetto alla possibile "fonte", l'autore ricorre a un *fauc* che ha disorientato gli antichi copisti come i moderni interpreti. I primi hanno banalizzato il successivo *ves* in *res* ("e faccio molte cose"), che però mal si lega con quel che segue. I secondi hanno scelto per lo più la *lectio facilior*, o, come Pasero, che pure ha compreso il valore di *ves*,[100] sono stati costretti a far ricorso a complicate perifrasi: "perché è certo che lo faccio, molte volte che (invece) il cuore mi dice: 'Tutto è vano' ".

Io credo che il verso risulti perfettamente chiaro, se si considera che *fauc*, impiegato senz'oggetto e in chiave erotica, come più volte accade nei testi ovidiani,[101] non fa che precisare il senso di *no.m jauzi*:[102] "E sì che,

---

98 *Poesie d'Amore Provenzali.*

99 *Ibidem.*

100 Guglielmo IX: 203, n. 16.

101 *Amores*: I x 24; III iv 4; III xiv 8, 15; *Heroides*: XVIII 64; *Ars Am.*: II, 366, 590. 709, 711; *Rem*: 779, 781.

102 Si veda, qui sotto, l'esempio di Jaufre Rudel, citato alla nota 119.

in fede mia, / faccio *l'amore* (godo), molte volte che il cuore mi dice: / 'Tutto è vano' ".

Che la mia ipotesi sia plausibile, mi pare confermato dai versi della quarta cobla:

Per tal n'ai meins de bon saber,
quar vueill so que non puesc aver.
E si.l reprovers me ditz ver:
"Certanamens
a bon coratge bon poder,
qui.s ben sufrens".

["Proprio per questo ne ho minor diletto, / perché voglio quel che non posso avere. / Eppure la massima mi dice il vero: / 'Certamente / a buon intendimento corrisponde un felice esito, / per chi sappia ben soffrire"].

Anche termini come *bon saber*, *bon coratge*, *bon poder* hanno una chiara connotazione erotica;[103] d'altra parte, non solo il v. 20 ripete l'adunaton caratteristico del mito di Narciso, "voglio quel che non posso avere", ma lo stesso "proverbio" che celebra l'ineluttabilità della sofferenza amorosa è legato alla tradizione ovidiana, com'è confermato dal già ricordato esempio di Rigaut de Barbezilh.[104] Per Guglielmo, però, l'impossibilità di adattarsi alle leggi dell'*obsequium*, e di essere *obediens*, affermata nella seconda cobla e ribadita nella quinta e nella sesta, si risolve in una negazione totale: lo stesso *vers* sarebbe perfetto, ma solo a condizione che vi sia chi possa intenderlo;[105] al giudizio sulla validità del poema, l'autore sarà però assente, e, nel contempo, non avrà alcun potere.[106] Gli interrogativi posti da questo come da ogni altro componimento del Conte restano comunque di difficile soluzione, dal momento che non si esauriscono nel breve canzoniere di Guglielmo, ma sembrano coinvolgere l'intero corpus trobadorico occitanico: riesaminarli anche alla luce del modello ovidiano servirebbe, forse, a illuminare alcuni aspetti finora troppo negletti.

---

103 Nel lessico degli elegiaci, con riferimento al sommo piacere, vengono adoperati i termini corrispondenti *suauvtas*, *posse* (cf. *De Sermone Amatorio*, s. v.). Analogamente, si veda Bernart de Ventadorn, *BdT* 70, 10, v. 18.

104 Si vedano qui sopra le note 62 e 63; il più generale contesto "ovidiano" (con riferimento soprattutto ad *Amores*, III iv, 17: "Nitimur in vetitum, semper cupimusque negata") prova che il *reprovers* cui allude Guglielmo non è un semplice "proverbio", come avverrà più tardi, per Cercamon (*BdT* 112, 4, vv. 11 s.) e Peirol (*BdT* 366, 20, vv. 38 s.), cf. Cnyrim 1888: 36 s.

105 Gruber 1983: 62-97; *Poesie d'Amore Provenzali*.

106 Vista l'ambiguità della rima equivoca *no i vau*, che può significare tanto "io non ci vado", quanto "io n'ho vi ho valore" (cf. *Poesie d'Amore*).

Se dal livello macrostrutturale, ci si sposta a quello microstrutturale, delle metafore poetiche, col termine di "isotopia" vengono designate, come abbiamo visto, quelle immagini che riescono a conservare un carattere connotativo anche in testi appartenenti a ambiti linguistici e cronologici molto diversi. Nelle pagine che seguono, tenteremo di individuarne alcuni esempi nell'opera del trovatore forse più sfuggente e difficilmente catalogabile del cosiddetto periodo "classico", Bernart de Ventadorn.

Nel codice elegiaco, "*malum*, id est morbus, dicitur Amor":[107] Properzio, lamenta ad esempio in molte occasioni come non esista medicina utile a sanare il suo "mal d'amore",[108] e lo stesso Ovidio si serve più volte di questa metafora nei *Remedia*.[109] È però nella nona elegia del secondo libro degli *Amores*, che Ovidio crea il felice ossimoro del *dulce malum*, riferito a un'ideale fanciulla:

> "Vive, deus, posito, siquis mihi dicat, amore",
> Deprecer, usque adeo dulce puella malum est...

L'immagine era di quelle destinate a gravarsi indelebilmente nella memoria poetica dei lettori, e ricorre spesso nei testi dei lirici latini del medio evo, anche in forma polemica. Non a caso Marbodo di Rennes l'utilizza con sarcasmo nel già ricordato *De Meretrice* (v. 25):

> Femina dulce malum, pariter favus atque venenum.[110]

Bernart riesce a sublimare la metafora ovidiana, trasformando l'ossimoro in autentica antitesi, nell'immagine del "male di bell'aspetto", vv. 29 s. di *Non es meravelha s'eu chan* (*BdT* 70, 31):

> Ben es mos mals de bel semblan
> que mais val mos mals qu'autre bes[111] ...

Se poi qualcuno pensasse che il rapporto col modello ovidiano è meramente fortuito o poligenetico, verrebbe inoppugnabilmente smentito dai vv. 9-16 della medesima canzone, ov'è sviluppata una variazione sul tema del "Vive posito amore", del medesimo passo ovidiano:

---

107 Pichon 1902:195.

108 *Amores*, I v, 28: "cum mihi nulla mei sit medicina mali" (e si vedano anche I ix, 18; II iv, 10; III xvii, 10).

109 *Remedia*: 92, 138, 526, 539.

110 *Amores*, II ix, 25 s. ov'è sublimato il detto "kakon anagkaion gunh".

111 "Il mio male è di bell'aspetto / e molto più vale il mio male ch'ogni altro bene".

Ja Domnedeus no.m azir tan
qu'eu ja pois viva jorns ni mes
pois que d'enoi serai mespres
ni d'amor non aurai talan.[112]

Del resto, un concetto analogo, e sempre con chiari riferimenti alla fonte ovidiana[113] viene espresso ai vv. 8 s. di *Chantars no pot gaires valer*:

Ja Deus no.m don aquel poder
que d'amor no.m prenda talan[114] ...

L'esempio conferma, se mai fosse necessario, l'assioma secondo il quale un riferimento intertestuale - se è plausibile - non è mai isolato, ma s'inserisce in un sistema più complesso.[115]

Per tornare all'antitesi poetica, un errore di traduzione dello stesso Carl Appel e di Moshé Lazar, non sorprendente in verità nell'edizione francese, se non fosse ripreso perfino da Pierre Bec che vi intesse sopra una piccola disquisizione teorica, ci invita a riflettere su un altro ordine di problemi. Nella seconda cobla di *Can lo boschatges es floritz* (*BdT* 70, 40), v. 9, Bernart esclama:

Per midons m'esjau no-jauzitz,
don m'es l'afans greus a portar.[116]

Appel traduce: "Um meiner Herrin willen bin ich *ohne Freude* froh",[117] seguito passivamente da Lazar: "Pour ma dame me réjouis *sans être joyeux* ". [118]Bec, a sua volta, commenta: "Mais l'ambiguïté peut devenir totale. Il n'y a plus d'antinomie. Rien ne s'oppose à rien: une chose est à la fois elle-même et son contraire... L'antithèse formelle se réduit à un simple morphème privatif: *esjau / no-jauzit* ".[119]

---

112 "Che mai Domineddio m'abbia in odio a tal punto / ch'io viva ancora un giorno o un mese / dopo che sarò in preda alla noia / e non avrò più voglia d'amore".

113 Ad esempio nella polemica della quarta cobla contro le *merchadandas venaus*, che rinvia alla decima elegia del primo libro degli *Amores*.

114 "Mai Dio mi conceda la facoltà / di non aver più voglia d'amore".

115 Rossi 1989: 59 s.

116 "Per la mia signora gioisco senza-dar-gioia a mia volta, / per cui l'affanno m'è duro da sopportare".

117 Bernart de Ventadorn 1915: 230.

118 Bernart de Ventadorn 1966: 225.

119 Bec 1971: 112.

In realtà, *no-jauzit* significherà piuttosto "senza dar gioia a mia volta" (alla lettera, 'non-goduto'), come appar chiaro dal riscontro con il v. 18 di *Quan lo rossinhols el foillos* (*BdT* 262,6) di Jaufre Rudel:

Per qu'ieu la jau jauzit jauzen,[120]

o col v. 12 di *Pro ai del chan essenhadors* (*BdT* 262, 4), dello stesso autore:

don ieu sia jauzens jauzit.[121]

Quel che mi pare risulti chiaro è che Bernart concepisce l'antitesi e l'ossimoro in chiave esclusivamente "cortese", in funzione, cioè, del desiderio amoroso, ma che ogni sua affermazione, anche quelle apparentemente più paradossali, sia perfettamente coerente, se correttamente interpretata. Saranno pertanto da rileggere in tal senso le variazioni sul tema dell'ovidiano *quod sequitur fugio*,[122] a torto considerate meramente "topiche".

Nella canzone *Lo rossinhols s'esbaudeya* (*BdT* 70, 29), ai vv. 41-46, Bernart utilizza la "massima" ovidiana per giustificare il proprio contraddittorio comportamento nei confronti d'una donna troppo altera, ma nel contempo la assolutizza, riferendola allo stesso Amore:

De tot loc on ilh esteya.
me destolh e.m vau lonhan,
e per so que no la veya
pas li mos olhs claus denan.
Car cel sec Amors que.s n'esdui
e cel l'enchaussa qu'ela fui .[123]

La complicata *varia lectio*, accuratamente analizzata da Carl Appel, mostra l'imbarazzo degli scribi nei confronti della citazione.[124] Che il riscontro ovidiano sia non solo plausibile, ma serva a chiarire il senso dei versi di Bernart è però provato dal "riuso" che il trovatore fa del modello latino in *Can vei la flor, l'erba vert e la folha* (*BdT* 70, 42). Dopo aver dedicato la

120 Jaufre Rudel 1985: 115.

121 *Ibidem*, 67.

122 *Amores*, II xix, 36. ma si vedano altresì *Ars am.*, III, 363 e 609.

123 "Da ogni luogo ove si trovi, / mi distolgo e m'allontano / e, per non vederla, / le passo davanti cogli chiusi./ Amore segue infatti chi *la* sfugge / e viene incalzata da colui ch'*ella* sfugge".

124 Bernart de Ventadorn 1915: 178 s.

seconda e la terza cobla ai motivi (anch'essi ovidiani) dell'onnipotenza e della "giustizia d'amore", per cui non esiste "senhoratge",[125] nella quarta cobla l'autore chiarisce che quella stessa *forsa d'amor* che gli assicura l'estasi amorosa lo spinge a trascurare la dama compiacente, per seguire invece la sdegnosa:

Eu sec cela que plus vas me s'ergolha,
e cela fuih que.m fo de bel estatge,
c'anc pois no vi ni me ni mo messatge
(per qu'es mal sal que ja domna m'acolha);
mas dreih l'en fatz, qu'eu m'en fatz fol parer,
car per cela que.m torn'en no-chaler,
estauc aitan de leis que no la veya .[126]

Tale concetto è ribadito nella seconda cobla di *Bel m'es can eu vei la brolha* (*BdT* 70, 9), v. 9 s.:

Eu la volh can plus s'orgolha
vas me[127] ....,

ov'è parimenti esaltato il piacere della sofferenza: "Bo son tuih li mal que.m dona" (v.25); "mas eu sui tan bos sofrire / c'atendre cuit per sofrir" (v. 42 s.). Anche se rivisitata in chiave feudale, è chiara l'allusione al v. 8 della citata elegia ovidiana:[128]

Nil ego, quod nullo tempore laedat, amo.

Ancora una volta è provato che le allusioni intertestuali non si esauriscono nella ripresa d'un singolo verso, degradato a sentenza, come avviene ad

---

125 Che abbiamo già avuto modo d'analizzare (si veda qui sopra la nota 40).

126 "Io seguo colei che più mi si mostra altera, / e sfuggo colei che m'accoglie benevolmente, / tanto che non mi ha più visto, né ricevuto miei messaggi / (e sarebbe ingiusto se ancora volesse ricevermi), / e riconosco che ha ragione, ché sembro davvero folle, / se, a causa di quella cui sono indifferente, / resto tanto tempo senza vederla". Anche il senso di questi versi è stato travisato da Moshé Lazar (Bernart de Ventadorn 1966: 87).

127 "La desidero, quando più s'inorgoglisce/ nei miei confronti".

128 Il testo ovidiano meriterebbe, del resto, di essere analizzato integralmente.

esempio nella poesia di Folquet de Marselha,[129] ma s'intrecciano in una fitta trama, a testimonianza d'un "isomorfismo" poetico che permane vitale anche a dispetto di profonde differenze ideologiche. Sarebbe infatti futile attardarsi a discettare sul radicale mutamento di prospettiva del *fizel amic* trobadorico nei confronti del cinico seduttore ovidiano: quel che merita il nostro interesse è il durevole fascino delle creazioni ovidiane; un fascino che trascende gli stereotipi, esibendo inconfutabilmente il proprio carattere di *materia signata.*

Se ne cercassimo un'ulteriore conferma nell'opera di Bernart, sarebbe sufficiente rileggere la tenzone con Peire *Amics Bernartz de Ventadorn* (*BdT* 70, 2; 323, 4), ironicamente dedicata ai temi del "canto" e del "servizio d'amore". Se, com'è sembrato probabile agli specialisti, il Peire in questione è proprio Peire d'Alvernhe,[130] fra i due dialoganti s'instaura una sorta di gioco delle parti, in base al quale il ben altrimenti scettico Peire assume il ruolo dell'amante ortodosso che più sarebbe consono allo stesso Bernart, mentre quest'ultimo non esita a stigmatizzare la follia d'ogni *sirven*, ricorrendo a più riprese ai sacri testi ovidiani. Così, a Peire che (non senza malizia) gli rinfaccia la sua "récréantise" poetica, e l'esser divenuto insensibile agli stessi richiami dell'usignolo,[131] Bernart replica di preferire ormai i sonni tranquilli e il riposo alle veglie amorose:

Deu lau, fors sui de chadena,
e vos e tuih l'autr'amador
etz remazutz en la folor.[132]

Dov'è chiara la ripresa letterale di *Amores*, III, xi, 3:

scilicet adserui iam *me fugire catenas*,
et quae non puduit ferre, tulisse pudet.

concetto ribadito poco più sotto, al v. 32:

... non ego sum stultus, ut ante fui.

---

129 Il carattere "sentenzioso" delle citazioni classiche di Folquet è stato già efficacemente sottolineato da Stronski (Folquet de Marselha: I, 78 ss).

130 Sulla non semplice identificazione dell'interlocutore di Bernart, si vedano le *Poesie d'Amore Provenzali*.

131 *Ibidem*.

132 "Grazie a Dio, son libero dalle catene, / mentre voi e tutti gli altri amanti/ siete rimasti immersi nella follia".

Ma non è tutto, perché nella replica successiva, a Peire che, scimmiottando Cercamon e soprattutto il suo stesso interlocutore,[133] sentenzia che non può esser cortese chi non sappia apprezzare il "mal d'amore", Bernart risponde (vv. 22-28) colle stesse parole dell'*Ars*:

> Peire, si fos dos ans o tres
> lo segles faihz al meu plazer,
> de domnas vos dic eu lo ver:
> *non foran mais preyadas ges,*
> *ans sostengran tan greu pena*
> *qu'elas nos feiran tan d'onor*
> *c'ans nos prejaran que nos lor*.[134]

Anche se rielaborata nel lessico feudale, appare chiaramente in filigrana la massima ovidiana (*Ars am.*, I, 277 s.):

> Conveniat maribus ne quam nos ante rogemus:
> femina iam partes victa rogantis aget.[135]

Certo, anche altre canzoni meriterebbero d'esser analizzate, soprattutto la più "ovidiana" fra le composizioni bernardiane, *Era.m cosselhatz, senhor* (*BdT* 70, 6), nella quale, illustrando il cosiddetto "compromesso cortese", l'autore sembra esplicitamente evocare il detto: "Rivalem patienter habe".[136] Poiché però il testo è stato già adeguatamente interpretato da Michael Kähne mi limiterò a rinviare il lettore interessato al lavoro del critico tedesco e alla relativa bibliografia;[137] così come lascerò da parte i

---

133 *Quant l'aura doussa s'amarzis* (*BdT* 112, 4), vv. 57 s.: "..Greu er cortes/ Hom que d'amor se desesper", e Peire, vv. 15 s.: "..greu er pros ni cortes / qui ab amor no.s sap tener"; quanto al motivo del *rossinhol*, Rossi 1987: 62.

134 "Peire, se per due o tre anni / il mondo fosse fatto a piacer mio,/ vi dico la verità,/ le donne non sarebbero più da noi implorate,/ ma sosterrebbero il grave sacrificio / di farci il grande onore / d'esser loro a pregarci, ancor prima che lo facciamo noi!"

135 Nei successivi vv. 281-342, Ovidio svolge con dovizia d'argomenti e sfoggio di sapienza retorica il tema della disponibilità d'ogni donna a farsi conquistare (cf. *L'arte di Amare*, 222 s.). Sui rapporti col testo bernardiano, si veda anche Kähne 1983: I, 97.

136 *Ars Amatoria*, II, 539 s.: "Rivalem patienter habe: victoria tecum / Stabit; eris magni victor in arce Jovis".

137 Kähne 1983: I, 30, 295-98, 300.

riscontri indicati da Carl Appel nel succinto commento letterario alla sua edizione,[138] o quelli da me stesso forniti in margine all'analisi di *Can vei la lauzeta mover.*[139] Quel che qui più mi interessava di mostrare era come perfino in un "lirico puro", quale può esser considerato Bernart, sia possibile individuare dei nuclei poetici che, pur nella completa autonomia del testo, non mancano di evocare altre immagini e metafore di matrice ovidiana.

Se l'impresa di provare oltre ogni dubbio la pertinenza di tali riscontri nel canzoniere bernardiano è forse da ascrivere alla categoria degli *impossibilia*, non altrettanto si dovrebbe asserire per l'opera di Chrétien de Troyes, il quale, per sua esplicita ammissione, è un volgarizzatore dell'*Ars* e, probabilmente, degli stessi *Remedia.* Come avremo occasione di vedere nelle pagine successive, però, anche il caso dello Champenois è molto più complesso di quanto non appaia a prima vista.

3. Chrétien e Ovidio

In questo paragrafo, lasceremo da parte le annose polemiche che hanno accompagnato i vari tentativi di reperire analogie per così dire macrostrutturali fra i romanzi di Chrétien e le opere ovidiane.[140] Per cominciare, prenderemo, invece, ancora una volta in esame il martoriato prologo del *Cligés*, su cui s'è accanita, anche nelle forme più pretestuose, la "sagacia" degli interpreti:

Cil qui fist D'Erec et d'Enide,
et Les Comandemanz d'Ovide
et l'Art d'Amors an romans mist,
et Le Mors de l'Espaule fist,
Del Roi Marc ed d'Ysalt la Blonde,
et De la Hupe et de l'Aronde
et del Rossignol la Muance,
un novel conte rancomance
d'un vaslet qui an Grece fu
del linage le roi Artu (vv. 1-11)

Ogni parola di questi celebri versi meriterebbe un'analisi particolare, tanto essi sono ricchi di allusioni molteplici, al di là del tono quasi discorsivo e apparentemente didascalico. Innanzitutto proprio la formula esordiale, *Cil*

138 Bernart de Ventadorn 1915: 400, s. v. *Ovid.*
139 Rossi 1987: 42-47.
140 Polemiche originate dalla dissertazione di Guyer 1921.

qui fist, seguita da un elenco di opere "giovanili" (vedremo poi se reali o immaginarie). Sappiamo che essa non mancò di suscitare il sarcasmo di Jean Bodel, il quale, a un secolo di distanza ne propose una scanzonata parodia nel fabliau dei *Deus Chevaus*.[141] Ma c'è ben altro: come ho già avuto modo di rilevare,[142] tale formula s'ispira ai versi del preproemio dell'*Eneide*:

> Ille ego qui *quondam* gracili modulatus avena
> carmen, et egressus silvis vicina coëgi
> ut quamvis avido parerent arva colono,
> gratum opus agricolis, at *nunc* horrentia Martis
> arma virumque cano, Troiae qui primus ab oris[143] ...

Anche se questi versi non sono attribuibili a Virgilio, ma sono piuttosto da collegarsi con una tradizione più recente, a sua volta influenzata dallo stesso Ovidio,[144] quel che mi pare notevole è che, nell'annunciare un significativo mutamento del proprio stile e un più ambizioso disegno, Chrétien ricorra a un modello di grande prestigio, nel quale veniva sottolineato il passaggio dalla poesia "pastorale" o "rustica" delle *Bucoliche* e delle *Georgiche* a quella ben più "alta" del poema epico. Altrettanto notevole è che l'assunzione della parola, nel *Cligés*, coincida con la pratica della riscrittura. Fin dall'esordio, l'autore ancora anonimo del *roman* appare in cerca d'una sorta di "cauzione" che finisce col reperire nel nome del poeta latino, di cui egli si pretende l'interprete e il volgarizzatore (*an romans mist*). È però per il tramite d'un personaggio femminile, grazie alla rima *Enide*: *Ovide*, e non senza ribadire un'allusione alla stessa *Eneide*,[145] che il troviero associa la propria opera a quella d'Ovidio. Restano da spiegare tutte le allusioni, nell'insieme fin troppo precise e dettagliate, ai testi ovidiani. Per quel che concerne *Les Comandemanz d'Ovide*, secondo l'interpretazione in fondo più ovvia, si pensava si trattasse dei *Remedia*,[146] finché Angelo Monteverdi[147] non ha rilevato che, con l'espressione *Precepta Ovidii*, veniva normalmente indicata la stessa *Ars Amatoria* (cui Chrétien si riferirebbe con un'unica, lunga perifrasi: "et les Comandemanz d'Ovide / e l'Ars d'Amors"). Personalmente, non rinuncerei all'ipotesi che lo Champenois, oltre a

---

141 Rossi 1990.

142 Rossi 1988: 329.

143 Contini 1970 e 1976, Courcelle 1984, Rossi 1988.

144 *Tristia*, IV x, 1: "Ille ego, qui fuerim.."

145 Si ricordi il sintetico sommario dell'*Eneide* fornito da Chrétien nella descrizione della sella di Enide (*Erec*, vv. 5330-5338).

146 Guyer 1921: 99.

147 Monteverdi 1959: 181-192.

volgarizzare l'*Ars*, si sia cimentato anche con i *Remedia*:[148] ricordo a tal proposito che con la formula citata si designava abitualmente l'intero corpus erotico ovidiano.[149] Le cose si complicano con la successiva allusione al *Mors de l'espaule*, cui segue quella alla *Muance de la hupe, de l'aronde et del Rossignol*, non senza però che fra i due brani delle *Metamorfosi* s'inserisca un rimaneggiamento tristaniano:[150] *Del Roi Marc et d'Ysalt la Blonde*. Una messe davvero troppo ricca, che non ha mancato d'insospettire non pochi critici, che l'hanno considerata meramente fantasiosa; funzionale, cioè, allo sfoggio d'un'erudizione classica indispensabile a un autore che pretendesse di rappresentare il punto d'approdo della *translatio studii*.[151] Il fortunoso reperimento della *Philomena* complica però ulteriormente le cose, in quanto conferma l'esistenza della citata *Muance*.[152] Ancora più ambiguo è il cenno al *Mors de l'Espaule*, che difficilmente può esser concepito come un testo autonomo, se è vero che, nel sesto libro delle *Metamorfosi*, solo dodici versi (401-411), in funzione di preambolo alla vicenda di Progne e di Filomena, sono dedicati al mito di Pelope.[153] C'è però da notare che i due racconti hanno in comune un medesimo risvolto "omofagico", che potrebbe giustificare la scelta di Chrétien,[154] sempre ammesso che egli abbia davvero volgarizzato o rielaborato tale leggenda. A questo proposito, andrebbe forse ricordato che nel *Guillaume d'Angleterre*, vv. 906 ss. è riassunto, in forma molto succinta, un racconto dedicato al mito di Tantalo, senza che venga fatto alcun cenno, però, all'episodio di Pelope.[155]

Per completare il quadro qui delineato, non va dimenticata la mitica "fonte" cui Chrétien si riferisce ai vv. 18-24:

> Ceste estoire trovons escrite,
> que conter vos vueil et retraire,

---

148 Così come fecero i successivi volgarizzatori francesi dell'*Ars*.

149 Si vedano ad esempio i vv. 25 s. del *Romaricimontis Concilium* (*Débat du Clerc:* 93 ss.): "Lecta sunt in medium, quasi evangelium, *Praecepta Ovidii* ".

150 Il che la dice lunga sui modelli prediletti da Chrétien.

151 Ferroul 1987: 57-71.

152 Sull'attribuzione a Chrétien, si veda ora Schulze-Busacker: 459-485.

153 "Hanc tunc quoque dicitur unus / flesse Pelops umeroque, suas a pectore postquam / diduxit vestes, ebur ostendisse sinistro. / Concolor hic umerus nascendi tempore dextro / corporeusque fuit; manibus mox caesa paternis / membra ferunt iunxisse deos, aliisque repertis, / qui locus est iuguli medius summique lacerti, / defuit: inpositum est non comparentis in usum / partis ebur, factoque Pelops fuit integer illo".

154 In un contesto diverso, l'atteggiamento di Pelope, intento a mirare il volto di Ippodamia, descritto in *Amores*, III ii, 13-15 sembra riecheggiato nella *Charrete*, vv. 3668 ss.

155 L'attribuzione del *Guillaume d'Angleterre* è del resto ancora problematica e non consente di trarre alcuna conclusione quanto alla cultura letteraria di Chrétien.

en un des livres de l'aumaire
mon seignor saint Pere a Biauvez;
de la fu li contes estrez
qui tesmoingne l'estoire a voire:
por ce fet ele mialz a croire.

Anche se il riferimento alla Biblioteca della Cattedrale di San Pietro a Beauvais, che introduce la digressione sulla *translatio studii*, può esser in qualche misura "rituale", non si deve dimenticare che tale biblioteca possedeva, realmente, fin dall'undicesimo secolo, un *Ovidium*.[156]

Naturalmente l'insieme delle allusioni qui ricordate finisce col porre più interrogativi di quanti non ne risolva, soprattutto in mancanza di sicuri punti di riferimento ecdotici. Che però Chrétien esibisse il proprio modello ovidiano volontariamente e in misura sufficientemente palese perché ne fosse edotto anche il suo pubblico medievale mi pare sufficientemente provato non solo dal *Cligés*, quanto soprattutto dalle due canzoni sicuramente attribuibili allo Champenois. Di primaria importanza, per quel che concerne il rapporto con Ovidio, s'è rivelata *Amors tençon et bataille* (RS 121), la cui prima strofa, come ho già avuto modo di osservare[157] non è altro che la più o meno libera trasposizione dei versi iniziali della nona elegia del secondo libro degli *Amores*, un testo ben noto anche in ambito occitanico:

Amors tençon et bataille
vers son champion a prise,
que por li tant se travaille
q'a desrainier sa franchise
a tote s'antante mise;
s'est droiz q'a merci li vaille,
mais ele tant ne lo prise
que de s'aïe li chaille.[158]

O numquam pro me satis indignate Cupido...
Quid me, qui *miles* numquam tua signa reliqui,
laedis, et in castris vulneor ipse meis?

---

156 Omont 1916.
157 Rossi 1987: 58 s.; Schrötter 1908: 87; Guyer 1921: 111.
158 Sul testo delle due canzoni attribuibili allo Champenois, si veda ora anche Tyssens 1993: 195-206.

Cur tua fax urit, figit tuus arcus amicos?
Gloria pugnantes vincere maior erat...

Nos tua sentimus, populus tibi deditus, arma;
pigra reluctanti cessat in hoste manus!

È identica l'immagine d'Amore che colpisce il proprio fedele soldato (quasi perfetta si rivela l'equivalenza *miles /champion*); identica la condanna del comportamento sleale del signore nei confronti del proprio suddito. In sostanza, Chrétien non fa che trasporre nel codice feudale i principi ovidiani. A tale proposito, ho già avuto modo di chiarire[159] come l'espressione *desrainier sa franchise,* vada intesa in senso tecnico e significhi 'difendere sul terreno i diritti feudali del signore': nella fattispecie di Amore, cui va riferito (e non allo stesso poeta, come pretendevano fuorvianti interpretazioni) il possessivo *sa*. In quanto *champion* di Amore, l'autore ha impiegato ogni sforzo per proteggere e reclamare con le armi (della retorica) i diritti del suo signore, ma costui non si cura in alcun modo del soccorso del proprio vassallo, che non stima, e anzi (come nell'elegia ovidiana) gli si rivolge addirittura contro. Non solo non v'è alcun conflitto fra la prima e la seconda cobla della canzone, ma nell'intero componimento vien ribadita l'idea della totale, ma soprattutto disinteressata sottomissione del poeta-amante alla dama, in aperta polemica coi coevi trovatori occitanici.[160]

L'immagine del poeta-amante, campione d'Amore e pure attaccato dal proprio ingrato signore, mi aveva suggerito, nel citato articolo su *Chrétien de Troyes e i trovatori*, una possibile identificazione dell'io poetico delle due canzoni sicuramente attribuibili a Chrétien con il protagonista del *Lancelot*. In effetti, il comportamento capriccioso d'Amore, nei confronti del fedele *miles* è molto simile a quello adottato nel romanzo da Guenièvre verso Lancelot, soprattutto, com'è ovvio, nell'importante sezione dedicata al torneo di "Noauz". Anche se non è questa la sede per completare l'analisi, cui conto di riservare al più presto un intervento specifico, non sarà forse inutile richiamare alcuni passaggi-chiave del romanzo, nei quali, fra i molteplici modelli utilizzati da Chrétien, sono presenti anche alcune importanti metafore ovidiane.

Ad esempio, nei celeberrimi versi esordiali, per dichiarare la propria completa sottomissione alla sua "dame de Chanpaigne", Chrétien utilizza

---

159 Rossi 1987: 58 s.; *Poesie d'Amore Provenzali.*

160 Il bersaglio di Chrétien sembra essere soprattutto Bernart de Ventadorn, del cui ispirato atteggiamento lo Champenois sembra talora proporre una garbata parodia. Si veda ad esempio la seconda cobla della canzone *Can l'erba fresch'e.lh folha par* (*BdT* 70, 39), vv. 9-12: "Ai las! com mor de cossirar! / que manhtas vetz en cossir tan:/ lairom'en porian portar".

una formula che ritornerà altre tre volte, in momenti strategici del romanzo, arricchendosi di sfumature sempre diverse:

Puis que ma dame de Chanpaigne
vialt que romans a feire anpraigne,
je l'anprenrai *molt volentiers*
come cil qui est suens antiers (vv. 1-4).

A proposito di questi versi, Mario Roques ha più volte ribadito[161] che "il ne faut pas entendre *dame* au sens de *dame des pensées, dame aimée du poète,* mais au sens de *dame suzeraine* ", ed è certo questa l'interpretazione letterale dei versi citati. Senonché ai vv. 3798-3801, l'autore osserva a proposito di Lancelot:

Molt est qui ainme obeïssanz,
e molt fet tost *et volentiers,*
la ou il est *amis entiers,*
ce qu'a s'amie doie plaire.

Al di là dei riscontri con simili formule trobadoriche, già sottolineati dai critici, e dei possibili rinvii alla tipologia elegiaca dell'*obsequium*, quel che più conta rilevare è che Chrétien sembra istituire un'analogia, per così dire "rimemica", fra l'omaggio del poeta *suens antiers* e l'obbedienza dell'*amis antiers*. Tale impressione è confermata, al di là d'ogni possibile dubbio, dai citati versi del "torneo di Noauz", nei quali, alla regina che, per il tramite della propria damigella, ordina a Lancelot di combattere "al peggio" (vv. 5655 s.), l'eroe risponde:

... que molt volantiers,
come cil qui est suens antiers.

Qui la corrispondenza è perfetta e non sembra più lecito dubitare che l'autore stia suggerendo una sorta d'identificazione dell'io-narrante con il suo personaggio letterario. Del resto, qualche centinaio di versi più lontano, nel sottolineare la circostanza che Guenièvre è ormai certa dell'identità del devoto "Chevalier Vermeil", Chrétien aggiunge:

Por ce c'or set ele sanz dote
que ce est cil *cui ele est tote*

161 *Le Chevalier de la Charrette*, éd. par Mario Roques, Paris: Champion, 1958: V.

et il est *tot suens* sanz nule faille (vv. 5873-75).

Che non si tratti d'una formula tutto sommato "banale" o "poligenetica" mi pare confermato dal fatto che ritroviamo un raffinato gioco sul pronome *suens* (messo in rilievo dalla struttura chiastica della frase) già nel monologo di Lancelot, deluso dalla freddezza della regina:

Amors ensi *les suens* essaie,
ensi conoist ele *les suens* (vv. 4392 sg.).

Tanta insistenza, da parte di Chrétien, è paragonabile solo a quella dello stesso Ovidio, che utilizza abbondantemente il pronome (e l'aggettivo) *suus* con un preciso riferimento alla pienezza dell'amore.[162] Si leggano ad esempio i vv. 17 sg. della seconda elegia del terzo libro degli *Amores*:

Nempe favore suae vicit tamen ille puellae,
Vincamus dominae quisque favore suae!

Quanto alla rima *volunters*: *enters*, essa appare (ai vv. 6, 19 e 44) in una canzone particolarmente significativa di Bernart de Ventadorn, *Pel doutz chan que.l rossinhols fai* (*BdT* 70, 33), nella quale il trovatore dopo aver celebrato il canto dell'usignolo, in funzione della propria poetica del *joi*:

Pel doutz chan que.l rossinhols fai,
la noih can me sui adormitz,
revelh de joi totz esbaïtz,
d'amor pensius e cossirans;
c'aisso es mos melhers mesters,
que tostems ai joi *volunters*,
et ab joi comensa mos chans (vv. 1-7)

illustrava le modalità del suo servizio amoroso:

Domna, *vostre sui e serai*,
del *vostre servizi* garnitz.
Vostr'om sui juratz e plevitz,

162 In particolare, si vedano *Amores*, I XV, 30; II V, 28; III II, 17; III V, 41. Pichon 1902: 272.

e vostre m'era des abans.
E vos etz lo meus jois primers,
e si seretz vos lo derrers.
tan com la vida m'er durans (vv. 29-35).

Se si pensa che questa canzone dell'obbedienza assoluta, sostanzialmente in linea con la tradizione ovidiana[163] e ancora molto lontana dai propositi di *récréantise* e di *change* espressi in seguito dal trovatore, era dedicata alla "reïna dels Normans" (v. 45), e cioè proprio ad Aliénor d'Aquitaine, madre della *dame de Chanpaigne* cui è destinato il romanzo, l'ipotesi che essa fosse nota alla corte di Marie de Champagne e allo stesso Chrétien non mi pare del tutto peregrina.

Nella polemica coi Provenzali, lo Champenois sembra dunque utilizzare le loro stesse armi, le loro antiche professioni di fede, per sottolineare il contrasto fra la concezione dell'amore piuttosto *volatge* di questi ultimi, troppo facilmente inclini a dimenticar le promesse, e la propria imperitura fedeltà. Non per nulla, fin dall'inizio della *Charrette*, il protagonista del romanzo è connotato come una sorta di io lirico, il cui amore è privo di determinazioni temporali, senza alcuna "genesi" e senz'alcuna conclusione che non sia quella della prigione perpetua. Altrettanto significativamente, Godefroy de Lagny insiste sul particolare, a mio parere di fondamentale importanza, che Chrétien si sarebbe fermato proprio nel momento in cui "Lanceloz fu anmurez" (7131). Per lo Champenois, dunque, almeno a prender per buona la complessa architettura del testo, il romanzo avrebbe dovuto concludersi con l'eroe definitivamente rinchiuso nel carcere del "lauzengier". Analogamente, in *Amors tençon et bataille*, la "prigione amorosa" dell'io lirico appare eterna e ineludibile.

Eppure, se ci fermassimo a questo livello dell'analisi, saremmo condannati a lasciar da parte un elemento fondamentale nella strategia del romanzo, e cioè quelle strutture ironiche e parodistiche che consentono all'autore di prendersi gioco del suo personaggio principale e del suo stesso eterno, onnivoro amore; una caratteristica, quest'ultima, di grande rilievo per una corretta interpretazione della *Charrette*, sulla quale la critica più recente non ha mancato d'insistere.[164] Ad esempio, l'analogia, postulata da Chrétien, fra le proprie fatiche letterarie al servizio di Marie de Champagne e la devozione a Guenièvre ostentata da Lancelot in occasione del torneo di Noauz suggerisce che anche il poeta sia stato in qualche modo costretto a operare "au noauz", 'al peggio', e cioè nelle condizioni meno favorevoli. Un elemento, questo, che potrebbe aiutarci a far luce sulla strategia del doppio autore sulla quale i critici continuano a interrogarsi, senza riuscire a trovare una risposta incontrovertibile.

Ebbene, proprio la capacità di armonizzare punti di vista radicalmente differenti, impersonando di volta in volta l'amante-poeta o il disincantato

163 Schrötter 1908: 79-85.
164 Citton 1988: 331-360.

spettatore (in altri termini, la capacità di contaminare, dominandoli perfettamente, generi letterari e perfino stili poetici radicalmente diversi), è il retaggio ovidiano più rilevante che sia dato reperire nell'opera di Chrétien de Troyes; forse, insieme a Guglielmo IX prima e, più tardi, a Jean de Meun, uno dei più attenti lettori medievali del poeta di Sulmona. Se esaminiamo, ad esempio, l'altra canzone sicuramente attribuibile a Chrétien, *D'amor, qui m'a tolu a moi* (RS 1661), osserviamo che ai vv. 43-45 è elaborata l'originale teoria della "carestia amorosa",[165] nella quale il poeta sembra mettere a frutto i precetti ovidiani sui pericoli dell'amore troppo facile:[166]

Ja, mon los, plenté n'ameras,
ne pour chier tans ne t'esmaier;
biens adoucist par delaier,
et quant plus desiré l'auras,
plus t'en ert douls a l'essaier.

Questi versi riappaiono, leggermente rielaborati ma con le evidenti caratteristiche dell'auto-citazione, in un passo fondamentale del *Chevalier au Lion* (vv. 2515-2518):

Biens adoucist par delaiier,
et plus est buens a essaiier
uns petiz biens, quant il delaie,
qu'uns granz, que l'an adés essaie.

Quasi a voler chiarire ulteriormente il proprio pensiero, ricorrendo ancora una volta ai modelli ovidiani, l'autore continua (vv. 2519-2522):

Joie d'amor, qui vien a tart,
sanble la vert busche qui art,
qui de tant rant plus grant chalor
et plus se tient an sa valor,
con plus se tient a alumer.

165 Roncaglia 1958: 11.

166 *Amores*, II xix, 25-33; *Ars Amatoria* III, 579 e 603; *Remedia Amoris*: 541.

È stato giustamente osservato[167] che Chrétien s'è in qualche modo ispirato all'*Ars Amatoria*, III, 573 s.:

> Ignibus heu lentis uretur, ut umida faena,
> ut modo montanis silva recisa iugis.

L'accostamento è pertinente solo ove si precisi però che nei versi citati Ovidio sta esaltando la superiorità dell'amante vecchio e smaliziato, rispetto all'inesperienza del giovane ingenuo. Tanto cinismo, da parte del "mistico" e Chrétien, sarebbe inesplicabile, se dimenticassimo che l'intera allocuzione è pronunciata da Gauvain, per convincere Yvain, sposo novello, ad abbandonare per qualche tempo Laudine e rinverdire gli antichi exploits cavallereschi. Del resto lo stesso Gauvain, ai vv. 2527-2534, ammette che, se avesse una moglie così bella come quella del compagno, la lascerebbe molto a malincuore, e che dunque il suo sermoncino ha il valore di certe prediche di sepolcri imbiancati, pronti a consigliare agli altri quel che essi stessi non farebbero mai:

> Et por ce ne le di je mie,
> se j'avoie si bele amie,
> con vos avez, sire conpainz!
> Foi que je doi De et ses sainz,
> mout a anviz la leisseroie!
> Mien esciant fos an seroie.
> Mes tes consoille bien autrui,
> qui ne savroit conseillier lui,
> aussi con li precheor,
> qui sont desleal tricheor:
> ansaignent et dïent le bien,
> dont il ne vuelent feire rien.[168]

Ecco dunque che si chiarisce il complesso disegno architettato da Chrétien: da una parte, per bocca del suo personaggio più smaliziato, l'autore sembra prendersi gioco - degradandola a mera strategia erotica - della sua stessa produzione lirica e di quella di alcuni poeti provenzali a lui particolarmente vicini. D'altra parte, però, prestar fede a una sirena così *volatge* com'è quella di Gauvain e contravvenire, obliandola, alla prima

---

167 Guyer 1921: 108.

168 Kristian von Troyes, *Yvain (Der Löwenritter)*, hrsg. von Wendelin Förster, Halle: Niemeyer, 1912: 70s.

regola dell'amore (quella dell'assoluta dedizione), comporterà per Yvain la degradazione e la follia. Nelle varie fasi dell'elaborazione di tale progetto, le citazioni ovidiane fanno da contrappunto ironico all'azione dei protagonisti, fino alla conclusione del romanzo, nel momento in cui, divenuto ormai uomo e amante completo, Yvain, finalmente appagato, semmbra nuovamente abbandonarsi a quell'"oblio" che era stata la causa delle sue disavventure.[169]

169 Sull'*oblivisci* degli elegiaci, di cui Ovidio garbatamente si prende gioco, si vedano i *Remedia Amoris*, v. 553.

Aspects de l'*Ovide moralisé*

Marc-René Jung
(Université de Zürich)

L'immense *corpus* de l'*Ovide moralisé*, qui compte quelques 72'000 vers dans les manuscrits complets, n'a guère retenu l'intérêt de la critique littéraire. Le labeur du traducteur des *Métamorphoses* n'a jamais été apprécié, bien qu'il ait permis au public laïc de la fin du moyen âge de se familiariser avec le trésor de *poeterie* qu'il contient.[1] Quant aux moralisations, qu'on a plus d'une fois jugées saugrenues, voire absurdes[2], elles ont surtout été étudiées sous l'aspect des sources. Même l'engouement actuel pour l'histoire dite des mentalités n'a suscité aucune nouvelle lecture du poème. Les études littéraires, quant à elles, sont toutes ponctuelles; elles s'intéressent à Saturne, châtré ou mélancolique, à Orphée, poète mais pédéraste, à Narcisse, Pyramus et Thisbé ou à *Philomela*: autant de sujets qui semblent préoccuper un certain nombre de mortels de la fin du XXe siècle. C'est le pauvre auteur anonyme de l'*Ovide moralisé* qui en fait les frais. Il est dépecé comme lui-même a dépecé les belles histoires d'Ovide. Juste vengeance, dira l'un - mais, répliquera l'autre, faut-il se venger des auteurs de jadis?

Mon petit *credo* à moi, c'est qu'il ne faut pas commencer l'interprétation avant d'avoir terminé la description de l'objet qu'on veut mieux comprendre, description non seulement du texte édité, mais aussi des manuscrits, véritables objets, qui permettent de saisir le *Sitz im Leben* qu'occupe, sous ses différentes formes, ce qu'on appelle l'*Ovide moralisé*. Un manuscrit de l'*Ovide moralisé* sans moralisations n'est plus un Ovide moralisé; un manuscrit illustré peut proposer une lecture particulière; un manuscrit qui insère des rubriques, un autre qui numérote les fables nous montrent comment on a essayé de dominer la masse imposante de ce texte; et les gloses marginales, pourquoi ne les a-t-on jamais étudiées? Ce travail de description est à peine entamé. Mon propos n'est pas de le faire ici. Je me contenterai de présenter quelques aspects plus généraux.

L'*Ovide moralisé* est d'abord une traduction des *Métamorphoses*, de l'*Ovidius major*, d'*Ovide le grant*. Ce texte se veut épique, mais il ne propose pas sa matière dans une série de cycles épiques, au contraire, il veut être un *perpetuum carmen*, un texte qui offre un flux ininterrompu de récits, les uns souvent enchevêtrés dans les autres. Quelle peut bien être la

1 A la fin du moyen âge la *poeterie* désigne en principe la poésie mythologique, voir M.-R. Jung, "Poetria. Zur Dichtungstheorie des ausgehenden Mittelalters in Frankreich",*Vox Romanica* 30 (1971): 44-64.

2 Parmi les *libri prohibiti* de l'index établi en 1559 par le pape Paul IV, figure aussi l'article suivant: *In Ovidii Metamorphoseos libros commentaria sive enarrationes allegoricae vel tropologicae.* Cette interdiction ne vise cependant pas des textes vernaculaires, comme l'a établi Engels 1974.

structure des *Métamorphoses*? Les latinistes, qui, pendant longtemps, n'y ont vu qu'un amassis de bric et de broc, qui enfreindrait toutes les règles du genre (mais de quel genre?), ont récemment davantage insisté sur l'unité de l'oeuvre, et ont proposé plusieurs types de structure pour l'ensemble du texte. Si l'idée conductrice générale semble claire, à savoir un récit qui va des origines à Auguste, les spécialistes sont loin d'être d'accord sur la structure interne du texte. Ovide a-t-il présenté un seul et unique monde, solidaire et constistant en lui-même, malgré tout ce qui arrive d'imprévu, ou a-t-il plutôt représenté un monde chaotique, livré au hasard? Il me paraît à ce propos remarquable que dans la présentation de Pythagore, Ovide ne fasse pas la moindre allusion aux idées pythagoriciennes sur la *mensura*, sur l'harmonie du monde. Certes, il est malaisé de savoir comment se présentaient les doctrines pythagoriciennes à l'époque d'Ovide. Si toutefois l'évacuation de l'idée d'un monde "harmonique" est consciente, elle nous livre implicitement la poétique d'Ovide. Il ne reste, au fond, que la *mutatio*. Quoi qu'il en soit du dessein d'Ovide, l'auteur de l'*Ovide moralisé* n'a pas réintroduit dans son poème l'idée d'un monde pensé, fait par *pondus* et *mensura*, tel que les intellectuels du moyen âge le concevaient. L'*Ovide moralisé* n'est pas un traité de théologie. L'auteur prend le monde tel qu'il le voit, dépravé, évidemment; il fustige les vices, rappelle constamment l'Incarnation et le Jugement dernier, mais il ne construit pas une théologie de l'histoire. Certes, l'*Ovide moralisé* reprend à Ovide l'idée des quatre âges, tout au début du poème, mais dans la suite, très longue, comme un chacun sait, on chercherait en vain des développements sur le *mundus senescit*, sur le monde *velz* et *frailes*, tel que le voyait l'auteur de la *Vie de saint Alexis*. Certes, bien des invectives contre les vices des ecclésiastiques, des moines et des juges, commencent par un *or*, mais ce *or* n'est pas systématiquement précédé par un *jadis*, pour lequel l'auteur nous fournirait des exemples. Le *or* est le monde contemporain tel qu'il se présente. Si ce monde est dépravé, ce n'est point par rapport à des exemples antérieurs précis, mais par rapport à une morale intemporelle. Tout ceci me semble procéder d'une attitude délibérée. L'auteur écrit en français; s'il monte en chaire, il n'occupe pas la chaire du théologien, mais celle du prédicateur. La prédication n'est pas un cours professoral. Dans le même ordre d'idée, on peut rappeler que chez Ovide, on ne sait pas très bien quel dieu a créé l'homme. L'auteur de l'*Ovide moralisé* s'en accommode fort bien. Il n'insiste pas, il ne corrige pas Ovide, car il n'est pas de ceux qui croient à un Ovide chrétien, tel qu'il venait d'être présenté dans le *De vetula*. De plus, la foi païenne, telle qu'elle apparaît dans le modèle latin, n'est pratiquement jamais problématisée dans le texte français. Et, à la différence de Pierre Bersuire, notre anonyme n'est pas à la recherche d'un sens secret qu'Ovide lui-même aurait caché sous ses fables. L'*Ovide moralisé* n'est pas une exégèse des *Métamorphoses*.

Une "explication de texte", pour ainsi dire, ne se rencontre que dans les explications historiques ou évhéméristes. On sait qu'Ovide va des temps mythiques aux temps historiques, qui semblent commencer avec la construction des murs de Troie par Laomédon. Médée, Thésée, Hercule et

Orphée sont antérieurs à la construction de Troie. Or dès Saturne et Jupiter, l'*Ovide moralisé* propose des explications évhéméristes, qui se trouvent d'ailleurs aussi dans le ms. *B*, qui supprime les moralisations proprement dites.[3] L'époque mythique d'Ovide est démythifiée.

I,515	Saturnus fu de Crete rois
I,827	Puis que Saturnus fu demis Et Jupiter ou trosne mis
II,631	Or vous espondrai par estoire Coment la fable sera voire.
II,2456	Ces fables espondrai briement Par histoire, et puis autrement.
II,2623	Si com j'a par histoire apris
II,4077	L'istoire est tele, ce m'est vis
II,5085	L'estoire dist qu'ensi avint

Parfois les différentes explications sont hiérarchisées, comme par exemple dans le commentaire de la fable d'Actéon, lequel annonce, au début, que cette fable a une double signification. L'auteur donne d'abord une explication évhémériste, dans laquelle toutefois le terme *histoire* n'apparaît pas, explication complétée ensuite par une *meillor sentence*, à savoir une interprétation chrétienne, dans laquelle Diane est la Trinité, qu'Actéon, le fils de Dieu, *vit a nu descouvertement* (III, v.640):

III,571	Double signification Puet avoir l'exposition De la fable c'avez oïe. Estre pot que de chacerie S'entremist aucuns damoisiaus . . .
III,604	Autre sens puet la fable avoir, Plus noble et de meillor sentence: Or orrois la signifiance.

Voici encore quelques exemples où le terme *histoire* désigne l'explication évhémériste:

VII,1952	A ce s'accorde bien l'estoire. En Thesale ot jadis un roi Fel et fier et plain de desroi . . . Orcus ou Pluto le nomoient.

3 Pour les sigles des manuscrits, voir la Bibliographie en appendice.

VIII,353 Or vueil espondre par estoire
Ceste fable. La guerre est vraie
Dou roi Mynos qui tint le siege
En Alcathoe et en Leliege.

La longue insertion, au livre IX, de la *Thébaïde*, se termine ainsi:

IX,1831 Tout le procés de ceste guerre
Puet trouver qui la vaudra querre
Ou livre d'Estace le grant.
Ne me suis pas moult mis en grant
De translater toute l'estoire,
Qui est selon Estace voire.
Cil la traicta prolixement.
Ovides s'en passa briement.

On sait que l'auteur a complété sa traduction d'Ovide par des ajouts parfois considérables. Or à l'exception de certains ajouts du livre XV, ces extensions du texte d'Ovide concernent presque toutes l'aspect historique, de Ninus jusqu'à Oreste et Hermione, puis, à la fin, de l'histoire de Rome. Voici le tableau, nécessairement sommaire, de ces ajouts:

Ovide	***moralisé:***	**principaux ajouts et emprunts.**
I	513-718	*ajout*: Saturne (+ exposition 719-826)
	2365-622	*ajout*: Noé, Ninus, etc., d'après Pierre le Mangeur
II	2221-44	naissance d'Erichthonius (Fulgence II 14; Hygin 166)
	4587-936	Danaïdes + moralisation: *ajout* (Serv., in Aen. X 497; Hygin 168; source principale *Her*. 14, monologue d'Hypermestre)
IV	219-1169	*Pyramus et Thisbé*: *emprunt*
	2786-3149	*Phrixus et Hellé* + moralisation: *ajout* (*Fasti*, aussi Myth.Vat. I 23; II 157)
	3150-584	*Héro et Léandre* + moralisation: *ajout* (*Her*. 18 et 19; cf.Myth.Vat. I 28; II 262; III 19 avec moralisation = Fulgence)
VI	2183-216	introduction à *Philomena*
	2217-3684	*Philomena*: *emprunt*
VII	*ajouts*	*Jason et Médée = introduction à Troie*:
		introduction; première destruction de Troie.
		Jason et Hypsipyle: *Her*. 6
		Jason et Médée: *Her*. 6 et 12 et Médée: *Her*. 12.
		Thésée:
		Thésée et Pirithoüs aux enfers; ils sont délivrés par Hercule.
VIII		amour de Pasiphaé pour le taureau
		Thésée, Ariane, Phèdre (allongé)
		fêtes lors du retour de Thésée avec Phèdre
IX	*dév.*	Faunus, Hercule, Iolé

	ajout	1437-1838 *Thébaïde* d'après Stace
XI	*dév.*	1099-1143 famille d'Eacus (dév. Met. XI 216-18)
	ajout	1242-2545 *noces de Pélée et de Thétis* = préparation de *Troie*
XII	*ajouts*	les ajouts transforment le livre XII considérablement: *Troie* ajout de 1194 vers pour Pâris + Hélène; utilisation des*Her.* 16 + 17; retour de Ménélas; réunion de la flotte grecque; folie simulée d'Ulysse (chez Ovide, Met. XIII, 35-40); ajouts à Met. XII 8-38 à l'aide de Met. XIII 181-195, voyage d'Ulysse à Sparte = *OM* XII 1440-68, et de Met. XIII 45-56, Philoctète abandonné = *OM* XII 1495-1506 utilisation de l'*Ilias latina* et du *Roman de Troie* de Benoît de Sainte-Maure
XIII	*ajout*	Helenus, Andromaque, Oreste, Hermione
XIV	*dév.*	plainte de Didon, en partie d'après *Her.* 7
	ajout et emprunt:	les *10 Sibylles* et les *Signes du Jugement dernier*
XV	*ajout*	3315-5767 encyclopédie "physique" (médicale), à partir des quatre éléments (cf. 659-90), avec moralisation des neuf signes du *Liber pronosticorum* d'Hippocrate (emprunt?).
	ajout	6507-6725 histoire de la Véronique; conversion de Constantin; invention de la sainte croix parsainte Hélène.
	ajout	6957 et suiv. résumé de l'histoire de Rome.

On constate que ces ajouts historiques ne sont pas dans la tradition de la *Chronologie* d'Eusèbe ou de l'*Historia scolastica* de Pierre le Mangeur, bien que ce dernier ait été utilisé dans le premier livre. Et à la différence de l'*Histoire ancienne jusqu'à César*, l'*Ovide moralisé* reste muet sur l'histoire de l'Orient. Mais, sous l'aspect purement historique, l'*Ovide moralisé* est une *Histoire ancienne jusqu'à Auguste*, histoire ancienne du monde grec et du monde romain, dans laquelle l'histoire de Troie occupe la place la plus importante. Cette aspect historique devait particulièrement frapper un lecteur qui n'avait à sa disposition qu'un manuscrit sans moralisations.

Les sources de ce nouveau *corpus* ne doivent pas être nombreuses, lorsqu'on se rappelle sous quelle forme se présente un livre au XIIIe siècle. On peut très bien imaginer que l'auteur de l'*Ovide moralisé* n'avait à sa disposition que trois ou quatre manuscrits, par exemple un manuscrit glosé des oeuvres d'Ovide, avec les *Métamorphoses*, les *Héroïdes*, les *Fastes*, un autre manuscrit glosé de Stace, un autre avec Darès et l'*Ilias latina*, peut-être en compagnie d'un traité mythographique. Mais ces sources latines glosées, il les dispose dans un récit linéaire. Le livre français se distingue donc du *liber* latin de tradition scolaire. Quant aux textes français, l'auteur devait avoir à portée de main un *Roman de Troie*, un *Roman de la Rose* et des manuscrits qui contenaient *Philomena*,

Pyramus et Thisbé, peut-être les pronostications d'Hippocrate.

Le récit de l'*Ovide moralisé* est linéaire en tant que récit, autant que cela est possible avec un modèle tel que les *Métamorphoses*. Voici un exemple. Dans les deux derniers vers du livre VI, Ovide rappelle que Calaïs et Zétès accompagnèrent les Argonautes:

> VI,720 Vellera cum Minyis nitido radiantia villo
> Per mare non notum prima petiere carina.

Dans les premiers vers du livre suivant, qui enchaîne par *jamque*, vient une brève allusion à l'histoire de Phinée et des Harpies, qu'Ovide désigne d'ailleurs par une périphrase:

> VII,1 Jamque fretum Minyae Pegasaea puppe secabant
> Perpetuaque trahens inopem sub nocte senectam
> Phineus visus erat, juvenesque Aquilone creati
> Virgineas volucres miseri senis ore fugarent.

Dans l'*Ovide moralisé* l'histoire de Phinée est encore racontée à la fin du livre VI. Au début du livre VII, l'auteur rappelle l'histoire d'Yno, Frixus et Hellé.[4] Or comme cette histoire est un ajout au livre IV (v.2786 et suiv.), il est évident que l'auteur a dû avoir une vue très précise de l'ensemble de l'oeuvre. Cette vue globale, il la communique à ses lecteurs par toute une série de rappels et d'enchaînements. Il est clair que des *incipit* comme le *jamque* ovidien doivent être sacrifiés. Voici le texte:

> VI 3944 Ce sont cil qui par lor barnage
> O Jason premerain nagerent
> En barge et la grant mer passerent.
> Cil dechacierent les arpies,
> Les oiselés vilz et honies
> Qi l'avugle roi cunchioient
> Et sur sa table o lui mengoient.
> De blans coulombiaux lor fist don
> Rois Phineüs en gerredon
> De ce que delivré l'avoient
> 3954 Des oisiaus qui le cunchioient.[5]

> VII 1 Dessus aus fables fu retrait
> Comment Yno fist le faulz fait
> Dou blé cuit qu'ele fist semer;
> Comment Hellé noia en mer,

---

4 De Boer signale que le "manuscrit" *C* rattache les v.1-92 du livre VII encore au livre VI. Or la division des livres varie d'une famille de manuscrits à l'autre. Seule une étude des manuscrits pourra nous apprendre si ces différences dans la segmentation du texte a des incidences sur sa configuration générale.

5 Ce passage contient des détails qui manquent dans le texte d'Ovide et qui doivent provenir de quelque glose. L'allégorie qui suit et qui termine le livre VI, v.3955-4068 manque dans le ms. *B*, qui enchaîne donc directement avec le livre VII.

Et comment Frixus mer passa
Si vint en Colche, et la lessa
Ou temple Martis la toison.
Or orrez pour quele achoison
Jason ala la toison querre,
Et comment il la pot conquerre.
Tout par ordre le vous diroi.
12 En Arges ot un riche roi ...

En effet, c'est *par ordre* que l'auteur va nous présenter la suite.

L'*Ovide moralisé* n'est évidemment pas seulement un traité d'histoire ancienne. Même dans les manuscrits qui omettent les moralisations, mais maintiennent les explications évhéméristes, la grande majorité du texte est constituée par les fables. Or ces fables racontent des métamorphoses. Il faut donc d'abord se poser la question si les moralisations sont surtout des moralisations des différentes métamorphoses. L'auteur de l'*Ovide moralisé* précise dans le prologue que, s'il ne va pas fournir toutes les explications possibles des *fables*, il donnera cependant l'interprétation des *mutacions des fables* les plus profitables.

I 47 Ne puis pas faire mencion
De chascune exposicion
Des fables, quar trop i metroie,
Et les auditors greveroie:
Trop seroit longue la matire,
Si ne porroie tant escrire.
Mes les mutacions des fables
Qui sont bones et profitables,
Se Dieus le m'otroie, esclorrai
Au plus briement que je porrai,
Pour plus plaire a ceulz qui l'orront,
Et maint profiter i porront.

Demandons-nous donc d'abord si l'auteur respecte ce programme.

Il faudrait évidemment savoir combien de métamorphoses nous avons dans les *Métamorphoses*. La réponse à cette question simple n'est pas simple du tout. J'avoue que je n'ai pas réussi lorsque j'ai essayé de compter les différentes *mutationes*. Heureusement, un anonyme de la basse latinité a compté pour nous. Dans les *Metamorphoseon narrationes* ou *Narrationes fabularum Ovidianarum* du pseudo-Lactance, j'ai trouvé qu'il y avait en tout 231 métamorphoses.[6] Ne pouvant les énumérer toutes, je choisis celles du livre XI. Le pseudo-Lactance y compte onze métamorphoses:

---

6 Slater 1927: en appendice, édition des *narrationes* du pseudo-Lactance. Un latiniste de nos jours a aussi fait le compte, qui diffère cependant de celui du pseudo-Lactance; voir J.M. Croisille, "Remarques sur l'épisode troyen dans les *Métamorphoses* d'Ovide (Met., XII-XIII, 1-622)," dans Frécaut et Porte 1985, p. 60, n. 22.

1. serpens in lapidem
2. Ceae matronae in varias species [arborum]
3. contactus Midae in aurum et Pactolus amnis in colorem auri
4. Midae aures in asini aures
5. *vox* harena obruta in harundines
6. Neptunus et Apollo in homines
7. Thetis nympha in plura
8. Daedalion in volucrem
9. lupus in saxum
10. Ceyx et Alcinoe in aves sui nominis
11. Aesacus in volucrem mergum

On voit que le terme "métamorphose" a été pris dans un sens très large. Nous avons de véritables transformations pour les numéros 1, 2, 8, 9, 10 et 11. Pour Midas, c'est déjà plus compliqué, car ce n'est pas lui, mais ce qu'il touche qui se transforme en or; quant à ses oreilles, il ne s'agit que d'une métamorphose partielle. Que la voix du barbier de Midas, qui se fait entendre lorsque le vent agite les roseaux (n° 5), soit considérée comme une métamorphose, me paraît une jolie trouvaille, et je me garderai de chicaner Lactance sur ce point. Neptune et Apollon ont en effet pris une forme humaine pour aider Laomédon à construire les murs de Troie, mais c'est là une métamorphose volontaire, *quod licet Jovi*, tout comme les métamorphoses de Thétis sont des auto-métamorphoses. Pour le pseudo-Lactane, ni le *movens*, ni le résultat de la métamorphose n'entrent en ligne de compte; il suffit qu'il y ait changement, mais il est évident que ces métamorphoses ne se situent pas toutes sur le même plan.

Avant de voir comment se présentent ces métamorphoses dans l'*Ovide moralisé*, examinons rapidement, sous l'aspect des métamorphoses, le livre XI dans l'*Ovidius moralizatus* de Pierre Bersuire.[7] Nous avons sept *fabulas* dans ce livre:

1. Midas: tout ce qu'il touche est changé en or.
2. Midas et ses oreilles d'âne.
3. Phoebus et Neptunus se transforment en hommes.
4. Thétis prend différentes formes.
5. Antilochus (Autolycus dans *Met.*, XI, 313) change le noir en blanc, et le blanc en noir.
   Bersuire informe ensuite son lecteur qu'Ovide a encore les mutations de Daedalion, du loup et d'Aesacus, *de quibus ad praesens non videtur aliquid esse dicendum.*
6. Ceyx et Alcyone
7. Cette fable ne comporte pas de métamorphoses; il s'agit des trois fils de Somnus, dont Ovide avait d'ailleurs parlé avant l'épisode de Ceyx et d'Alcyone. Il y a dans cette fable une phrase significative: *vult Ovidius per hos tres filios Somni intelligere triplex genus sollicitudinis quam*

---

7 Berchorius, *Reductorium morale*. Préface par J. Engels.

immittit diabolus in corda dormientium.

Il y a des différences profondes entre le texte de Bersuire et l'*Ovide moralisé*, car Bersuire opère un choix, qui n'est pas dicté par la présence d'une métamorphose; il intervertit des épisodes, et surtout, il sait ce qu'Ovide a voulu dire: *vult Ovidius intellegere*. Ceci, l'auteur de l'*Ovide moralisé* ne le dit nulle part.

Passons donc au livre XI de l'*Ovide moralisé*. J'appellerai *récit* la traduction d'Ovide, et *moralisation* le commentaire du traducteur. Nous allons voir que toutes les onze métamorphoses du pseudo-Lactance sont traduites, mais qu'elles ne sont pas toutes moralisées. J'appelle *séquence* les parties du texte composées d'un *récit* et d'une *moralisation*. Le livre XI présente dix séquences de ce type. Rappelons que ce livre comporte un ajout important, à savoir le récit des noces de Pélée et de Thétis et le Jugement de Pâris. Les séquences sont de longueur très variable, et confèrent ainsi au texte un rythme particulier, dont la scansion peut encore être modifiée par des rubriques ou par des illustrations, selon les manuscrits. Faute d'une documentation complète, je ne saurai tenir compte de cette configuration particulière des différents manuscrits. Le rythme inégal est la règle dans l'*Ovide moralisé*, à l'exception des livres X (Orphée) et XV (Pythagore), où les moralisations se trouvent groupées à la fin du livre. Je ne suis pour l'instant pas en mesure de dire pourquoi Orphée et Pythagore ont reçu un traitement particulier.

Je vais parcourir deux fois le livre XI. Dans le premier parcours, je ne m'intéresse qu'aux métamorphoses. Or nous allons constater que celles-ci n'occupent qu'une place infime dans les *moralisations*. D'où la nécessité de reprendre l'ensemble des *moralisations*, pour essayer de voir ce qui fait leur spécificité.

Lorsque, dans le livre XI, l'auteur passe du *récit* à la *moralisation*, ou d'une *séquence* à l'autre, il commence en principe par un nouveau couplet. Mais ceci n'est pas toujours le cas. Ainsi la cohérence des *séquences* 2, 4, 5 et 10 est soulignée par une brisure du couplet à l'endroit où l'auteur passe du *récit* à la *moralisation*. Il y a plus, car dans trois cas, le couplet est aussi brisé lorsque l'auteur, après la *moralisation*, reprend le *récit*, donc lorsqu'il passe d'une *séquence* à l'autre. Ceci se produit entre les *séquences* 5 et 6, et 6 et 7, de sorte que les *séquences* 5 à 7 forment entre elles une sorte de *macro-séquence*. Or c'est justement cette *macro-séquence* qui contient l'ajout des noces de Pélée et de Thétis ainsi que le Jugement de Pâris. On constate en outre que l'auteur brise le couplet aussi bien à l'endroit où il abandonne Ovide pour passer à l'ajout (XI, v.1241-42; *séquence* 5), qu'au moment où il revient au texte d'Ovide (XI, v.2545-46; *séquence* 7), un peu comme s'il avait voulu camoufler son intervention dans le texte d'Ovide. La *macro-séquence* est de toute façon bien marquée dans le texte.

Voici les délimitations telles que les propose le texte.[8] Le numérotage

---

8 Je rappelle qu'il faudrait tenir compte de la segmentation que proposent les rubriques ou les miniatures. Les rubriques annoncent parfois des allégories à des

des métamorphoses est celui du pseudo-Lactance (= *La*, mor. = moralisation).

I	récit	1-176: Met. 1-66; La 1 serpens in lapidem.
	mor.	177-286 (110 vers); elle concerne Orphée, qui *denote* le Christ. *La 1 mq.*: le serpent, c'est le diable; la métamorphose n'est pas mentionnée.
II	récit	287-487 (201 vers); *Met.* 67-145; *La 2*: les femmes de Cyconie métamorphosées en arbres; *La 3a contactus Midae in aurum*; *La 3b* Midas *s'umelie*, se plonge dans le fleuve, qui devient doré.
	mor.	488-650 (163 vers): *Or espondrai ... ces fables ordeneement. La 2*: les Juifs sont les arbres *plain de durté*; *La 3a*: positivement, Midas peut *noter* les apôtres et les docteurs; négativement, Midas peut *signifier* les avares; *La 3b* n'est pas moralisé; l'auteur insiste sur le repentir.
III	récit	651-770 (120 vers); *Met.* 146-193; *La 4 :Midae aures in asini aures*; *La 5*: lorsque le vent agite les roseaux, ils *murmurent la parole*; ceci n'est pas présenté comme une métamorphose.
	mor.	771-968 (198 vers): *Midas note le riche aver. La 4 li fol* qui *se delitent en vaine gloire*; c'est *par similitude* qu'on a imaginé qu'ils avaient des oreilles d'âne et qu'ils portaient des mitres et des aumuces. *La 5*: c'est dans le futur que Dieu (le barbier du récit) révélera tout; la *parole* n'est donc pas allégorisée en tant que métamorphose.
IV	récit	969-1041 (73 vers); *Met.* 194-205. *La 6*: Phébus et Neptunus prennent *forme humaine*.
	mor.	1042-1098 (57 vers): Vous dirai que ce signifie. La 6 mq.
V	récit	1099-1241 (143 vers); le début est proche de *Met.* 216-28, puis "traduction" de *Met.* 229-65, Thétis conçoit Achille, avec *La 7* métamorphoses de Thétis. Suit un *ajout*, 1242-1313 (72 vers, donc 215 vers pour la séquence V): noces de Pélée et de Thétis; les invités.
	mor.	1314-1468 (155 vers): *Mes ains espondrai, se je puis, / Que ceste fable signifie. La 7* à propos de la difficulté de la procréation, mais l'auteur ne veut pas tout expliquer!
VI	récit	1469-2400 (932 vers); *ajout*: la pomme de Discorde; Mercure chez Jupiter; généalogie de Pâris; le jugement de Pâris.
	mor.	2401-2533 (133 vers): *Or espondrai l'alegorie / Que ceste fable signifie*. Allégorie du jugement de Pâris.
VII	récit	2534-45 (12 vers): rappel de la naissance d'Achille, qui détruira Troie; 2546-2705 (160 vers, donc 172 vers pour la séquence VII): *Met.* 266-345; Pélée chez Céyx, qui raconte la métamorphose de Dédaléon; *La 8 Phebus en ot fet ostour*.
	mor.	2706-97 (92 vers): *Or espondrai l'alegorie / que ceste fable signifie. La 8*: c'est Orgueil qui est *mué* en autour, ce qui est présenté comme une

---

endroits où le texte ne donne pas ce terme, par exemple *G2*, qui insère la rubrique suivante entre le v.1315 et la miniature: *Ci dist l'aleguorie de nostre seigneur qui out .iij. enfans, le cors, l'esperite et l'oume regeneré, et dist la signifiance.* Le rubricateur a bien vu que la moralisation ne concerne pas le texte d'Ovide, mais une allégorie chrétienne, insérée par l'auteur de l'*Ovide moralisé*.

similitude: *Quar si com ...*

VIII récit 2798-2937 (140 vers); *Met.* 346-409; *La 9*: le loup transformé en marbre.

mor. 2938-95 (58 vers); moralisation *ex abrupto*, donc sans introduction. Correspondance imparfaite avec *La 9*: le loup est le diable *lié en l'infernal prison.*

IX récit 2996-3787 (792 vers); *Met.* 410-748; *La 10* métamorphose de Céyx et d'Alcinoé; *Si com Dieu plot ... devindrent oiseaux.*

mor. 3788-4147 (350 vers): *Or vous vueil espondre briement / De ces fables l'entendement.* Malgré cette protestation d'être bref, cette moralisation est de loin la plus longue de tout le livre XI. L'auteur utilise le terme *alegorie* (v.3832) lorsqu'il passe à l'explication des v.3029 et suiv. La moralisation de *La 10* est très approximative: les plaisirs du monde sont variables comme les oiseaux.

X récit 4148-4232 (85 vers); *Met.* 749-95; *La 11* Aesacus transformé en plongeon.

mor. 4233-53 (21 vers): Or vous dirai, se vous volez, / Quel sens puet avoir ceste fable. La 11: le plongeon est le diable.

On voit donc que toutes les *narrationes* du pseudo-Lactance sont présentes, car elles se trouvent aussi dans le texte d'Ovide. Mais conformément à l'affirmation qu'on lit dans le prologue, où l'auteur précise qu'il ne va expliquer que les *mutacions des fables* qui sont profitables, les onze métamorphoses du livre XI ne sont pas toutes moralisées. On peut s'étonner que *La 1 serpens in lapidem* ne soit pas exploité davantage, car si le serpent est le diable, sa métamorphose en pierre n'est pas expliquée, ce qui est un peu inquiétant. En effet, si le diable est transformé en pierre, son pouvoir est très limité. Mais l'auteur n'a apparemment pas voulu disserter sur le pouvoir du diable. On peut faire une observation analogue à propos de l'explication de *La 9 lupus in saxum*, où le loup est identifié au diable, attaché dans la prison infernale. Bien que le diable soit très souvent cité dans les différentes moralisations, il n'est jamais thématisé. Si l'auteur évoque souvent le Jugement dernier, il n'insiste qu'en passant sur le pouvoir du diable; il ne parle jamais des peines de la Géhenne ni du Purgatoire.

La moralisation de *La 6* manque, tandis que l'explication sexuelle de *La 7* cause quelques troubles à l'auteur; il n'expliquera pas tout, dit-il, *que l'en nel tiengne a vilonie* (v.1356). Ceci ne l'empêche cependant pas de signaler clairement que les v.1144 et suiv. du récit désignent le sexe de la femme. *La 4* et *La 8* sont des similitudes; *La 10* en est aussi une, au fond.

On voit donc que les moralisations ne concernent pas avant tout les différentes *mutacions*. La longueur des séquences montre en outre que les moralisations, à une exception près, sont toujours beaucoup plus courtes que les récits correspondants. Nous avons aussi constaté que les introductions aux moralisations parlent de préférence de l'explication de la *fable*, jamais de la *mutacion*. Ceci est vrai pour l'ensemble de l'*Ovide moralisé*. Les rubriques initiales ainsi que les explicit des manuscrits parlent d'ailleurs de préférence des *fables* d'Ovide. Ainsi, les moralisations concernent beaucoup plus les fables que les métamorphoses proprement dites. Ces dernières, lorsqu'elles sont expliquées, n'occupent cependant jamais une partie quantitativement importante des moralisations. Il est donc temps de se demander ce que ces moralisations contiennent dans leur ensemble.

D'abord une remarque préliminaire. Si on veut rendre justice à l'auteur de l'*Ovide moralisé*, il faut absolument abandonner l'attitude de la plupart des critiques, qui ne voient dans les moralisations que des explications de la traduction des fables d'Ovide. Les moralisations, tout au contraire, doivent être expliquées à leur tour. Ce sont des textes, qu'il faut lire comme des textes, et qui cachent aussi un sens qu'il s'agit de découvrir.[9]

Il faut tenir compte du fait que le lecteur qui arrive à la première moralisation du livre XI, ne vient de lire que 176 vers de récit (mort d'Orphée), qu'il sort donc à peine de la longue moralisation qui forme toute la deuxième partie du livre X (v.2494-4141 = 1648 vers), dans laquelle l'auteur a longuement expliqué les articles de la foi chrétienne. Rien d'étonnant, donc, si la première moralisation du livre XI commence par la reprise de la figure d'Orphée.

XI 177 Si com je dis en l'autre livre,
Orpheüs denote a delivre
Jhesu Christ, parole devine,
Le douctour de bone doctrine,
Qui par sa predicacion
Avoit de mainte nacion
La gent atraite et convertie,
Que li fel Juïf plain d'envie,
Mol et femelin a bien faire,
Fel et engrez et de put'aire,
Plain de folie et de malté,
Par rage et par desloiauté,
Dont chascuns avoit le cuer plain,
Le vindrent arguër de plain . . .

Le vers 180 reprend le vers 19 du récit: *Et atraient a sa doctrine*, un vers qui n'a pas son correspondant dans le texte d'Ovide. L'auteur de l'*Ovide moralisé* insère donc déjà dans le récit des éléments qu'il va exploiter dans les moralisations. L'évocation des Juifs de *put'aire* reprend également un passage du récit précédent, passage qui développe dans une dizaine de vers un seul vers ovidien (*Met.* XI, 7; *OM* XI, 22-32; au v.24 *put'aire* à la rime; *traïtor* v.24 et 196; Orphée accusé au v. 24, le Christ mène les Juifs à *redargucion*, v.195). L'auteur de l'*Ovide moralisé* est un bon traducteur, sans aucun doute, mais il manipule les récits ovidiens pour les intégrer

9 Ayant moi-même publié une étude sur Hercule, je ne saurais évidemment pas m'inscrire en faux contre les nombreuses études thématiques qui, souvent, prennent aussi en considération l'*Ovide moralisé*. Il suffit de dire qu'il s'agit dans ces cas d'une démarche différente de celle que j'adopte ici.

dans la stratégie globale du texte. Je fournirai plus loin d'autres exemples de cette technique.

Les moralisations du livre XI constituent un sermon, dont le thème est donné dès le début, à savoir la prédication de la bonne doctrine. Le thème n'est cependant pas une citation explicite de la Bible, mais un résumé d'un épisode de la mort du Christ: après sa mort, le Christ a vaincu le diable, et a tiré l'âme de l'enfer. Certes, tout au long des moralisations les références aux récits ovidiens sont nombreuses, mais le thème n'est jamais oublié. Celui-ci s'articule dans des mots-clé et dans des images. Voici d'abord les notions récurrentes: âme, corps, esprit, coeur, homme régénéré, libre arbitre, pénitence, péché; parmi les péchés, dans l'ordre de la fréquence des occurrences: vaine gloire, orgueil, convoitise. Les images sont les suivantes: arbre de la croix, pressoir, sang, laver et purger, pomme, serpent et loup, pèlerinage, navire, mer, tempête.

I	serpent-diable	Christ → âme sauvée	
II	arbres durs: Juifs	pressoir = croix → âme	
	avarice		pénitence
III	avarice: fausse		
	pénitence	coeur, corps, âme	pénitence
	vaine gloire	pardurable gloire	
		arbre = croix	
		Jugement dernier	
IV		déluge: vengeance de Dieu	
		après le déluge: péché → Rédemption	
		maintenant: point de justes → Jugement dernier	
V		corps, esprit, homme régénéré	
		corps: procréation = fait naturel suivi d'une mort naturelle	
VI	Discorde: diable	pomme: mort spirituelle	
		pomme = besant de Dieu → libre arbitre	
		Jugement dernier	
VII	serpent	pomme: mors de la pomme	
		mort de l'esprit	
	monde	corps	
	Orgueil, vaine gloire	arc de Dieu	
VIII	péché	corps	
	loup dévore	sang = âme	
	loup lié en enfer	pitié du Christ: péchés lavés, purgés	
IX	loup a perdu son pouvoir	sang du Christ a purgé, lavé	
	siècle: vanité	pèlerinage	
		navire: 1 corps; 2 Eglise	

vaine gloire des prélats = vie corporelle, mort spirituelle
croix; mer, tempête

X diable, tombé en enfer
serpent mors de la pomme

Les douze moralisations du livre XII confirment que l'auteur est de plus en plus pris par les métaphores du récit. Dans la première moralisation (XII, 827-77), qui intervient après l'enlèvement d'Hélène, on trouve encore ce qu'on pourrait appeler des équations. Pâris, qui donna la *pomme* à Vénus, *note* l'homme qui s'adonne au plaisir, tout comme Hélène *est la vaine delice*, mais dans la suite les noms propres disparaissent pratiquement des moralisations. Le vrai sujet du sermon du livre XII est la séparation de l'âme et de Dieu par le péché:

XII, 844 Cil pechiez fortrait l'ame et emble
A Dieu, par vain alechement.

A partir de la deuxième moralisation du livre XII, les allégories se fondent sur les images du récit, images que l'auteur a parfois ajoutées au texte ovidien. Voyons d'abord le deuxième récit du livre XII, v.878-1204:

- Retour de Ménélas; sa complainte pour Hélène, qui lui a été *fortraite* (v.899, cf. v.844); seuls ceux qui savent ce qu'est la *jalousie* (v.894) sont en mesure de comprendre la profondeur de sa douleur.

- Convocation des Grecs pour la vengeance (onze occurrences de *vengier, vengance, vengemens*, entre les v.916 et 1002). La *navie* se rassemble à Athènes.

- Manque Ulysse, qui préfère *dosnoier* avec Pénélope. Il simule la folie, se fait laboureur, et sème du sel.

XII, 1028 Une charrue aus chans tenoit.
Aroit ausi come bouvier.
Petit prisoit le reprouvier,
Si semoit sel en leu d'avaine.

Ulysse sera démasqué par Palamède. L'épisode de la folie d'Ulysse se lit dans les *Métamorphoses* au livre XIII, v.35-40. L'auteur de l'*Ovide moralisé* l'a non seulement inséré dans le livre XI, mais a ajouté au texte d'Ovide un détail qu'il a trouvé chez Servius, à savoir qu'Ulysse a semé du sel.[10]

- Election d'Agamemnon; les oracles conseillent d'aller chercher Achille.

- Thétis avait caché son fils dans une abbaye de nonnes; Achille est déguisé *en habit de fame* (v.1107). Ulysse le découvre et l'amène.

10 *Nam Palamedes, ut Apollonius dicit, ... simulantem insaniam Ulixen duxit invitum. Cum enim ille iunctis dissimilis naturae animalibus salem sereret, filium ei Palamedes opposuit. Quo viso Ulixes aratra suspendit, et ad bellum ductus habuit iustam causam doloris.* Servius, *in Aen.* II, 81.

- Achille punit les Thébains; la flotte se rassemble en Aulide:

XII, 1202 Tandis font li baron garnir
Lor navies au port d'Aulide,
Pour faire a Menelaus aïde.

La moralisation (XII, 1205-1316) reprend un grand nombre des images de ce récit, mais elle ne cite aucun nom. Le thème du "sermon" est la séparation de l'âme et la prédication, qui a pour but la pénitence. Comme Ménélas, Dieu est jaloux, mais *jaloux de l'ame* (v.1207), que le diable, *li avoutrierres* (v.1211; cf. l'adultère Pâris), a séparée de son Créateur. Dieu convoque son armée:

XII, 1215 Ses os mande et semont ses gens
Par ses especiaulz sergens,
C'est par les sains predicatours,
Par les mestres, par les doctours,
Qui au monde vont sermonnant
Et les amis Dieu semonant
Pour faire ariver lor navie
Au port de pardurable vie.
Li pors est sainte penitance.

Suit une présentation du Christ, qui est la *vive fontaine* de *voire sapiance* (cf. Io 4, 6), qui a voulu se *desguiser* (v.1229, comme Achille, v.1107-9) pour venir labourer sur terre (cf. Ulysse, v.1028 et suiv.), qui s'est fait *fendre et arer* son corps, qui a semé la sémence de la vie (pour la parabole du semeur, voir Mt 13, Mc 4, Lc 8), qui a répandu *la semence et le sel de sa sapience* (v.1237-38; pour le sel, voir Mt 5, 13; Mc 9, 49), de la doctrine

XII, 1241 Qui puis fu revelee au monde
Par ceulz de la table reonde,
C'est par les sains predicators,
Par les mestres, par les doctors.

Le message est actualisé par l'évocation de la table ronde, et sa fonction est soulignée par la répétition des deux vers qui rappellent l'office des prédicateurs et des docteurs. Le fils de Dieu a voulu se cacher *ou cloistre, en la religion* du ventre de la Vierge (v.1257; cf. Achille: *cloistre*, v.1138; *religion*, v.1112). Le Christ a mis la forte armure (v.1265; cf. Achille, v.1145), avec laquelle il a vaincu l'Adversaire, qui lui avait l'âme *fortraite* (v.1267). Le Christ est le grand batailleur qui confondra ses ennemis.

Cette première moralisation est suivie d'une *autre allegorie* (v.1275), qui fustige *li provoire*, qui sont les gardiens de l'Eglise. Au lieu d'unir Dieu et son amie, à savoir l'Eglise, ils la séparent de lui, *si soustraient a Dieu s'amie* (v.1303), mais Jésus-Christ viendra *por vengier le tort et l'injure* (v.1307; *moult aspre vengence* au v.1312). Cette deuxième allégorie reprend donc le thème de la séparation, mais sur un autre plan. Ce n'est qu'ici, à propos des mauvais gardiens de l'Eglise, qu'apparaît l'idée de vengeance, sur laquelle le récit avait tant insisté.

Toutes ces images réapparaissent dans les autres moralisations du livre XII: le port, la *navie*, la mer, la tempête, le vent, noyer, laver, purger, sang, croix. Parfois ces termes sont utilisés au sens propre, par exemple lorsque l'auteur parle du sang des Egyptiens, qui se sont noyés dans la mer, mais tout de suite après il revient au sens métaphorique, quand il dit que le Christ, sur la croix, a lavé de son sang les péchés du monde. L'image du port évoque évidemment aussi la Vierge, *qui est de mers pors et estele* (v.1960; cf. 4201).

La *dessevrance* (v.3361) fondamentale de l'homme et de Dieu conduit l'auteur à exposer le plan de la Rédemption selon la parabole des quatre filles de Dieu (Ps. 85, 11). L'auteur ne les appelle pas "filles de Dieu", mais il énumère Miséricorde, Vérité, Paix et Justice (v.3374 et suiv.). Pallas, la *divine Sapience*, a mis les quatre "filles de Dieu" d'accord:

XII, 3387 Si mist entre Misericorde
Et Verité bone concorde,
Si fu la discorde apaisie,
Si que Joustise a Pais baisie.

Une fois de plus, ce passage a été préparé dans le récit, qui suit ici l'*Ilias latina*, mais où on chercherait évidemment en vain le baiser de concorde:

XII, 3304 Mes ne puet souffrir ce desroi
Pallas, qui la noise apesa
Tant que li uns l'autre besa.

Je donnerai un dernier exemple d'un rapport étroit entre le récit et la moralisation. Il concerne la mort d'Achille. L'*Ovide moralisé* donne une version particulière de cet épisode de la guerre de Troie. En effet, Achille, que Thétis avait rendu invulnérable grâce à un onguent, s'agenouille devant l'autel, offrant ainsi à son ennemi la seule partie vulnérable, à savoir la plante du pied. On lit dans le récit:

XII, 4576 Achillés treuvent desgarni
Devant l'autier agenoullié.
Paris par la plante dou pié
L'ocist d'une fleche en traiant.

Ce passage est suivi d'une brève discussion des *controverses des sentences, qui sont diverses* à propos de la mort d'Achille (v.4580-4610). L'auteur rappelle qu'aussi bien Benoît de Sainte-Maure qu'Ovide racontent cette mort autrement, mais il n'insiste pas: *prenez lequel que vous voulez* (v.4590). Mais dans certaines *fables*, dit l'auteur, on trouve que le destin d'Achille était tel

XII, 4594 Qu'il ne pooit estre affinez
Fors par la plante solement,
Qu'il iert enoins d'un oignement
Qu'arme ne li pooit mal faire

Ne goute de sanc dou cors traire
Fors par la plante ou il fu poins.

La dernière allégorie du livre XII (v.4709-98) résume le "sermon" exposé dans les différentes moralisations du livre. On retrouve *le mors de l'amere pome* (v.4718) ainsi que le plan de la Rédemption. Les dernières rimes, *victoire* et *gloire*, soulignent le triomphe qu'a apporté la passion du Christ. Dans l'évocation de la passion, l'auteur insiste particulièrement sur la blessure du pied et de la *plante*:

XII, 4752 Et aus piez fu perciez et poins
Des clous

XII, 4763 Que ce fu cil qui par le pié
Fu mors et ferus de l'espié,
De la floiche, de la saiaite
. . .
Dont il ot la plainte percie.
La plainte ou li piés droitement
Puet noter le consentement
De la volenté Jhesucrist.

Il est évident que l'auteur moralise sa propre version de la mort d'Achille, qui est celle de la *fable*, qui parle de l'onction d'Achille, de sorte qu'Achille devient le *christos*, qui offre sa *plante*.

Mais quelle est cette fable? L'éditeur C. de Boer avait cru que l'auteur avait connu, peut-être par quelque glose, le récit d'Apollonius de Rhodes.[11] Or Apollonius dit bien que Thétis avait frotté d'ambroise le corps de son fils, mais il reste muet sur la partie du corps qui était restée vulnérable.[12] Dès l'époque impériale, la littérature latine remplace l'ambroise par l'immersion dans le Styx.[13] C'est la version que reprennent les mythographes latins. Or parmi les *Mythographi Vaticani*, seul le Mythographe I remplace le "talon d'Achille" par la plante des pieds:

In qua Thetis Achillem mersit eius mortem timens eo quod natus mortali patre esset, et totum preter plantas inpenetrabilem fecit.[14]

---

11 T. IV, p. 227.

12 Ap. Rhod., Arg., v.869-72; la même version se trouve chez le Pseudo-Apollodore, Bibl. 3, 13, 6. L'onction n'est pas mentionnée par l'adaptateur latin d'Apollonius, Valerius Flaccus. Je dois ces renseignements, ainsi qu'une partie de ceux sur la tradition mythographique latine, à Ursula Macher, qui a fait des recherches sur les sources des v. 3139-4876 du livre XII de l'*Ovide moralisé* dans un de mes séminaires.

13 Stace, Ach. I 134, 269; Lactance, Commentaires à l'Achilléide, I 134; Servius, in Aen. VI 57; Fulgence, Myth. III 7.

14 Mythogr. I, 175, dernières lignes de la *Fabula Stigis et Victorie*. Dans le chapitre 36, *Fabula Achillis*, la partie invulnérable n'est pas désignée: *invulnerabilis fuit excepta ea parte qua tentus fuit*. Le talon est cité dans les deux autres

L'auteur de l'*Ovide moralisé* a-t-il soigneusement cherché ce passage dans le Mythographe I?[15] A-t-il trouvé *plante* dans une glose,[16] ou a-t-il lui-même remplacé la *talon* par la *plante*? Ce qui est sûr, c'est qu'il a introduit la *plante* dans son récit pour l'exploiter dans la moralisation. La *plante* du Christ n'apparaît d'ailleurs non seulement dans les vers que nous avons cités ci-dessus (XII, v.4770-71), mais encore aux vers 3165-66 du livre XIII, qui décrivent le Christ *clofichiez / Par les plantes et par les poins.* Quant au détail de l'onction d'Achille, il semble bien être un ajout de notre auteur.[17]

Concluons. Le langage métaphorique des fables d'Ovide a dû constituer une sorte de révélation pour notre auteur, car il y a retrouvé des images et des métaphores qui lui étaient familières à travers la tradition chrétienne. Ce n'est pas pour rien que l'auteur reproche au clerc de Sainte-Maure de n'avoir rien compris à *Homers*, lequel *parla par metaphore* (XII, 1733). Mais à la différence des Arnoul d'Orléans et des Jean de Garlande, qui

---

Mythographes: II 248 *excepto talo quo tentus est*; III 11, 24 (éd. Bode, p. 242) *solum ei talum non tinxit*. Le Mythographe ajoute une citation de Servius (in Aen. VI 57): *excepta parte qua tentus est*. Voir *Scriptores rerum mythicarum latini tres Romae nuper reperti*, éd. G.H. Bode, Celle, 1934, réimpression Hildesheim, 1968; *Mythographi Vaticani I et II*, éd. P. Kulcsár, Turnhout, 1987 (Corpus Christianorum, series latina, XCI c).

15 Mais quel manuscrit de ce texte pouvait-il avoir à sa disposition? On sait que le Mythographe I n'est conservé que dans un seul manuscrit, le Vat. Reg. lat. 1401, du XIIe siècle, écrit peut-être en France.

16 On lit par exemple dans une glose à l'*Achilleis* de Stace, I, 134 *ad stygios iterum fero mergere fontes*: Dicit "iterum", quia cum achi(lles) esset natus, totus, praeter plantas, in stigia palude mersus est (Napoli, ms. IV.E. 46). Mais un peu plus loin, ad I, 269, on retrouve la talon traditionnel, excepto talo. Voir A. Punzi, *Sulle fonti dell'*Excidium Troiae, dans *Cultura neolatina* 51 (1991): 5-26, 22.

17 Je me demande si la *plante* ne reflète pas la spiritualité franciscaine de l'époque. En effet, dans la *Medidatio passionis Domini hora nona* des *Meditationes vitae Christi*, où on lit les *septem verba* du Christ, l'auteur s'adresse ainsi à son lecteur: *At tu, si contemplatus bene fueris Dominum tuum, considerare potes quod a planta usque ad verticem non est in eo sanitas. Meditationes vitae Christi*, dans *S. Bonaventurae ... opera omnia*, éd. A.C. Peltier, t.12, Paris, 1868, p. 607. La partie soulignée est une citation d'Isaïe (Isa 1, 6), où le verset se trouve cependant dans une invective. Il est clair que pour l'auteur des *Meditationes*, la citation est reprise *in bonum*, car le Christ a assumé les péchés des hommes. - Un fait curieux: dans une *addition du translateur* de la version française du chapitre de Bersuire sur les dieux antiques, on retrouve la citation d'Isaïe, visiblement prise aux *Meditationes*, mais affublée d'un commentaire moral, qui est une invective contre les princes et les prélats: ... *dont il se puet dire ce qui est escript touchant la passion de notre sauveur Jhesu Christ, qu'a planta pedis usquez ad verticem capitis non est inventa sanitas, c'est a dire que de la plante du pié, qui est a entendre des subgés, jusques au sommet du chief, qui est a entendre des souverains seigneurs et prelas, aucune santé n'est trouvee*. Texte dans l'éd. de Boer, t. V, p. 407.

parlaient en professeurs, l'auteur de l'*Ovide moralisé* parle en prédicateur. Cette orientation du discours de l'auteur dans les moralisations commande aussi la stratégie du récit des fables. Des ajouts insignifiants dans ce récit deviennent signifiants lorsqu'on prend en considération l'ensemble du texte. Rappelons les exemples que nous avons cités. La métamorphose *contre nature*, telle que Vénus la produit, prépare l'invective de l'allégorisation du Jugement de Pâris, où les luxurieux oeuvrent au-delà de l'appétit de nature. Ménélas est jaloux, parce que Dieu est jaloux de l'âme. Ulysse sème du sel, qui deviendra le sel de la sapience du Christ. Pallas rétablit la concorde entre Achille et Agamemnon, de sorte que *li uns l'autre bese*, ce qui prépare le baiser de Justice et Paix dans la moralisation. La *plante* d'Achille enfin, symbolisera la *plante* que le Christ offrira volontairement à ses bourreaux pour être *clofichiez* sur la croix.

BIBLIOGRAPHIE

Bibliographie rétrospective dans Robert Bossuat, *Manuel bibliographique de la littérature française du moyen âge*, 1951, et *Suppléments I-II*, 1955 et 1961, numéros 5311-18, 6992-98, 7987-88; *Troisième Supplément (1960-80)*, par Françoise Vielliard et Jacques Monfrin, 1986-1991, numéros 5198 et 7524-34.

Editions:

"Ovide moralisé". Poème du commencement du quatorzième siècle publié d'après tous les manuscrits connus par C. De Boer, 5 volumes. Amsterdam: Müller, 1915-1936; réimpression Wiesbaden: M. Sändig, 1966.

Cette édition est en fait établie d'après trois manuscrits: Rouen O.4 (*A*), Lyon 742 (*B*) et un ms. du groupe *y* (Paris, BN fr. 871, fr. 872, London, BL Add. 10324, Rouen O.11 bis), que de Boer désigne par *C*, sans autre précision. - Pour les livres I à VI, l'éditeur donne toutes les variantes (vol. I et II); à la fin du vol. II, index des noms propres des six premiers livres. A partir du livre VII, l'éditeur renonce à enregistrer toutes les variantes, *absolument inutiles*, et ne retient que les *variantes importantes* (vol. III, p.3).

Le commentaire de Copenhague de l'Ovide moralisé, avec l'édition critique du septième livre, par Jeannette Theodora Maria Van 't Sant. Amsterdam: H. J. Paris, 1929.

Edition du livre VII d'après le ms. Copenhague, Thott 399, écrit vers 1480, avec les variantes de *A*, *B* et *C*; donne aussi les rubriques de ces deux derniers manuscrits. - Le *commentaire*, qui se trouve en tête du ms. Thott 399, est une traduction en prose du premier chapitre de l'*Ovidius moralizatus* de Pierre Bersuire, à savoir la description et la moralisation des figures des dieux et des déesses. Ce texte est réimprimé en appendice au t. V de l'édition de Boer de l'*Ovide moralisé* (Amsterdam, 1938).

Ovide moralisé en prose (texte du quinzième siècle), éd. critique par C. De Boer. Amsterdam: North Holland Pub. Co, 1954.

Edition d'après l'unique ms. connu, Vat. Reg. 1686, avec index des noms propres. Cette mise en prose, écrite par un normand, à Angers, entre le mois d'avril 1466 et le mois de septembre 1467, a été faite sur l'ordre du roi René. Le prologue précise en outre que le prince ne voulait pas que le manuscrit fût illustré: ... *sans y laisser aucunes places pour faire hystoires.*

Une deuxième version en prose a servi de base à l'édition illustrée de xylographies de Colard Mansion, Bruges, 1484. Elle est conservée dans deux manuscrits: Paris, BN fr. 137 (illustré; anc. possesseur Louis de Bruges) et London, BL Royal 17.E.IV (illustré, origine flamande, écrit pour Edouard IV vers 1470-80). Edition d'un extrait par Wolfgang G. VAN EMDEN, "L'histoire de Pyramus et Thisbé dans la mise en prose de l'Ovide moralisé: texte du manuscrit Paris, B.N. f.fr. 137 avec variantes et commentaires". *Romania* 94 (1973): 29-56. Donne les variantes du ms. de Londres et des imprimés. Les xylographies de l'édition Colard Mansion ont été publiées par M. D. Henkel, *De Houtsneden van Mansion's Ovide moralisé Bruges 1484*. Amsterdam: 1922.

Bibliographie critique:

Je ne donne ici, dans l'ordre chronologique, que les études les plus importantes, en laissant de côté toutes les études qui concernent Machaut, Christine de Pizan, Chaucer, ou la traduction anglaise que fit William Caxton de la deuxième mise ne prose.

Philippe de Vitry, *Oeuvres*, publiées par Prosper Tarbé. Reims: 1850, réimpression Genève: 1978.

Tarbé a attribué l'*Ovide moralisé* à Philippe de Vitry sur la foi d'une note qu'une main de la fin du XVe siècle a inscrite sur le feuillet de garde du ms. BN fr. 24306 (XIVe siècle): *Liber in gallico et rithmice editus a magistro Philippo de Vitriaco, quondam Meldenis episcopo, ad requestam domine Johanne, quondam regine Francie, continens moralitates contentorum in XV libris Ovidii Methamorphoseos.* Cette note doit provenir d'un lecteur peu attentif du prologue de la version parisienne de l'*Ovidius moralizatus* de Pierre Bersuire, où l'auteur précise que Philippe de Vitry lui avait procuré un manuscrit de l'*Ovide moralisé*: *dictum gallicum volumen michi tradidit.*
Tarbé a publié de larges extraits d'après le ms. BN fr. 871 (vers 1400). Ce ms. appartient au groupe *y*, mais il n'est pas identique au "ms." *C* que de Boer a consulté pour son édition. Voici les passages édités:
1. I, v.1-1202
2. IV, v.2015-2223, 2252-2389, 2224-2249 (Hermaphrodite): les vers se suivent dans le même ordre que dans *C*.
3. IV, v.3156-3731 (Héro et Léandre); Tarbé saute les v.3284-97 et 3498-511.
4. X, v. 1-553 (Orphée); Tarbé saute les v.191-95 et 208-19 (homosexualité d'Orphée!); pour les v.350-67, omis, Tarbé note, p. 71: Il y a ici dans le manuscrit quelques vers passés. Les v. 522-45 manquent, conformément à *C*, mais les v.231-443. qui manquent à *C*, sont présents.
5. X, v.1994-2493 et 3954-4141 (Adonis, Atalante).
6. XV, v.211-3078 (Pythagore). Tarbé a sauté de nombreux passages (746-76, 793-822, 1061-1176, 1229-2282, 2309-2502. 2609-20, 2701-59, 2993-

3052). Semblent manquer dans le manuscrit les vers 219-22, 277-88, 361-62, 655-56, 735-38, 849-54, 858-76, 887-944, 965-80, 987-88, 1187-88, 1197-1220, 2631-32, 2663-64, 2819-22, 2827-34, 2933-34, 2937-38. Rédactions particulières: 369-75 en 5 vers; 391-405 en 4 vers, 677-86 en 4 vers; 1227-28; 2839-54 en 8 vers; 2857-71 en 5 vers; 2911-16 en 4 vers; 2940-43 en 2 vers. A noter un ajout intéressant de 12 vers après le v.2308, où le manuscrit indique, correctement, qu'ici prend fin le *livre* (Ovide).
7. XV, v.6507-6606 (légende de la Véronique); mq. 6509-10.
8. XV, v.6629-6724 (invention de la sainte croix).
9. XV, v.7362-7548 (épilogue).

Gaston Paris, "Chrétien Legouais et autres traducteurs ou imitateurs d'Ovide". *HLF* 29 (1885): 455-525: 505-25.

Article important, lequel, cependant, a bloqué toute recherche en France pendant près de trois générations. G. Paris écrit (p. 518): "Il serait fastidieux et sans profit de poursuivre cette analyse, où nous ne trouverons rien de nouveau. Les récits du poète latin sont toujours reproduits avec naturel et facilité; les 'expositions' qui les accompagnent offrent rarement de l'intérêt, même quand elles prennent, ce qui n'est pas rare, le ton de la satire, parce que cette satire a un caractère général et roule sur les lieux communs que nous retrouvons partout à cette époque." De tels propos n'invitent en effet guère à une lecture attentive! G. Paris a pourtant vu juste lorsqu'il constate que l'auteur du poème n'a pas voulu "démêler ce que l'auteur de la fable a réellement voulu symboliser" (p. 513). - Après L. Delisle, G. Paris cite la plus ancienne mention d'un manuscrit de l'*Ovide moralisé*. Elle se trouve dans l'inventaire des meubles de Clémence de Hongrie, deuxième femme de Louis X. Dans cet inventaire, dressé le 12 octobre 1328, après la mort de la reine, on lit l'article suivant: *Un grant romans, couvert de cuir vermeil, des fables d'Ovide qui sont ramene[e]z a moralité de la mort de Jesus Christ.* Ce manuscrit est perdu. Comme il fut payé 50 livres parisis par Philippe VI, il devait s'agir d'un exemplaire de luxe, certainement illustré. - L'attribution du poème à "Chrétien Legouais", qui se trouve dans trois manuscrits de la fin du XIVe et du début du XVe siècle (Genève, fr. 176; Vat.Reg. 1480; BL Cotton Julius F.VII), n'est qu'une hypothèse, que Gaston Paris n'a plus retenue dans ses travaux ultérieurs.

Joseph Engels, *Etudes sur l'Ovide moralisé*. Groningen: Wolters, 1945.

Trois chapitres dans la première partie. 1. L'*Ovide moralisé* source de la *General Estoria*? 2. L'*Ovidius moralizatus* de Pierre Berçuire et l'*Ovide moralisé*. 3. La date de l'auteur de l'*Ovide moralisé*. La deuxième partie contient un commentaire au premier livre. La thèse de Joseph Engels reste fondamentale, bien que la limitation au premier livre risque de donner une image très partielle de l'*Ovide moralisé*. En outre, le poème n'a pas été étudié en tant que texte littéraire. Par la suite, Joseph Engels a publié des articles de grande valeur sur l'*Ovidius moralizatus* de Pierre Bersuire.

K. Sneyders De Vogel, "Ovide moralisé, XIV, 1067-1716". *Neophilologus*. 28 (1943): 88-106.

Ce passage, qui a paru "inextricable" à l'éditeur, est en fait composé de textes largement répandus à l'époque, à savoir la prophétie de la Sibylle Tiburtine, les signes du Jugement dernier, ainsi que la légende de l'Antéchrist.

Félix Lecoy, "Note sur le vocabulaire dialectal ou régional dans les oeuvres littéraires du Moyen Age". *Revue de linguistique romane* 32 (1968): 48-69, réimprimé dans F. Lecoy, *Mélanges de philologie et de littérature romanes*. Genève: Droz, 1988, p. [15-36].

Lecoy donne sept exemples, dont le nombre "pourrait être facilement augmenté", qui prouvent que l'auteur de l'*Ovide moralisé* était né dans l'Ouest de la France, et au Sud de la Loire.

Paule Demats, *Fabula. Trois études de mythologie antique et médiévale*. Genève: Droz, 1973.

Etude importante. Après avoir passé en revue les origines antiques, de Macrobe et Servius à Fulgence, l'auteur étudie les fables antiques dans l'*Ovide moralisé*, notamment les ajouts qui constituent un véritable cycle épico-romanesque, des Argonautes aux histoires de Thèbes et de Troie. La dernière partie est consacrée à l'Ovide médiéval: Ovide chrétien (*De Vetula*), commentaires du XIIe et du XIIIe siècle (Arnoul d'Orléans, *accessus*, Jean de Garlande), victoire de la *fabula* sur la *mutatio* dans l'*Ovide moralisé*. En appendice: édition de textes latins, *accessus* et gloses.

Robert Levine, "Exploiting Ovid. Medieval Allegorizations of the *Metamorphoses*". *Medioevo romanzo* 14 (1989): 197-213.

Bonne caractérisation des tempéraments très différents de Pierre Bersuire et de l'auteur de l'*Ovide moralisé*. Le poète français est plus encyclopédique, extravagant, tolérant, voire absurde, tandis que Bersuire a tendance à réduire toutes les ambiguïtés à des *univocal pieties*. Levine insiste surtout sur l'aspect satirique du poème français, notamment sur son antiféminisme et ses attaques contre les Juifs. Sur ce point, il exagère. L'*Ovide moralisé* n'est pas un texte misogyne et ses nombreuses invectives contre les *fel Juif* sont dirigées contre ceux qui ont crucifié le Seigneur. Ailleurs, il reconnaît, dans la plus pure tradition augustinienne, qu'aussi bien les Juifs que les païens ont une âme, créée par Dieu, et qu'il ne faut donc pas les persécuter (XV, v.2888 et suiv.).

Les manuscrits:

Les sigles sont ceux de C. de Boer, qui les a groupés par familles. J'introduis les sigles *K L N T* d'après la localisation; le manuscrit de Copenhague (*K*) est cependant proche des mss *G1* et *G2*.

Z1 Bern, Burgerbibliothek, 10 (XVe s.).

D1 Bruxelles, BR 9639 (fin XIVe s.); anc. poss. Charles de Croy, Philippe le Beau ou Charles-Quint.

D2 Cambrai, BM 973 (XIVe-XVe s.)

E1 Genève, fr. 176 (vers 1390); anc. poss. duc de Berry; 15 miniatures des dieux, en principe au début de chaque livre, comme dans les mss. London, BL Cotton Julius F.VII, Paris, BN fr. 373 et Vat. Reg. lat. 1480, soit *L G1 E2*.

K København, KB Thott 399 (vers 1480); en tête, traduction du premier chapitre de Bersuire; 44 miniatures, dont 17 pour les images des dieux.

D4 London, Bibl. Fairfax Murray (XIVe s.); s'arrête au l. X.

Y3 London, BL Add. 10324 (env. 1400); 1 miniature en tête, similaire au frontispice du ms. Paris, BN fr. 871 (*Y1*).

L London, BL Cotton Julius F.VII (vers 1400); anc. poss. Jean de Berry; ne contient que les *rubriques* et 15 miniatures des dieux.

B Lyon, BM 742 (env. 1390); anc. poss. Jean de Berry; 53 miniatures; sans moralisations!

N New York, Pierpont Morgan 443.

G2 Paris, Arsenal 5069 (1325-50); anc. poss. probablement Charles de Croy; 302 miniatures.

G1 Paris, BN fr. 373 (vers 1380); anc. poss. Jean de Berry; 15 miniatures pour les dieux antiques; gloses marginales en latin et en français.

Z2 Paris, BN fr. 374 (1466).

Z3 Paris, BN fr. 870 (XIVe s.); dessins au début, puis de nombreux petits espaces blancs; pratiquement sans moralisations.

Y1 Paris, BN fr. 871 (vers 1400); 5 dessins colorés.

Y2 Paris, BN fr. 872 (XIVe s.); lettrine historiée au début.

Z4 Paris, BN fr. 19121 (XVe s.); anc. poss. la famille d'Albret; 1 miniature au début; s'arrête avant la dernière allégorie.

D5 Paris, BN fr. 24305 (1356); anc. poss. Charles de Croy; ne contient que les sept premiers livres.

D3 Paris, BN fr. 24306 (XIVe s.).

E2 Vatican, Vat. Reg. 1480 (env. 1390); 15 miniatures pour les dieux antiques.

A Rouen, BM O.4 (1315-25); 453 miniatures; commentaire latin au début.

Y4 Rouen, BM O.11 bis (XVe s.).

T Torino, Bibl. univ. Gall. CXVII: manuscrit détruit.

Iconographie:

L'illustration des manuscrits se présente sous deux aspects. Nous avons d'un côté une illustration suivie, qui est une sorte de glose au récit (mss *A B G2* et, dans une moindre mesure, *K Z3 Y1*; de l'autre côté, nous avons les divinités antiques, placées en tête des quinze livres (mss *E1 L G1 E2*). On constate que les sigles, qui se réfèrent en principe aux familles du texte, ne correspondent que très imparfaitement au groupement des manuscrits par types iconographiques. On est encore loin d'une appréciation globale de la tradition manuscrite.

Erwin Panofsky, *Renaissance and Renascences in Western Art*. Uppsala: Almqvist, 1960, p. 79 et suiv.

A la p.81 tableau des divinités païennes dans les différents textes, respectivement dans les manuscrits illustrés.

Carla Lord, "Three Manuscripts of the *Ovide moralisé*". *The Art*

Bulletin 57 (1975): 161-175.

Etude des manuscrits les plus richement illustrés: Rouen, O.4 (*A*), Arsenal, 5069 (*G2*), Lyon 742 (*B*). Concordance iconographique pour les sujets qui apparaissent dans au moins deux des trois manuscrits. Il faut ajouter que les nombreuses miniatures communes à *A* et *G2*, pour lesquelles *B* n'offre rien de correspondant, illustrent les moralisations; cette divergence s'explique par le fait que les moralisations manquent dans *B*. - C. Lord a remarqué que l'auteur dit que les papes résidaient *jadis* à Rome (XIV, v.3422 et 3440). Le *terminus post quem* pour ce passage est donc 1309, année où Clément V transféra la curie à Avignon.

Dante argonauta.
La ricezione dei miti ovidiani nella *Commedia*

Michelangelo Picone
(Universität Zürich)

1. *Imitatio* e *aemulatio* nell'antichità e nel Medioevo

Il grande filologo classico Giorgio Pasquali aveva già definito in un suo articolo del 1942, intitolato *Arte allusiva,* quelle che possiamo considerare le coordinate critiche del metodo interpretativo che oggi conosciamo sotto il nome di "intertestualità". All'interno del suo discorso, che non era soltanto storico ma anche teorico, sulla tecnica letteraria dell'allusività (operante nelle letterature classiche fin dall'epoca alessandrina) egli era riuscito ad individuare due tipi di richiami testuali chiaramente polarizzati fra di loro:

> ... in poesia culta, dotta io ricerco quelle che da qualche anno in qua non chiamo più reminiscenze ma allusioni, e volentieri direi evocazioni e in certi casi citazioni. Le reminiscenze possono essere inconsapevoli; le imitazioni, il poeta può desiderare che sfuggano al pubblico; le allusioni non producono l'effetto voluto se non su un lettore che si ricordi chiaramente del testo cui si riferiscono.[1]

Pasquali contrappone dunque le "reminiscenze" alle "allusioni": le semplici riprese linguistiche e stilistiche di un testo in un altro, ai coinvolgimenti testuali più complessi, non solo formali ma anche di contenuto (e quindi di temi, motivi, immagini, miti, etc.). Le prime rappresentano il risultato di una memoria non sollecitata né metodica; le seconde invece presuppongono una memoria consapevole e sistematica, che non si limita a echeggiare alla lontana un testo, ma lo evoca, e perfino lo cita: lo chiama cioè in causa e lo interroga direttamente. A mediare queste due tipologie estreme di implicazione testuale Pasquali introduce una terza tipologia: quella delle "imitazioni"; in questo caso l'autore cerca di nascondere al suo lettore la presenza manifesta del richiamo testuale. Diversamente dalle reminiscenze, le allusioni e le imitazioni mostrano dunque di essere un gioco a tre: un gioco di rispecchiamento testuale nel quale si trovano coinvolti non solo i due autori (quello che allude e quello che è alluso, quello che imita e quello che è imitato), ma anche il loro lettore, colui che osserva il processo di rispecchiamento ed è chiamato a giudicarlo. In effetti, mentre nel caso delle reminiscenze la memoria è passiva, essa produce cioè una forma di intertestualità statica, che può benissimo passare inosservata al lettore senza che la comprensione dell'opera ne vada compromessa; nel caso invece delle imitazioni, e soprattutto delle allusioni, la memoria è attiva, essa genera cioè una forma di intertestualità dinamica, che esige la partecipazione ermeneutica del lettore senza la quale l'opera

---

1 L'articolo si può ora leggere raccolto in *Pagine stravaganti*, vol. II, Firenze: Sansoni, 1968, 275-82 (la citazione si trova a p. 257).

non può essere decifrata nel suo significato né apprezzata nel suo valore. Capire come funziona l'intertestualità dinamica vuol dire pertanto entrare nel segreto laboratorio dello scrittore, scoprire le regole sottintese alla composizione dell'opera.

L'allusività non è prerogativa esclusiva delle letterature classiche. Le opere "culte" non sono solo quelle dell'epoca alessandrina o augustea; lo stesso Pasquali nella sua analisi prende in considerazione, oltre a Virgilio e Orazio, anche Pascoli e D'Annunzio. Tutte le grandi opere, classiche e moderne, si possono in verità considerare colte, in quanto materiate di letteratura e radicate nella tradizione letteraria. Da questo punto di vista possiamo addirittura affermare che è durante il Medioevo che l'arte allusiva raggiunge la sua maturazione tecnico-retorica e ideologica; e che è Dante Alighieri il poeta che le fa toccare la vetta più alta della sua realizzazione poetica. Nel corso del Medioevo, infatti, si tecnicizza l'opposizione fra *imitatio* e *aemulatio*, venendo a fornire i limiti teorici dentro i quali si muove la pratica intertestuale degli autori. In effetti, l'itinerario formativo dell'*auctor* medievale contempla una fase iniziale imitativa, nella quale egli tra-scrive conservando il modello, e una fase finale emulativa, nella quale egli ri-scrive sostituendo il modello. Da una parte l'*imitatio* viene a configurare il momento della riproposta disimpegnata dei testi precedenti, della ripetizione rispettosa e talvolta dissimulata del patrimonio letterario tradizionale; dall'altra l'*aemulatio* si trova a rappresentare il momento del dialogo impegnato, e spesso polemico, non solo con i testi precedenti, ma anche con i sistemi letterari e con gli autori che stanno dietro quei testi. L'*imitatio*, dunque, tende a mettere in evidenza la vicinanza e la continuità fra testi appartenenti a epoche e autori differenti; l'*aemulatio* invece vuole accentuare l'alterità e l'irriducibile diversità del nuovo testo rispetto al vecchio. Insomma, mentre l'*imitatio* allinea i valori letterari l'uno accanto all'altro, l'*aemulatio* pone questi valori in prospettiva, dimostrando così la superiorità del moderno sull'antico e il trionfo dell'innovazione sulla tradizione.[2]

Affinché il procedimento ermeneutico dell'*aemulatio* medievale si possa realizzare si debbono verificare due condizioni: anzitutto che il coinvolgimento del testo base o intertesto sia immediatamente manifesto al lettore, dato che il senso del nuovo testo viene indicato precisamente dalla distanza che lo separa dal vecchio; e poi che l'intertesto sia autorevole, rappresenti anzi il modello di scrittura più prestigioso relativamente al genere letterario nel quale l'autore medievale intende provarsi. Solo così la cultura medievale riuscirà a dimostrare la sua *novitas* e la sua superiorità nei confronti della cultura classica; solo così gli scrittori moderni potranno

---

2 Le due tecniche retoriche dell'*imitatio* e dell'*aemulatio* possono essere considerate come il lontano punto di partenza delle due diverse scuole critiche che nel corso di questo secolo si sono combattute nel campo degli studi medievistici: esse fondano rispettivamente la tesi della continuità o della sopravvivenza (sostenuta da Curtius) e la tesi della discontinuità o della rottura (sostenuta da Auerbach) fra mondo antico e mondo cristiano, fra cultura classica e cultura cristiana.

mettere in questione l'*auctoritas* degli antichi, sostituendosi definitivamente ad essi.

L'*aemulatio*, benché tipica del Medioevo, non mancava nell'antichità: anche nell'allusività di cui parla Pasquali è presente una componente emulativa.[3] C'è però una capitale differenza fra l'*aemulatio* classica e quella medievale: la prima è infatti una competizione fra pari (lo scrittore latino, ad esempio Virgilio, vuole raggiungere nella propria lingua la perfezione artistica del modello greco, ad esempio di Omero), la seconda invece è una sfida per ottenere la supremazia poetica (lo scrittore cristiano, ad esempio Dante, possessore della Rivelazione, e quindi della verità ultima e definitiva, sfida lo scrittore classico, ad esempio Ovidio, detentore di una verità solo provvisoria e parziale). L'*aemulatio* classica non mette affatto in discussione il valore paradigmatico del modello antico, quella medievale invece vuole dimostrare le carenze ideologiche del modello al fine di poterle colmare.[4]

Nella nostra analisi dell'intertestualità dantesca, più precisamente della riscrittura nella *Commedia* dei miti ovidiani delle *Metamorfosi*, noi terremo continuamente presente questa doppia prospettiva ermeneutica dell'*imitatio* e dell'*aemulatio*, studiandone i reciproci rapporti e condizionamenti. Potremo così rilevare come nella costruzione della *littera* del poema sacro (al livello cioè dell'invenzione tematica e dell'intreccio narrativo) Dante ricorra ai miti ovidiani imitandoli, e talvolta anche emulandoli: li imita quando li ripropone come situazioni esemplari che spiegano la realtà ultraterrena della sua visione; li emula quando fa vedere i complessi sviluppi inventivi ai quali può condurre l'"alta fantasia" cristiana (basti ricordare il vanto contenuto nel canto XXV dell'*Inferno*: "Taccia di Cadmo e d'Aretusa Ovidio..."). Al livello invece dell'*allegoria*, del rinvenimento cioè del senso profondo da attribuire alla *inventio* tematica e alla *fabula* narrativa, vedremo come Dante non possa che stabilire un rapporto di emulazione nei confronti di Ovidio: è qui che il poeta medievale arriva a dimostrare di essere non tanto l'Ovidio cristiano, quanto il nuovo Ovidio, colui che ha preso il posto dell'antico *auctor* e che ha scritto le vere *Metamorfosi*. Non si tratta più qui di uno scambio di materiali poetici,

---

3 Le intuizioni di Pasquali in questo ambito sono state poi egregiamente sviluppate e sistematizzate soprattutto da Conte 1985: 5-14; e ora anche da Conte-Barchiesi 1989.

4 Significativamente (come dimostrato da Curtius 1992: 82-86, nelle pagine dedicate al topos della "Ueberbietung") è in Stazio che troviamo per la prima volta questo procedimento del superamento "elevato in maniera": è nella sua poesia che compare la formula "cedat nunc...", preannunciatrice di quella che sarà poi usata da Dante nel canto XXV dell'*Inferno*, vv. 94-102. Non può forse già questa essere considerata una giustificazione retorica della cristianizzazione dell'*auctor* della *Tebaide* che ci viene svelata nei canti XXI-XXII del *Purgatorio*? Però, nel famoso passo col quale si chiude il poema epico staziano (libro XII, vv. 816-19), la lode tributata alla "divina" *Eneide* (giudicata opera imitabile ma non emulabile) si muove in direzione esattamente opposta a quella in cui si muove l'esaltazione dantesca nella *Commedia*. Si veda per tutto questo problema Hollander 1983; e ora anche Iannucci 1993.

bensì di un polemico confronto di sistemi letterari, di una lotta aperta fra *auctores*.[5]

2. Il mito di Fetonte e la visione dantesca

La presenza della doppia articolazione imitativa e emulativa nella riscrittura dantesca dei miti ovidiani è riscontrabile ovunque nella *Commedia* Non c'è, si può dire, allusione nel poema sacro a un mito ovidiano, senza che ci sia al tempo stesso esibizione da parte di Dante della distanza che separa il nuovo mito cristiano dal vecchio mito pagano, e quindi del significato più alto e più pieno che quel mito riveste nel nuovo contesto poetico.

Si prenda, ad esempio, la descrizione del "carro" che il poeta-pellegrino vede al centro della processione mistica del canto XXIX del *Purgatorio*. Dante, per poter esprimere in modo linguisticamente e retoricamente adeguato la realtà della sua visione ultraterrena (il carro della Chiesa trainato dal Grifone-Cristo), non può fare a meno di richiamare alla memoria dei modelli storici (i carri trionfali romani) e mitologici (il carro di Fetonte):

> Non che Roma di carro così bello
> rallegrasse Affricano, o vero Augusto,
> ma quel del Sol saria pover con ello;
> quel del Sol che, svïando, fu combusto
> per l'orazion de la Terra devota,
> quando fu Giove arcanamente giusto.[6] (vv. 115-20)

Nella prima terzina, dunque, Dante presenta i due correlativi, storico (i carri usati nell'antichità per celebrare le vittorie dei grandi condottieri) e mitologico (il carro del Sole guidato da Fetonte, secondo il racconto che ne fa Ovidio nelle *Metamorfosi*), del carro della Chiesa. Nella seconda terzina, invece, egli ci racconta, in modo fortemente scorciato, e visto dalla sua fine tragica, lo stesso mito ovidiano: Fetonte, che aveva chiesto al padre Sole di poter guidare il carro celeste, venne fulminato da Giove perché si era dimostrato incapace di far tenere alla quadriga solare il corso dovuto. Se l'*imitatio* del mito classico offre al poeta medievale la possibilità di poter rappresentare analogicamente un evento relativo al suo viaggio ultraterreno, l'*aemulatio* gli consente di confrontare il dato mitologico con quello evenemenziale; confronto che mette in evidenza la maggiore bellezza del carro della Chiesa rispetto a quello di Fetonte ("saria pover con ello"), e al tempo stesso la positività del destino dell'eroe cristiano contrapposta alla negatività tragica della sorte toccata a Fetonte. L'*imitatio* pertiene dunque al livello linguistico e stilistico, riguarda l'aspetto formale del dettato poetico; l'*aemulatio* invece tocca il livello dei

---

5 Si veda il mio articolo "L'Ovidio di Dante", in Iannucci 1993: 107-44, anche per la bibliografia pertinente (cui sono ora da aggiungere Jacoff-Schnapp 1991 e Sowell 1991). Per la posizione occupata da Ovidio all'interno del canone dantesco degli *auctores* si veda invece Picone 1993. Sul canone medievale degli *auctores* è fondamentale Munk Olsen 1991.

6 Le citazioni della *Commedia* sono fatte secondo il testo fissato da Petrocchi.

contenuti ideologici e dei giudizi di valore. Per cui il riconoscimento della superiorità del carro trionfale della Chiesa, trainato da Cristo, sul carro del Sole, guidato da un auriga inesperto come Fetonte, comporta l'accertamento della *novitas* della *Commedia* rispetto alle *Metamorfosi*, cioè del senso più completo raggiunto dal poema sacro di Dante nei confronti del poema profano di Ovidio.[7]

Due ulteriori considerazioni possono essere fatte a proposito di questo richiamo dantesco al mito ovidiano di Fetonte. La prima riguarda la consapevolezza che il poeta medievale ha della sua raggiunta altezza artistica: consapevolezza che è proprio la riscrittura del testo delle *Metamorfosi* a dargli. Basta per questo ricordare la descrizione che Ovidio fa del preziosissimo "currus" del Sole:

> Aureus axis erat, temo aureus, aurea summae
> curvatura rotae, radiorum argenteus ordo;
> per iuga chrysolithi positaeque ex ordine gemmae
> clara repercusso reddebant lumina Phoebo.[8] (II, vv. 107-10)

Si tratta evidentemente del carro più splendido che occhio umano abbia mai visto: l'asse, il timone e i cerchi delle ruote sono tutti d'oro (si noti la ripetizione dell'aggettivo "aureus"), mentre i raggi sono d'argento, e il giogo è pieno di topazi e di gemme che emanano vividi bagliori di luce. Pertanto, se il "carro" osservato da Dante sulla cima del Purgatorio supera in bellezza il "currus" descritto da Ovidio, ne deriva che il poeta medievale, nel rappresentare una realtà storico-teologica di tanto più alta di quella mitologica (la realtà cioè del cammino ideale della Chiesa, contrapposta a quella del cammino naturale del sole), può attingere una perfezione formale e contenutistica negata al suo concorrente classico. Nel menzionare la "povertà" del "carro" ovidiano (v. 117) si vuole allora sottintendere l'avvenuto superamento dell'*auctor* antico da parte dell'*auctor* moderno. La seconda osservazione ha carattere più generale, e riguarda la contemporaneizzazione del mito classico. Questo brano purgatoriale racchiude infatti il tentativo da parte di Dante di proiettare sulla storia contemporanea (sulla corruzione cioè della curia papale) le luci del mito classico: la situazione nella quale si trova la Chiesa *ora* è simile a quella nella quale si trovava il carro del Sole *allora* (quando la sua guida fu messa nelle mani incapaci di Fetonte). I falsi aurighi della Chiesa (il papa e i

---

7 Ghisalberti 1934 ha esemplarmente dimostrato che la lettura dantesca del mito di Fetonte in *Convivio* IV. 22, 14 è stata completata, più che con apporti extravaganti al testo ovidiano (come narrazioni di Fulgenzio o i Mitografi Vaticani), con l'apparato esegetico medievale che occupava i quattro margini del codice delle *Metamorfosi* letto dal poeta fiorentino. Nella riscrittura del mito effettuata invece nella *Commedia*, testo classico e glossa medievale non si sovrappongono più, ma sono fusi insieme, in modo da dare un nuovo testo poetico che non è integrativo delle vecchie *Metamorfosi*, bensì sostitutivo di esse.

8 Il testo delle *Metamorfosi* di Ovidio viene citato secondo l'edizione curata da Anderson.

cardinali) stanno a Fetonte, come il vero auriga (Cristo) sta al Sole, e come Dio sta a Giove. Solo tenendo presenti queste proporzioni ci possiamo spiegare il senso minaccioso che si annida nella seconda terzina: la potente giustizia di Dio colpirà *ora* i responsabili della deviazione della Chiesa dai suoi principi evangelici, così come l'arcana giustizia di Giove (v. 120) colpì *allora* la deviazione di Fetonte dal cammino regolare del sole. Il mistero della scrittura mitologica ovidiana viene così pienamente svelato nella prospettiva palingenetica della scrittura dantesca.[9]

Basta questa breve analisi per farci comprendere come nella *Commedia* i miti ovidiani siano rievocati in un contesto di tensione intellettuale e di sfida poetica. Il dialogo intertestuale che Dante stabilisce con Ovidio ha infatti lo scopo di mettere in evidenza la relatività dei valori poetici contenuti nelle *Metamorfosi* rispetto all'assolutezza di quelli raggiunti dalla *Commedia*. Citare l'*auctoritas* ovidiana implica automaticamente per Dante la necessità di metterla in discussione. Fra la vecchia poesia delle *Metamorfosi* e quella nuova della *Commedia* non c'è continuità ma discontinuità, non c'è sopravvivenza ma rottura. A determinare tale discontinuità e rottura è stato un evento capitale nella storia dell'umanità: l'incarnazione e la morte di Cristo; evento che ha liberato l'uomo dalle catene del peccato originale, e ha trasformato il suo destino da negativo in positivo. Cristo rappresenta così il discrimine che separa la civiltà antica che non conoscendo la rivelazione non può aspirare alla salvezza, dalla civiltà moderna che ha invece la possibilità di salvarsi. La riscrittura dantesca dei miti ovidiani si propone proprio di mettere in rilievo l'assenza di tale dimensione salvifica nella civiltà classica; intende insomma contrastare la vocazione "tragica" del poeta classico rispetto alla vocazione "comica" del poeta medievale (di qui la ragione profonda che giustifica l'intitolazione del poema sacro).

3. Il mito di Fetonte e il poeta-pellegrino

Nel brano che abbiamo appena analizzato, il mito ovidiano di Fetonte serviva a Dante per affabulare una situazione oggettiva del suo viaggio ultraterreno: la visione del carro della Chiesa sulla vetta del Purgatorio. Dante ricorre però al mito di Fetonte anche per descrivere la propria condizione soggettiva di pellegrino nell'Aldilà; ci sono cioè nella *Commedia* luoghi in cui l'*agens* si rispecchia in questo personaggio mitologico. È quello che succede nel canto XVII dell'*Inferno*. Ma prima di analizzare quest'altro caso di intertestualità sarà opportuno riassumere brevemente il mito di Fetonte, quale ce lo racconta Ovidio fra la fine del primo libro delle *Metamorfosi* (747-79) e l'inizio del secondo (vv. 1-332).

Fetonte, figlio di Climene, viene allevato dalla madre nella convinzione che suo padre sia Febo, il dio del Sole. Diventato adolescente, e sulla

---

9 L'interpretazione in chiave ecclesiologica di questo luogo del *Purgatorio* è confortata, oltre che dall'*Epistola* dantesca ai Cardinali (XI, 4-5), anche dalle glosse di Giovanni di Salisbury e di Pierre Bersuire (cfr. Mercuri 1984: 148-52 e Rigo 1989: 196-97). Sulla presenza del mito di Fetonte nella *Commedia* si vedano Brownlee 1984 e Pépin 1987: 299-301.

soglia della maturità, la certezza di Fetonte di discendere da un dio viene derisa da Epafo, suo nipote. Per rassicurarsi di questo fatto, il ragazzo ("puer" lo chiama Ovidio) su consiglio della madre si reca allora dal dio Sole, e gli chiede come prova della propria origine divina di poter condurre per un solo giorno la quadriga solare. Sebbene a malincuore, il dio accondiscende alla richiesta di Fetonte e, dopo avergli fatto numerose raccomandazioni sul corso da seguire (egli deve tenere sempre la via di mezzo, non deve andare cioè né troppo in alto né troppo in basso), lo lascia partire. Fetonte inizia così il suo tragico viaggio nei cieli. I cavalli del carro solare, infatti avvertono subito l'inesperienza di chi li guida, e si impennano, trasportando lo spaventato Fetonte verso la vetta del cielo. Incapace di decidersi fra ritornare indietro o continuare una corsa che non sa controllare, Fetonte vede improvvisamente davanti a sé le immagini di animali mostruosi (raffiguranti i segni zodiacali), come lo Scorpione. Inorridito a questa vista egli lascia andare le briglie, cosicché i cavalli senza freno cominciano ad andare o troppo in alto (infiammando intere aree celesti e provocando la formazione della Galassia) o troppo in basso (bruciando monti e selve, seccando fiumi e trasformando vaste zone terrestri in deserti). Alle invocazioni della Terra, perché venga evitata la sua completa distruzione, Giove risponde scagliando un fulmine contro l'inesperto auriga, che precipita in fiamme nel "maximus ... Eridanus", cioè nelle profondità del fiume Po. Le sorelle di Fetonte, le Eliadi, ne piangono così a lungo la morte da essere trasformate in pioppi perennemente protesi sulla superficie acquatica che custodisce le spoglie dello sventurato fratello.[10]

Il punto dell'intertesto ovidiano che agisce con più forza nella memoria di Dante allorquando compone il canto XVII dell'*Inferno* è quello relativo alla apparizione improvvisa che si offre a Fetonte, ormai incapace di guidare i cavalli solari, di fantasmi di animali terrificanti ("vastarumque videt trepidus simulacra ferarum": v. 194); particolarmente suggestiva per il poeta della *Commedia* è la descrizione dello Scorpione.

> Est locus, in geminos ubi bracchia concavat arcus
> Scorpius et cauda flexisque utrimque lacertis
> porrigit in spatium signorum membra duorum:
> hunc puer ut nigri madidum sudore veneni
> vulnera curvata minitantem cuspide vidit,
> mentis inops gelida formidine lora remisit. (vv. 195-200)

C'è un luogo - dice Ovidio - dove lo Scorpione incurva le braccia (cioè le sue chele) in duplice arco, e con la coda e con le branche piegate da ambo le parti distende il suo corpo nello spazio di due costellazioni. Appena Fetonte (il "puer" alla ricerca di una maturità che non otterrà mai) vede questo essere mostruoso che, madido di sudore traspirante nero veleno, minaccia di ferirlo con il suo aculeo uncinato, sconvolto da gelido terrore, lascia cadere le briglie. Ecco: Dante, per poter rappresentare lo spaventoso

10 Sul mito di Fetonte in generale verte il lavoro di Vivier 1962; per il *côté* classico e ovidiano si rinvia invece a Wise 1977 e a Segal 1991.

incontro dell'*agens* con il mostro infernale Gerione, la cui coda biforcuta ricorda quella dello scorpione, ricorre proprio alla *imagery* ovidiana del secondo libro della *Metamorfosi*, stabilendo così una correlazione non solo fra Gerione e lo Scorpione (in Gerione però si aggiunge la funzione esercitata nell'intertesto ovidiano dai cavalli focosi del carro solare), ma anche fra l'eroe del poema sacro e l'eroe mitologico. Come Fetonte, anche l'*agens* deve infatti compiere una difficile prova, un periglioso volo che lo porterà, sulla groppa dello stesso Gerione, dal settimo all'ottavo cerchio infernale.

Su due elementi della descrizione ovidiana dello Scorpione si è focalizzata l'attenzione del lettore Dante: il primo è la velenosa "curvata cuspis" dell'animale, e il secondo è il gesto che esso compie di distendere la "cauda" quasi a volare nello spazio ("[cauda] porrigit in spatium ...": v. 197). È precisamente su questi due elementi compositivi che Dante costruisce la propria descrizione di Gerione:

> Nel vano tutta sua coda guizzava,
> torcendo in sù la venenosa forca
> ch'a guisa di scorpion la punta armava. (vv. 25-27)

La "coda" di Gerione (che si presenta non casualmente a Dante "a guisa di scorpion", essendo la sua figura il risultato della *imitatio* dello "Scorpio" delle *Metamorfosi*) "nel vano ... guizzava" esattamente come, nell'intertesto ovidiano, si distendeva la "cauda" dello Scorpione. Allo stesso modo, la "forca" che arma la punta della coda di Gerione, velenosa come la "cuspis" dello Scorpione ovidiano, si "torce in sù" con l'identico minaccioso movimento che caratterizzava l'aculeo del mostro visto da Fetonte (v. 199).

La riconosciuta similarità al livello dell'*inventio* tematica fra il mito di Fetonte e l'avventura ultraterrena del poeta-pellegrino comporta però una profonda differenziazione al livello dell'allegoria, del significato ultimo rivestito dalla terribile apparizione dello Scorpione o di Gerione nei due testi di appartenenza. È a questo livello che Dante indica la distanza che lo separa da Ovidio, che l'*auctor* moderno supera l'*auctor* antico. L'espressione di tale superamento la troviamo condensata nella parte conclusiva di questo episodio infernale, quando il poeta-pellegrino, trovandosi sospeso a mezz'aria sul dorso di Gerione che lo trasporta a volo sul fondo del pozzo di Malebolge, si paragona a Fetonte, rimasto anche lui sospeso in mezzo al cielo, incerto sulla via da prendere:

> Maggior paura non credo che fosse
> quando Fetòn abbandonò li freni,
> per che 'l ciel, come pare ancor, si cosse [...]
> che fu la mia, quando vidi ch'i' era
> ne l'aere d'ogne parte, e vidi spenta
> ogne veduta fuor che de la fera. (vv. 106-14)

Dante dice dunque di aver provato, in occasione del suo volo sulle spalle di Gerione, "maggior paura" di quella provata da Fetonte durante la sua folle corsa per i cieli. Mentre Fetonte è giustificato nella sua paura, in quanto il suo viaggio si compie senza una valida guida e nella completa ignoranza della direzione da seguire, il poeta-pellegrino invece, benché preso da paura anche lui (addirittura più grande di quella di Fetonte, perché è consapevole della sublime posta in palio), sa che il suo timore è circostanziale e temporaneo, non legato alla fine dell'avventura (che non può che essere positiva), bensì alle modalità di realizzazione di essa. L'eroe moderno, contrariamente a quello antico, si avvale infatti di una guida inviatagli da Dio (Virgilio), ed ha a disposizione la strumentazione gnoseologica necessaria per portare a compimento il viaggio intrapreso. Di conseguenza, se il volo di Fetonte, guidato solo dalla *hybris* (dall'orgoglio umano), non potrà che concludersi con la caduta nell'abisso, il volo di Dante, guidato dalla *humilitas* cristiana, si concluderà invece con l'ascesa in cielo. La discesa del pellegrino nelle Malebolge dimostra così di essere soltanto una tappa nell'itinerario salvifico verso la visione paradisiaca, e non la fine dell'avventura, com'era il caso per l'eroe mitologico.

Un fatto importante va infine osservato a proposito della riscrittura nella *Commedia* del mito ovidiano di Fetonte. Dante nel corso della sua opera "cita" vari pezzi di questo mito: pezzi che uniti insieme consentono la ricostruzione dell'intera storia. La memoria dantesca procede pertanto ad una sorta di *découpage* del mito ovidiano, lo frammenta in unità discrete, che vengono poi utilizzate a seconda delle necessità compositive del poema. Significativamente noi troviamo rappresentati i tre momenti fondamentali del mito in altrettanti canti appartenenti alle tre cantiche in cui si divide la *Commedia*. Abbiamo già visto come nel canto XXIX del *Purgatorio* sia possibile osservare la riscrittura dantesca della parte finale del mito di Fetonte: quella che racconta la conclusione della folle corsa dell'eroe mitologico sul carro del Sole, la fulminazione dell'auriga inesperto da parte di Giove; e come nel canto XVII dell'*Inferno* venga invece ricordato il momento centrale del mito: l'incapacità di Fetonte di controllare e di guidare i cavalli focosi del carro solare. È nel canto XVII del *Paradiso* che viene finalmente proposto il pezzo mancante del mosaico narrativo, l'inizio cioè del racconto mitologico: la richiesta fatta da Fetonte alla madre Climene di conoscere il suo vero padre (che viene affabulata ai vv. 757-61 del primo libro delle *Metamorfosi*):

> Qual venne a Climenè, per accertarsi
> di ciò ch'avëa incontro a sé udito,
> quei ch'ancor fa li padri ai figli scarsi;
> tal era io, e tal era sentito
> e da Beatrice e da la santa lampa
> che pria per me avea mutato sito. (vv. 1-6)

L'assegnazione all'ultima cantica del segmento iniziale del mito mette in rilievo la sua straordinaria importanza strategica nell'economia dell'intero poema sacro. Sia il mito di Fetonte, sia la *Commedia* di Dante vogliono infatti accertare la paternità divina dell'eroe: accertamento che permetterà all'eroe di raggiungere la sua piena maturità psicologica e spirituale. Mentre però Fetonte scopre la sua paternità divina in modo "tragico",

Dante invece la scopre in modo "comico"; mentre l'eroe mitologico viene fatto precipitare nell'abisso nel momento stesso della scoperta, l'eroe cristiano viene invece proiettato verso la sua condizione di creatura fatta *ad imaginem* del Creatore nello stesso istante in cui Beatrice (equivalente di Climene) e Cacciaguida ("la santa lampa" equivalente di Febo) lo certificano della sua missione eterna di poeta. Il mito classico della maturità impossibile diventa in tal modo il mito cristiano della maturità raggiunta, venendo a sigillare il complesso rapporto di intertestualità fra la *Commedia* di Dante e le *Metamorfosi* di Ovidio.[11]

4. La riscrittura dantesca del mito di Icaro

Nel canto XVII dell'*Inferno*, al momento di raccontare la propria terribile esperienza di volo sulle "spallacce" (v. 91) di Gerione, Dante si paragona oltre che con Fetonte anche con Icaro. I due eroi mitologici sono accostati nella *Commedia* sulla base di due tratti comuni: essi sono responsabili dello stesso folle tentativo di conquistare uno spazio (quello aereo) proibito all'uomo, e sono anche protagonisti di due storie parallele di maturità impossibile da raggiungere. La giustificazione di tale accostamento è rinvenibile nello stesso intertesto ovidiano. Nelle *Metamorfosi* infatti sia Fetonte sia Icaro sono qualificati come "pueri": persone cioè che non hanno superato la soglia della fanciullezza, che anzi si sforzano di superare tale soglia con una prova smisurata che li conduce ad una tragica fine. Lo scopo che Dante si propone di ottenere attraverso l'utilizzazione di questi due miti ovidiani è simile: applicando alla propria avventura ultraterrena il *pattern* mitologico egli vuole dimostrare come la dismisura e la *hybris* debbano essere corrette dalla misura e dalla *humilitas*, e quindi come il viaggio verso l'annientamento dell'eroe classico possa essere trasformato nel viaggio verso l'"indiamento" (cfr. *Par.* IV, v. 28) dell'eroe cristiano.

Ovidio racconta il mito di Icaro nell'ottavo libro delle *Metamorfosi*, ai vv. 183-235. Eccone la traccia essenziale. Dedalo, il grande architetto che ha costruito a Creta il Labirinto per rinchiudervi il Minotauro, intende partire dall'isola e ritornare in patria; ma il re Minosse lo vuole tenere vicino a sé, bloccando ogni via di uscita, per terra e per mare. Il re non può però impedire la fuga attraverso la via del cielo: è quanto pensa appunto Dedalo (vv. 185-86: "Terras licet ... et undas/obstruat, at caelum certe patet; ibimus illac!"), che si mette subito a costruire delle ali che gli permettano di imitare il volo degli uccelli (v. 195: "ut veras imitetur aves"). Il figlioletto Icaro intanto guarda affascinato il lavoro del padre e, giocando, cerca di partecipare alla costruzione della meravigliosa macchina, inconsapevole di star preparando la propria sventura. Finita l'opera, Dedalo applica le ali alle proprie spalle e a quelle di Icaro (v. 209: "ignotas umeris accomodat alas"), non senza avergli prima rivolto delle raccomandazioni (che sono le stesse che Febo aveva fatto a Fetonte): "tieni la via mediana - gli dice - poiché se voli troppo basso l'umidità marina

---

11 L'elenco completo dei luoghi danteschi in cui si trova rievocato il mito è fornito da G. Padoan nella sua voce "Fetonte" per l'*Enciclopedia dantesca*.

appesantirà le tue ali, e se invece voli troppo alto il sole le brucerà". Padre e figlio si alzano così in volo; mentre in basso dei lavoratori osservano stupiti la scena, pensando che quelli che vedono non siano esseri umani ma divini. Durante il viaggio,[12] Icaro segue per un po' il padre, ma poi si lascia prendere dall'entusiasmo per la sua avventura celeste, abbandonando la guida paterna e volando sempre più in alto (vv. 224-25: "coelique cupidine tractus / altius egit iter"): la vicinanza eccessiva del sole provoca però lo scollamento delle ali dal corpo, e quindi la sua precipitosa caduta. Icaro tenta disperatamente di agitare le braccia, ma privo di ali non riesce a far presa sull'aria;[13] e mentre invoca il nome del padre, viene inghiottito dalle onde marine. Comincia allora la ricerca del figlio perduto da parte di Dedalo: "Icare ... ubis es? qua te regione requiram?" (v. 232). Non è questa una domanda retorica, bensì una domanda che pone una drammatica alternativa; Dedalo infatti non sa dove cercare il figlio: se più in alto nel cielo, o più in basso nell'abisso marino. Il dubbio angoscioso ha però breve durata; Dedalo osserva delle penne che galleggiano sull'acqua: chiaro segno della tragedia marina che si è appena consumata. Al padre sconsolato non rimane che ricomporre in un sepolcro i resti miserandi del figlio che ha troppo osato.[14]

Il mito ovidiano di Icaro configura la seconda anta, come si è detto, del dittico di similitudini mitologiche utilizzato da Dante per descrivere la "paura" del poeta-pellegrino sospeso nel vuoto a bordo dell'infida "navicella" (v. 100) spaziale di Gerione:

> né quando Icaro misero le reni
> sentí spennar per la scaldata cera,
> gridando il padre a lui "Mala via tieni!" (vv. 109-11)

La paura dell'*agens*, costretto a questo periglioso trasferimento aereo che lo porterà dalla settima all'ottava bolgia, è dunque appena paragonabile a

---

12 I vv. 220-22, che descrivono il viaggio aereo di Dedalo e Icaro ("Et *iam* Iunonia *laeva / parte* Samos (*fuerant* Delosque Parosque *relictae*), / *dextra* Lebinthos erat fecundaque melle Calymne" [E già a sinistra avevano lasciato Samo, sacra a Giunone, Delo e Paro; e a destra avevano lasciato Lebinto e Calimne ricca di miele]), vengono tesaurizzati da Dante che se ne servirà per affabulare il "folle volo" di Ulisse in *Inferno* XXVI, vv. 110-11 ("da la *man destra* mi *lasciai* Sibilia / da l'altra *già* m'*avea lasciata* Setta"). Sul mito dantesco di Ulisse, riscritto a partire dai libri XIII e XIV delle *Metamorfosi*, v. Picone 1989.

13 Ovidio non dice però "privo di ali" bensì "privo di remi" (v. 228: "*remigioque* carens non ullas percepit auras"): dove si assiste al transfert dal campo semantico del volo al campo metaforico della navigazione; nel famoso verso 125 del canto XXVI dell'*Inferno* ("de' remi facemmo ali al folle volo") Dante opererà lo stesso transfert, ma in direzione opposta.

14 Ovidio si era già cimentato con il mito di Icaro nell'*Ars amatoria* II, vv. 21-96; pertanto nell'episodio parallelo delle *Metamorfosi* non fa altro che riscrivere se stesso (l'allusività dantesca sembra comunque implicare l'Ovidio "maggiore" piuttosto che quello erotico). Per il mito di Icaro si rinvia a Vivier 1962 e Wise 1977.

quella provata da Icaro e descritta nell'ottavo libro delle *Metamorfosi*. In verità, se andiamo a controllare l'intertesto ovidiano, la paura non sembra minimamente sfiorare Icaro, sempre sicuro di sé, anche nel drammatico momento in cui, perse le ali, "nudos quatit ... lacertos" (v. 227), agita le braccia spoglie; il timore invece caratterizza Dedalo, al quale "tremuere manus" (v. 211) al momento di attaccare le ali sulle spalle del figlio, e il cui cuore si riempie di ansia al pensiero che il figlio non sappia seguirlo (v. 213: "comitique timet"). Non si tratta però di un *lapsus* della memoria poetica di Dante, bensì di una voluta correzione del testo di partenza. Dante intende cioè responsabilizzare completamente Icaro dell'azione da lui compiuta; vuole che sia il figlio, non il padre, ad avvertire il brivido che avverte l'uomo al momento del suo decisivo incontro con il destino, al momento della prova finale. È proprio in questo istante supremo che Icaro acquista la sua maturità: ma una maturità che coincide con la morte e con la condanna eterna.

Nella terzina dantesca si trovano felicemente sintetizzate le due parti fondamentali di cui si compone la *fabula* ovidiana: la parte centrale (vv. 109-10), che indica il punto di crisi della storia di Icaro (il fatto che si è spinto troppo in alto, andando troppo vicino al sole: ciò che ha provocato lo sfaldamento della sua macchina volante), e la parte finale (v. 111), che evidenzia la causa non più esterna ma interna della tragica caduta dell'eroe (il fatto di non aver seguito la via indicata dal padre, ma di essersi lasciato guidare dalla propria *hybris*). I richiami all'intertesto classico sono precisi per l'una e per l'altra parte. Così, i vv. 109-10 del testo dantesco riscrivono i vv. 225-27 del testo ovidiano ("rapidi vicinia solis / mollit odoratas, pennarum vincula, ceras. / Tabuerant cerae" [la prossimità del sole cocente ammollisce la cera profumata, saldatura delle ali, sciogliendola]): ma mentre l'*auctor* classico si attarda in una descrizione esteriore della cera profumata, o del sole che scioglie la cera delle ali, l'*auctor* cristiano invece si concentra esclusivamente sulla descrizione interiore di Icaro che "sente" staccarsi le penne una ad una dal proprio dorso ("le reni / sentì spennar"). Da una scena oggettivamente rappresentata, e quasi cesellata, qual è quella delle *Metamorfosi*, si passa ad una scena intimamente vissuta, intensamente patetica, qual è quella della *Commedia*. Un discorso analogo si può fare per il v. 111, in cui Dante traduce il grido disperato emesso da Dedalo ai vv. 231-33 della fonte ovidiana ("At pater infelix nec iam pater 'Icare' dixit, / 'Icare' dixit 'ubi es? qua te regione requiram?' / 'Icare' dicebat"). Osservata l'estrema concisione del poeta moderno, che rifiuta le leziosità stilistiche del poeta antico (tipo l'inciso "nec iam pater", o la triplice invocazione di Icaro), constatiamo di nuovo come Dante cerchi sempre di connotare creaturalmente (nel senso che Auerbach attribuisce a questo termine) le azioni dell'individuo. Il gesto di ribellione compiuto da Icaro (il non aver seguito la via indicatagli dal padre) è l'atto che lo condanna ad una fine tragica; mentre il grido lanciatogli da Dedalo assume il significato di una anticipazione del giudizio divino.[15] Simile spessore escatologico, attribuito da Dante all'evento, manca del tutto nell'intertesto ovidiano, dove si avverte il dramma del dolore paterno, l'incertezza sulla sorte terrena capitata al figlio, ma non il dramma del destino finale dell'uomo, l'incertezza sulla salvazione o la dannazione.

Chiaramente nella riscrittura dantesca del mito ovidiano di Icaro viene coinvolto un discorso anche macrotestuale; si vogliono infatti qui contrastare due viaggi: il viaggio negativo dell'eroe mitologico che segue la "mala via" dell'orgoglio, e il viaggio positivo dell'eroe cristiano che segue a "diritta via" dell'umiltà. Dante funzionalizza così su un piano simbolico e allegorico l'alternativa prospettata da Dedalo (nel già citato v. 232) sulla fine di Icaro. Il volo verso l'alto viene cioè a significare l'ipotesi ottimistica dell'ascensione dell'uomo al Paradiso (esperienza che il poeta-pellegrino effettivamente realizzerà), mentre la caduta in basso viene a configurare l'ipotesi pessimistica del *descensus* infernale (esperienza che il poeta-pellegrino sta ora compiendo, ma solo come preparazione all'*ascensus* purgatoriale e al volo paradisiaco).[16]

L'irradiazione del mito di Icaro nella *Commedia* non è così vasta come quella prodotta dal mito di Fetonte. C'è solo un altro accenno esplicito che ne viene fatto in *Paradiso* VIII, vv. 125-26: "e altro quello / che, volando per l'aere, il figlio perse". Qui però l'enfasi è posta sulle capacità intellettuali di Dedalo, e non sull'infelice destino di Icaro, preparato proprio dall'invenzione paterna. Un ricordo, più nascosto, del mito mi sembra che vada scovato sotto ai vv. 55-63 del canto XXXI del *Purgatorio*:

> Ben ti dovevi, per lo primo strale
> de le cose fallaci, levar suso
> di retro a me che non era più tale.
> Non ti dovea gravar le penne in giuso,
> ad aspettar più colpo, o pargoletta
> o altra novità con sí breve uso.
> Novo augelletto due o tre aspetta;
> ma dinanzi da li occhi d'i pennuti
> rete si spiega indarno o si saetta.

È fortemente probabile infatti che la deviazione morale e poetica, di cui Beatrice rimprovera il pellegrino, sia un'eco della "mala via" tenuta dall'eroe mitologico. Non solo: quelle "penne" che sono "gravate in

---

15 L'espressione dantesca "mala via tieni" (v. 111), che riprende il v. 208 dell'intertesto ovidiano ("me duce carpe viam": qui semplice ammonimento dato da Dedalo a Icaro di seguirlo nel proprio volo a mezza altezza), implica, al di là dell'originario valore morale (allusivo alla *medietas* stoica), un chiaro riferimento simbolico-allegorico allo smarrimento della "diritta via" di *Inferno* I, v. 3.

16 Per una buona analisi del trattamento dantesco del mito di Icaro si rinvia a Wlassics 1975: 183-88.

giuso", quelle ali che sono appesantite dai "colpi" delle passioni terrene,[17] ricordano molto da vicino le ali di Icaro appesantite dalla salsedine marina. Del resto "levar suso" e "gravar in giuso" rappresentano la traduzione del doppio movimento, verso l'alto e verso il basso, compiuto in sequenza dall'Icaro ovidiano. Infine, il "novo augelletto" della similitudine dantesca costituisce un richiamo preciso di un'analoga comparazione fatta da Ovidio fra gli ammonimenti impartiti da Dedalo al figlio e l'addestramento al volo degli uccelli appena nati (vv. 213-14: "velut ales, ab alto / quae teneram prolem produxit in aëra nido" [come un uccello che per la prima volta affida all'aria, facendoli uscire dall'alto nido, i suoi piccoli]).

5. L'incontro del poeta-pellegrino con Giasone

L'enciclopedia mitologica delle *Metamorfosi* non serve a Dante solo come *réservoir* da cui estrarre materiali tematici utili per poter descrivere la propria visione ultraterrena, o per poter rappresentare la condizione del poeta-pellegrino; essa viene anche utilizzata come grande fonte di informazione storica dalla quale attingere personaggi e eventi che entrano a far parte della stessa visione: che l'*agens* incontra faccia a faccia, e coi quali direttamente si confronta. Dall'esemplarità passiva e statica dei miti che abbiamo fin qui considerato, si passa all'esemplarità attiva e dinamica dei miti, come quelli di Capaneo o di Sinone, coi quali Dante stabilisce un contatto immediato (visivo e/o dialogico). Il mito assume così una portata diegetica, sfonda nello spazio della storia salvifica che il poeta della *Commedia* racconta.

Naturalmente il regno ultraterreno più popolato di queste figure mitologiche è l'Inferno; all'interno del quale esse possono rivestire sia una funzione demoniaca (ed è il caso più frequente: basti pensare a Caronte, Minosse, Cerbero, etc., semplici strumenti della giustizia divina per castigare i dannati), sia una funzione rappresentativa nei confronti della cultura antica, non cristiana: in questo senso le *Metamorfosi* diventano per Dante una sorta di "vecchio testamento" del mondo pagano, di libro autorevole che gli fornisce dei medaglioni completi e attendibili relativi a personaggi, come Enea o Ulisse, nei quali egli di volta in volta si rispecchia, si identifica cioè e si differenzia. Ho già in altra sede tentato di dimostrare che l'episodio dantesco dell'ultimo viaggio di Ulisse è un mosaico ottenuto mettendo insieme vari tasselli ricavati dai libri XIII e XIV delle *Metamorfosi*.[18] Ciò che vorrei studiare ora è un altro incontro capitale fatto dall'*agens* durante il suo *descensus* infernale: quello con l'emblematica figura di Giasone.

Dante incontra Giasone nella prima bolgia dell'ottavo cerchio infernale, relegato fra i seduttori. È un incontro che, come quello di Ulisse, si svolge nel segno di una fondamentale ambivalenza. Il poeta-pellegrino è al tempo stesso attratto dalla magnanimità del personaggio, e respinto dal suo comportamento immorale: vede cioè in Giasone il

---

17 Il sintagma dantesco "gravar le penne" costituisce una manifesta ripresa di quello ovidiano "gravet pennas" (v. 205).

18 Si veda Picone 1989.

prototipo di quel viaggiatore intrepido e avventuroso di cui egli stesso condensa l'ultima incarnazione moderna; contemporaneamente però stigmatizza in lui l'uso spregiudicato della seduzione per raggiungere l'oggetto della propria *quête*. Nel primo caso l'*agens* non può che ammirare Giasone e riconoscersi in lui; nel secondo caso egli deve invece riprovarlo e condannarlo, non può che sentirsi dissimile da lui. Ma analizziamo questo episodio del canto XVIII, all'interno del quale Virgilio assume (come poi nel canto di Ulisse) la funzione di mediatore fra l'antico e il moderno, di colui che presenta il personaggio mitologico al poeta-pellegrino:

> E 'l buon maestro, sanza mia dimanda,
> mi disse: "Guarda quel grande che vene,
> e per dolor non par lagrime spanda: 84
> quanto aspetto reale ancor ritene!
> Quelli è Iasón, che per cuore e per senno
> li Colchi del monton privati féne. 87
> Ello passò per l'isola di Lenno
> poi che l'ardite femmine spietate
> tutti li maschi loro a morte dienno 90
> Ivi con segni e con parole ornate
> Isifile ingannò, la giovinetta
> che prima avea tutte l'altre ingannate. 93
> Lasciolla quivi, gravida, soletta;
> tal colpa a tal martiro lui condanna;
> e anche di Medea si fa vendetta. 96

Il ritratto di Giasone propostoci da questi versi (messi in bocca a Virgilio) si articola chiaramente in due parti. Nella prima parte il personaggio mitologico viene identificato (vv. 83-7): nel suo aspetto fisico, nel suo carattere, nel suo nome e nella sua impresa più illustre. Nella seconda parte egli viene invece giudicato: dal punto di vista morale e spirituale, nelle sue parole e nelle sue azioni. Se la prima parte è elogiativa e ispirata all'ammirazione,[19] la seconda è deprecativa e improntata al disprezzo.

Giasone viene dunque anzitutto descritto come un "magnanimo",[20] come l'eroe di una *quête* altissima (la conquista del vello d'oro) che è la prefigurazione di quella condotta dal poeta-pellegrino nella *Commedia*. Egli è il "grande" (v. 83) che, invece di correre (come gli altri dannati del suo gruppo) davanti ai diavoli fustigatori, incede nobilmente sulla scena della bolgia infernale; il suo "aspetto reale" (v. 85), conservato a dispetto del sozzo luogo che lo ospita, non appare alterato nemmeno dal dolore che gli causa la punizione divina. Questo magnanimo però lo vediamo poi macchiato di una colpa ripugnante, quella di aver convinto

---

19 Mi trovo quindi in disaccordo con Rigo 1989: 181-82, che interpreta la lode tributata a Giasone in chiave parodica: "la notazione fisionomica [di Giasone] sembra avere la funzione di richiamare, in parodia, gli inganni sortiti in vita".

20 Sul valore di questo termine nella *Commedia* si rinvia all'ottimo studio di J. A. Scott, *Dante magnanimo. Studi sulla "Commedia"*, Firenze: Olschki, 1987.

fraudolentemente delle donne "a far *sua* voglia" (v. 56): colpa della quale viene qui esibita una significativa documentazione. È a causa di questo peccato che il grande eroe antico è stato condannato dalla giustizia divina nella prima delle Malebolge che accoglie i seduttori. Orbene: è decisivo rendersi conto del fatto che le due facce della descrizione dantesca sono il riflesso di due diversi intertesti ovidiani: il ritratto positivo poggia sul racconto dell'impresa gloriosa degli Argonauti contenuto nel settimo libro delle *Metamorfosi,* il ritratto negativo parte invece dal racconto delle avventure galanti di Giasone svolto nelle *Heroides*. Ovidio è pertanto la sola fonte classica sulla quale l'episodio dantesco è esemplato.[21] È nelle *Metamorfosi* che Giasone viene esaltato come uno degli eroi più straordinari del mondo antico, ed è nelle *Heroides* che al contrario egli viene dipinto come un seduttore privo di scrupoli, come l'incarnazione del Don Giovanni mitologico.

Possiamo per ora tralasciare l'intertestualità che si stabilisce con le *Metamorfosi:* non solo perché essa è qui solo abbozzata, ma anche perché la dovremo studiare subito, e in modo più approfondito, a proposito di due capitali luoghi del *Paradiso*. Concentriamoci invece sul dialogo stabilito con le *Heroides*. Gli atti di seduzione che vengono imputati a Giasone sono due: il primo, riguardante Isifile, si fonda sulla sesta *Eroide*, dove la donna scrive a Giasone per lamentarsi del suo tradimento e della sua dimenticanza; il secondo, concernente Medea, si basa invece sulla dodicesima *Eroide*, dove la donna scrive a Giasone accusandolo a sua volta di averla abbandonata. Dante dà maggiore enfasi alla prima storia di seduzione, avvenuta nella fase iniziale dell'impresa argonautica, durante una tappa del viaggio marino che conduce Giasone e i suoi compagni dalla Grecia alla misteriosa Colchide; mentre dedica solo un accenno alla seconda storia (v. 96), svoltasi nella fase finale dell'avventura argonautica, anzi agente catalizzatore di essa (è infatti grazie alla seduzione di Medea che Giasone può conquistare il vello d'oro). L'*amplificatio* registrata per la seduzione di Isifile, piuttosto che per quella di Medea, può essere giustificata con ragioni di ordine macrotestuale. A questo punto iniziale del viaggio salvifico è per Dante rilevante traghettare l'immagine di Giasone libertino, e a tale fine gli fa più gioco la storia di Isifile che non quella di Medea; e questo perché dietro la figura di Medea si staglia l'altra immagine di Giasone eroe, la cui rievocazione diventerà pertinente al discorso poetico svolto nell'ultima cantica della *Commedia*.

Il racconto della seduzione di Isifile si compone di tre segmenti narrativi: abbiamo infatti un inizio, un mezzo e una fine. L'inizio affabula l'incontro della donna con Giasone (vv. 88-90), il mezzo l'inganno amoroso di cui essa è fatta oggetto (vv. 91-3), e la fine l'abbandono dell'eroina da parte dell'eroe (vv. 94-5). All'interno di ognuno di questi segmenti (nei quali si ordina crono-logicamente la storia d'amore

---

21 Il rilevamento è già stato operato da Martellotti 1983: 23-25. Non si dimentichi il riscontro con il *Fiore* CLXI, vv. 5-14 (v. Dante, *Opere minori* I, I : 727), dove ci viene proposto (sulla scia del *Roman de la Rose*, vv. 13199 ss.) un ritratto di Giasone seduttore.

raccontata in modo *artificialis* nell'*Eroide* ovidiana) Dante ha modo di inserire un evento anacronico rispetto alla vicenda narrata. Così nel primo segmento, organizzato attorno alla parola tematica "passò" (verbo, come avremo occasione di precisare in seguito, dal marcato semantismo cristiano: esso indica non il semplice trasferimento da un luogo all'altro, nella fattispecie dalla Grecia alla Colchide, bensì la *peregrinatio* verso il luogo della rivelazione finale; allude quindi all'avventura conclusiva della vita), si fa riferimento a un fatto avvenuto in precedenza: l'uccisione spietata degli uomini dell'isola di Lenno da parte delle loro donne; fatto a cui allude brevemente il v. 53 dell'*Eroide*, ma che Dante enfatizza, certo per creare una situazione di mancanza sentimentale che il "passaggio" di Giasone è destinato a compensare. Il secondo segmento gravita invece attorno al verbo (veramente centrale per l'intero episodio, e per questo ripetuto in un elegante poliptoto) "ingannare" (verbo nel quale viene configurato il peccato di seduzione, che è una forma di lussuria aggravata dalla frode); al suo interno si innesta un'altra analessi, coordinata alla precedente, che riguarda l'azione compiuta da Isifile per sottrarre il padre Toante al tragico destino di morte toccato agli altri uomini di Lenno; la funzionalità di questo evento (anch'esso solo accennato nell'*Eroide*, v. 135) è quella di contrastare l'inganno malefico di Giasone, volto a ottenere i favori sessuali di Isifile, con l'inganno benefico della stessa Isifile, teso a salvare la vita del padre.[22] Il terzo segmento infine ruota attorno al verbo "lasciare" (col valore figurato di "abbandonare": si tratta del canonico abbandono successivo ad ogni seduzione), che chiude la triste storia amorosa; anche qui si introduce un evento (questa volta prolettico) deputato a gettare uno sguardo oltre la fine del racconto: la gravidanza di Isifile (dove il "gravida" dantesco è un fulminante richiamo intertestuale del "gravida ... in alvo" del v. 61 dell'*Eroide*). Raccontata la fine della storia della seduzione di Isifile, il poeta cristiano non si ferma come aveva fatto il poeta pagano; per lui diventa a questo punto necessaria una riflessione sulla fine della vita, una prolessi non più diegetica ma escatologica che annuncia il destino eterno del personaggio (di quello maschile questa volta). Dopo aver narrato la "colpa" di Giasone (la seduzione di Isifile) Dante ne descrive ora l'esemplare punizione, il "martiro" al quale egli viene "condannato" (v. 95) dalla memore giustizia divina.

Il dialogo che il testo dantesco instaura con l'intertesto ovidiano è serratissimo; basta, per rendersene conto, analizzare i vv. 57-67 dell'*Eroide*, dove è contenuta la scena dell'addio finale dei due amanti davanti alla nave Argo pronta a salpare:

> Tertia messis erat, cum tu dare vela coactus
> Implesti lacrimis talia verba tuis:

22 Coerentemente Dante destina Isifile al Limbo (v. *Purgatorio* XXII, v. 112), mentre condanna Giasone nel cerchio dei fraudolenti; l'Isifile però rievocata nel canto purgatoriale è un personaggio più staziano che ovidiano (cfr. la voce "Isifile" dell'*Enciclopedia dantesca*, firmata da C. Kraus).

"Abstrahor, Hypsipyle; sed, dent modo fata recursus,
  Vir tuus hinc abeo, vir tibi semper ero.
Quod tamen e nobis gravida celatur in alvo,
  Vivat, et eiusdem simus uterque parens".
Hactenus, et lacrimis in falsa cadentibus ora
  Cetera te memini non potuisse loqui.
Ultimus e sociis sacram conscendis in Argon.
  Illa volat; ventus concava vela tenet.

[Era la terza estate allorché tu, costretto a spiegare le vele, mi dicesti, con parole piene di pianto: "Sono tratto via a forza, o Ipsipile, ma - che solo gli dei mi concedano il ritorno - tuo sposo di qui io parto, tuo sposo io sempre sarò. E quel che di noi si nasconde nel tuo ventre gravido possa venire alla vita, e siamo noi, ambedue, i suoi genitori!" Così parlasti, e mentre le lacrime scorrevano sul tuo volto menzognero ricordo che non riuscisti a dire altre parole. Ultimo fra i compagni salì su Argo sacra. Ed essa vola: il vento afferra le vele rigonfie.][23]

Nel lasciar "soletta" Ipsipile (questo è il nome latino dell'eroina), Giasone pronuncia dunque un discorso (breve, ma retoricamente ben costruito e efficace) e compie dei gesti (il pianto e l'esibizione di una commozione che gli impedisce di continuare a parlare) che sono giudicati falsi e menzogneri (v. 63) dalla donna che li rievoca. Ecco: sono precisamente questo discorso e questi gesti rispettivamente le "parole ornate" e i "segni" (v. 91) a cui Dante fa riferimento al momento di sostanziare l'accusa di "ingannatore" (v. 92) lanciata contro Giasone, sottoscrivendo così in pieno il giudizio emesso da Ipsipile nell'*Eroide* ovidiana.

Ma c'è di più. Giasone, qualificato come "mutabilis" (v. 109) da Ipsipile, cioè incostante e volubile come un'aura primaverile, perpetra il suo inganno (la promessa di un amore duraturo, fatta nel momento stesso in cui l'amore è finito) servendosi di "parole ornate", utilizzando la retorica come veicolo non di verità ma di falsità.[24] È ora il poeta di Beatrice, l'autore della *Vita Nuova*, il teorico dell'amore come fattore di elevazione dell'individuo, che può ergersi a giudice dell'eroe antico che aveva usato la retorica amorosa come moneta di scambio erotico (cfr. il v. 66 dello stesso canto), da spendere per l'acquisto di un bene terreno e non da investire per il raggiungimento di un bene eterno. Da questo punto di vista mi trovo solo parzialmente d'accordo con quanto affermato da Curtius in quello che rimane il più bel saggio sulla circolazione del mito degli Argonauti nel mondo medievale. Il grande romanista sostiene infatti che nella *Commedia* "non alla persona [di Giasone] è diretto l'interesse appassionato di Dante, bensì al viaggio in mare".[25] Se è infatti vero che il viaggio dantesco alla scoperta dell'*imago* divina dell'uomo ripete quello mitologico degli Argonauti alla ricerca del vello d'oro (anche perché le due *quêtes* si

23 Il testo e la traduzione italiana delle *Heroides* sono quelle a cura di Rosati.

24 In *Inferno* II, v. 67 la "parola ornata" di Virgilio è invece chiaramente veicolo di verità, essendo quella che dovrà guidare il poeta-pellegrino nel suo viaggio ultraterreno.

25 Curtius 1984: 319.

concludono positivamente, mentre termina negativamente quella di Ulisse), è altrettanto vero che il vettore che spinge i due protagonisti (Giasone e Dante) a ritrovare l'oggetto del loro desiderio è polarizzato: nel caso dell'eroe antico si tratta di "amor torto", mentre nel caso del poeta-pellegrino si tratta di "amor diritto".[26] Ciò che comporta un'opposizione fra Dante e Giasone meno evidenziata, ma altrettanto forte, di quella esistente fra Dante e Ulisse.

6. Ovidio e il mito degli Argonauti

Dante utilizza nella *Commedia* gli Argonauti non solo come mito storico, facendo comparire Giasone nelle vesti di personaggio che il poeta-pellegrino incontra sulla scena ultraterrena, ma anche come mito poetologico, coinvolgendo Giasone e i suoi compagni nel processo di formazione e di affermazione dell'opera che stiamo leggendo. Se nel brano dell'*Inferno* che abbiamo appena analizzato l'apparizione di Giasone serviva a dar rilievo per contrasto all'*agens*, nei brani del *Paradiso* che ora studieremo la rievocazione dell'impresa argonautica serve a qualificare analogicamente, ma soprattutto dialogicamente, l'*auctor*. Troviamo insomma uno sfruttamento del mito di tipo metadiegetico e metaletterario, nel senso che Dante vi fa ricorso per poter descrivere adeguatamente l'audace impresa della sua scrittura letteraria. Prima però di passare ad una lettura parallela del mito degli Argonauti nelle *Metamorfosi* e nel *Paradiso*, è forse utile soffermarsi brevemente sulla sua diffusione nella cultura classica.[27]

Quello degli Argonauti può essere definito un mito delle origini: esso caratterizza cioè l'inizio della storia umana, la conquista da parte dell'uomo, creatura terrigena, dello spazio marino a lui non assegnato, anzi proibito. Evidenti quindi i legami con i miti di Fetonte e Icaro considerati in precedenza; fatta salva l'anteriorità, antropologica se non letteraria, del mito argonautico. Argo fu infatti la prima nave che l'uomo costruì per trasformare il mare in una via di comunicazione; ciò che provocò l'ira delle divinità marine, che cercarono in ogni modo di contrastare questa invadenza umana nel loro regno suscitando tempeste e causando naufragi. Il mito degli Argonauti nasce pertanto sotto il segno della proibizione e dell'infrazione, dell'imposizione divina e della *hybris* umana. La finalità ultima di questa sfida al limite, che porta gli Argonauti a violare la legge naturale e divina, è la conquista di un oggetto magico, rappresentato dalla pelle dorata di un montone (il vello d'oro) custodita nella Colchide, una regione posta all'estremo confine nord-orientale del mondo (e accessibile quindi solo per mare). Capitale rilevare subito il fatto che Giasone e i suoi compagni hanno successo nella loro ardita impresa,

---

26 Secondo l'opposizione stabilita in *Paradiso* XXVI, vv. 62-63: "tratto m'hanno del mar de l'amor torto, / e del diritto m'han posto a la riva"; ciò che implica il passaggio attraverso una fase "giasonica" di "amor torto" da parte del poeta-pellegrino (la stessa rimproveratagli da Beatrice sulla vetta del Purgatorio).

27 Una sintesi attenta si troverà in Curtius 1984; si vedano anche Graves 1964; Dominiguez 1979 e Desbordes 1979.

riescono cioè a conquistare il vello d'oro. Se dunque Fetonte e Icaro sono figure emblematiche della maturità non raggiunta, gli Argonauti invece emblematizzano il conseguimento della maturità personale e sociale. Ma il tema avventuroso, del viaggio marino e della ricerca dell'oggetto magico, si accompagna nel mito degli Argonauti ad un altro tema fondamentale: quello amoroso. Oltre alla *quête* eroica di Giasone il mito affabula infatti anche la *quête* erotica di Medea, sviluppa cioè la storia della passione travolgente che prende la figlia del re della Colchide per l'eroe venuto da lontano. Nel mito argonautico si incontrano così, e si scontrano, due pulsioni: la pulsione vitale di Giasone, tesa a raggiungere un'identificazione storica condensata nel vello d'oro, e la pulsione mortale di Medea, volta a raggiungere un'impossibile identificazione amorosa con l'Altro, con lo straniero.

Questa doppia articolazione del mito, avventurosa e passionale, ha finito per determinare nel mondo classico, a seconda che abbia predominato l'aspetto eroico o erotico, tre distinte tradizioni letterarie. Quando infatti prevale la dimensione eroica e avventurosa abbiamo la tradizione epica, il cui monumento poetico più alto è rappresentato dalle *Argonautiche* di Apollonio Rodio, uno dei poemi più brillanti dell'epoca alessandrina; un più modesto tentativo (rimasto, per nostra fortuna, incompiuto) di trasferire nella letteratura latina l'epica argonautica fu quello portato avanti, nel primo secolo dopo Cristo, da Valerio Flacco con le sue *Argonautiche*. Quando invece predomina la dimensione erotica e passionale abbiamo la tradizione tragica, i cui esemplari più alti sono la *Medea* di Euripide e quella di Seneca (mentre la *Medea* ovidiana ci è stata invidiata dal tempo); in questo caso la focalizzazione narrativa si sposta significativamente dal protagonista maschile su quello femminile. Quando infine la dimensione eroica e erotica si fondono insieme senza sopraffarsi, anzi attenuandosi l'una nell'altra e riducendosi nella misura di un breve poemetto, allora abbiamo la tradizione lirica, per la quale basterà ricordare la quarta ode pitica di Pindaro e il carme 64 di Catullo.

Dal quadro sommario che abbiamo schizzato della diffusione del mito degli Argonauti nel mondo classico è rimasto fuori il nome di Ovidio. Le composizioni pertinenti di questo autore non sono infatti inseribili in nessuna delle tre tipologie proposte, semplicemente perché le includono tutte, perché in esse le barriere dei generi sono sistematicamente infrante. Così nella sesta e nella dodicesima *Eroide*, di cui abbiamo già parlato, Ovidio dà rilievo sia al registro tragico sia a quello lirico. Egli fa infatti pronunciare a Ipsipile e Medea, ambedue sedotte e abbandonate da Giasone, dei discorsi (sotto forma di epistole) che sono al tempo stesso dei dialoghi drammatici con l'eroe assente e dei monologhi lirici di eroine innamorate. Anche nel settimo libro delle *Metamorfosi* Ovidio, se da una parte privilegia il registro epico (quando rievoca l'avventura argonautica attraverso il racconto del suo atto più significativo: la conquista del vello d'oro da parte di Giasone), dall'altra proietta il mito degli Argonauti in una prospettiva sia lirica (quando fa descrivere a Medea l'insorgere della sua passione amorosa) sia tragica (quando narra gli esiti fatali ai quali conduce l'amore-passione dell'eroina).

È arrivato il momento di studiare, dopo la versione del mito degli Argonauti offerta dalle *Eroidi*, quella che ci viene presentata nel settimo libro delle *Metamorfosi*. Ovidio fa iniziare la sua narrazione *in medias res*, nel punto in cui gli Argonauti stanno per raggiungere la Colchide, il luogo dov'è custodito il vello d'oro. Per la comprensione del mito è però necessario fare un passo indietro, e spiegare l'eziologia di questo vello d'oro. Si tratta della pelle dell'ariete alato che Giove aveva inviato sulla terra per salvare Elle e Frisso dall'ira del loro padre Atamante. Dopo che l'animale fatato aveva trasportato sulle sue spalle Frisso dalla Grecia alla Colchide (Elle era miseramente caduta in mare durante il trasferimento aereo), venne sacrificato sull'altare di Giove, e la sua pelle dorata fu donata da Frisso (legittimo proprietario) al re di Colchide, Eeta, per ringraziarlo dell'accoglienza ricevuta. Eeta appese allora la pelle dorata ad una quercia che si trovava nel bosco consacrato a Marte, e mise a custodia di essa un terribile drago. Questo l'antefatto. La storia degli Argonauti comincia quando Pelia, re di Tessaglia e zio di Giasone (anzi usurpatore del trono che sarebbe spettato al padre di Giasone), desiderò ritornare in possesso della preziosa pelle, che evidentemente considerava un bene della grecità. A tal fine egli impose a Giasone il compito periglioso di recuperare questo vello d'oro; la difficoltà dell'impresa consisteva nel fatto di dover ripercorrere lo stesso tragitto dalla Grecia alla Colchide che l'ariete alato aveva compiuto in aria. Di qui l'idea di Giasone di fare il viaggio via mare, di qui l'invenzione della prima nave Argo, riempita con gli eroi più famosi del tempo. Se l'intenzione di Pelia, al momento di affidare a Giasone il difficile compito, era quella di farlo perire e di eliminarlo come contendente al trono, l'intenzione di Giasone, affrontando la terribile prova, era invece quella di dimostrare la sua maturità, e quindi la sua capacità a regnare.

È precisamente a questo punto che inizia il racconto ovidiano delle *Metamorfosi*; basta leggere i versi che chiudono il sesto libro, nei quali si annuncia la materia trattata nel libro successivo:

> Ergo ubi concessit tempus puerile iuventae,
> vellera cum Minyis nitido radiantia villo
> per mare non notum prima petiere carina. (vv. 719-21)

Coi Minii (così vengono denominati gli Argonauti, perché discendenti da Minia; o meglio dal nome di una popolazione tessala), dopoché passarono dalla puerizia alla gioventù,[28] si misero a cercare ("petiere") con la prima nave ("prima ... carina") mai costruita dall'uomo, attraverso il mare fino ad allora sconosciuto ("per mare non notum"), la pelle che abbaglia per il nitore dei suoi peli ("vellera ... nitido radiantia villo", con prezioso gioco etimologico). Vengono qui rappresentati i principali motivi che compongono il tema argonautico: il passaggio all'età matura (v. 719), la *quête* dell'oggetto magico (v. 720), il viaggio pericoloso in un elemento

28 Il soggetto grammaticale della frase (e del verbo "petiere") sono Calai e Zete, i due gemelli figli di Borea e Oritia (di cui Ovidio ci ha raccontato la nascita nei versi precedenti), che si uniscono agli Argonauti nella loro impresa.

(il mare) non ancora esplorato (v. 721). Da una parte sta dunque la maturità da conquistare, dall'altra i mezzi per raggiungerla: l'oggetto metaforico del desiderio (il vello d'oro) e la sfida al limite (il viaggio marino).

Il libro settimo delle *Metamorfosi* si apre con un'immagine dinamica: con la nave Argo che solca il mare aperto ("Iamque fretum Minyae Pagasaea puppe secabant"); movimento che si esaurisce nell'avverbio "tandem" del v. 5 ("multaque perpessi claro sub Iasone tandem/contingerant rapidas limosi Phasidos undas" [alla fine, dopo molte traversie, guidati dal glorioso Giasone, raggiunsero le rapide del limaccioso Fasi]). Ovidio sembra aver fretta di far approdare gli Argonauti nella Colchide, dove li attendono esperienze terribili. È ai vv. 7-9 che si gettano le basi del racconto successivo:

> dumque adeunt regem Phrixeaque vellera poscunt
> visque datur Minyis magnorum horrenda laborum,
> concipit interea validos Aeetias ignes ...

Troviamo qui collegati fra di loro, anche dal punto di vista sintattico, l'eroismo di Giasone e dei suoi compagni da una parte, e l'erotismo di Medea dall'altra: mentre ("dum") Giasone cerca di ottenere il vello d'oro, nello stesso momento ("interea") Medea prova il fuoco dell'amore. I due registri, quello epico di Giasone e quello lirico-drammatico di Medea, vengono in tal modo strettamente vincolati l'uno all'altro. In effetti, le prove difficili imposte da Eeta a Giasone, per dar seguito alla sua richiesta del vello d'oro, potranno essere superate solo grazie all'intervento di Medea, mossa dalla passione.

È alla descrizione della nascita improvvisa di questa passione nel cuore di Medea che sono dedicati i versi successivi (10-71); descrizione svolta all'interno di un lungo soliloquio nel corso del quale l'eroina si autoanalizza. Ovidio ci fa vedere qui Medea che cerca di spiegarsi con razionalità la forza irrazionale dalla quale è stata assalita:

> ... 'frustra, Medea, repugnas:
> nescio quis deus obstat' ait 'mirumque quid hoc est,
> aut aliquid certe simile huic, quod amare vocatur. (vv. 11-13)

Inutile ribellarsi - dice Medea - al dio che mi ha invasata; non so quale dio, ma certamente deve trattarsi del dio d'amore.

> Sed trahit invitam nova vis, aliudque cupido,
> mens aliud suadet: video meliora proboque,
> deteriora sequor! ... (vv. 19-21)

Questa nuova forza - continua Medea - mi trascina contro mia voglia; una cosa mi consiglia la passione, un'altra la ragione; tale contrasto fra passione e ragione fa sì che io riconosca il bene, ma segua il male.[29]

Arriviamo così al *climax* dell'avventura argonautica, al racconto delle prove che Eeta assegna a Giasone per accordargli il vello d'oro. Tali prove Giasone le potrà superare solo con l'aiuto di Medea, che mette a disposizione dell'uomo che ama, e che ha promesso di sposarla (v. 91: "promisitque torum": il solito gesto da seduttore!), le proprie arti magiche. L'azione gira di conseguenza attorno ad un fraintendimento fondamentale riguardante la funzione diegetica di Medea: mentre la donna crede di essere l'oggetto, o almeno uno degli oggetti, della *quête* di Giasone, questi invece la considera una semplice aiutante per raggiungere il vello d'oro. Le prove sono sostanzialmente tre: ed è Medea stessa che le preannuncia nel suo soliloquio (vv. 35-36: " ... cur non *tauros* exhortor in illum / *terrigenasque* feros insopitumque *draconem* ? [perché non rivolgo contro Giasone i tori, i feroci guerrieri nati dalla terra e il drago insonne?]). La prima prova consiste dunque nel domare dei tori feroci, e con essi arare un campo consacrato a Marte (vv. 100-21); la seconda nel combattere e uccidere dei guerrieri, nati armati dai denti di drago prima seminati in quel campo (vv. 121-48); la terza nell'affrontare il drago insonne che custodisce il vello d'oro (vv. 149-58). Giasone, protetto dai "medicamina" (v. 116), dai farmaci e dai sortilegi di Medea, riesce non solo ad aggiogare i tori, e a far sì che i guerrieri armati non rivolgano la loro ira contro di lui ma si uccidano fra di loro, ma anche ad addormentare l'orribile drago e a sottrargli l'ambita preda. In possesso dell'oggetto ricercato Giasone, accompagnato dai suoi uomini e da Medea, fugge verso la nave Argo, a bordo della quale intraprende il viaggio di ritorno in Grecia.

Fra tutte la prima prova è quella che ci interessa più da vicino, poiché è soprattutto ad essa che Dante pensa quando compone il *Paradiso*. Nel corso di questa prova Giasone deve dunque aggiogare dei tori indomiti, forniti di zoccoli di bronzo e sprigionanti fuoco dalle loro narici, per poi arare con essi il sacro campo di Marte. Ma leggiamo il passaggio relativo:

> Postera depulerat stellas aurora micantes:
> conveniunt populi sacrum Mavortis in arvum
> consistuntque iugis; medio rex ipse resedit
> agmine purpureus sceptroque insignis eburno.
> Ecce adamanteis Vulcanum naribus efflant
> aeripedes tauri, tactaeque vaporibus herbae
> ardent; utque solent pleni resonare camini,
> aut ubi terrena silices fornace soluti
> concipiunt ignem liquidarum adspergine aquarum,

29 L'ultima frase verrà ripresa, come noto, da Petrarca, e applicata alla sua vicenda amorosa con Laura (si veda *Canzoniere* CCLXVI, v. 136: "et veggio il meglio, et al peggior m'appiglio"). Interessante osservare che, mentre il Dante della *Commedia* si identifica con l'eroico Giasone, il Petrarca del *Canzoniere* si identifica invece con la passionale Medea. Troviamo qui registrate due modalità antitetiche di ricezione dello stesso mito ovidiano.

pectora sic intus clausas volventia flammas
gutturaque usta sonant. Tamen illis Aesone natus
obvius it: vertere truces venientis ad ora
terribiles vultus praefixaque cornua ferro
pulvereumque solum pede pulsavere bisulco
fumificisque locum mugitibus inpleverunt.
Deriguere metu Minyae; subit ille nec illos
sensit anhelantes (tantum medicamina possunt)
pendulaque audaci mulcet palearia dextra
suppositosque iugo pondus grave cogit aratri
ducere et insuetum ferro proscindere campum.
Mirantur Colchi, Minyae clamoribus augent
adiciuntque animos...

Fornisco una parafrasi interpretativa di questo brano, evidenziando i punti che riguardano maggiormente la ricezione dantesca. Il giorno convenuto per la prova — narra Ovidio — si radunano i due popoli (quello dei Colchi e quello dei Greci) nel campo di Marte. Mentre la gente comune si dispone sulle alture (per vedere meglio, e in modo più sicuro, lo spettacolo), il re Eeta si asside "medio ... agmine" (vv. 102-03), in modo da presiedere alla prova-spettacolo. Ed ecco aprirsi la scena: appaiono gli "aeripedes tauri" (v. 105) che bruciano, con le fiamme che escono dalle loro narici, le erbe del campo. Segue ai vv. 106-10 una doppia similitudine che ha la funzione di attenuare un po' l'effetto prodotto dalla terribile apparizione: le fiamme esalate dalle gole dei tori sono simili a quelle di un camino colmo di legna o di una fornace sotterranea. Giasone non si lascia però spaventare dai tori, anzi muove intrepido verso di loro. I tori puntano allora contro di lui il loro muso truce e le loro corna con punte di ferro; dopodiché, quasi a segnare l'inizio dell'attacco, battono con i piedi bisulchi il suolo, sollevando polvere e riempendo il luogo di muggiti e di fumo. In questa scena da tauromachia Ovidio mette in evidenza la sua attitudine ludica, senza però dimenticare il gusto teatrale dimostrato fin dall'inizio del brano. Col v. 115 il poeta ci porta infatti dalla scena sugli spettatori ("Deriguere metu Minyae" [gelarono di paura gli Argonauti]), per ritornare subito sulla scena e osservare il comportamento intrepido di Giasone che, difeso dai farmaci di Medea, si avvicina ai tori e li sottomette al giogo, costringendoli così ad arare il campo mai prima coltivato (v. 119: "insuetum ... campum").

Importantissimi, ai fini della riscrittura dantesca del mito, sono i versi conclusivi (120-21) di questo segmento narrativo. Focalizzando di nuovo sugli spettatori, Ovidio divide il pubblico che assiste alla prova di Giasone in due gruppi. Il primo gruppo è costituito dai Colchi, i quali partecipano con distacco e passivamente alla lotta di Giasone con i tori che si svolge sulla scena: "Mirantur Colchi"; essi mostrano cioè una meraviglia del tutto esteriore, comunque non simpatetica. Il secondo gruppo è formato dai Minii, dagli Argonauti, che partecipano invece emotivamente all'azione scenica, diventandone quasi dei comprimari; se in precedenza essi si erano sentiti gelare dalla paura alla vista dei tori minacciosi (v. 115), ora li vediamo incitare con le loro grida di incoraggiamento Giasone, aumentando così il suo ardire. La vittoria che pertanto Giasone ottiene sulla scena è anche merito dei suoi compagni, che non sono stati dei semplici spettatori, ma che nei loro cuori hanno sofferto con lui e hanno agito accanto a lui.

7. Dante Argonauta

Il lettore medievale che apriva le *Metamorfosi* al settimo libro vi trovava dunque una visione sintetica, a 360 gradi, del mito degli Argonauti. Non si deve perciò attribuire al caso, ma va considerata una scelta oculata, e quasi obbligata, quella che porta Dante in direzione del capolavoro ovidiano, quando l'alta materia della terza cantica lo induce a confrontarsi col modello argonautico.[30]

Nel brano che abbiamo appena commentato Dante trova subito due elementi che si impongono alla sua attenzione. Il primo elemento è quello relativo al campo mai arato in precedenza, l'"insuetum campum"; mentre il secondo riguarda la divisione del pubblico degli spettatori in attivi e passivi, i Minii e i Colchi. Oltre a questi elementi estraibili dal racconto della prima prova di Giasone, si imprimono nella memoria di Dante i due motivi che segnano i limiti diegetici del mito: il motivo del viaggio che nessuno ha ancora intentato, l'attraversamento del "mare non notum"; e il motivo finale del superamento delle prove imposte all'eroe, il successo ottenuto nella *quête* del vello d'oro. Sono precisamente questi quattro punti dell'intertesto ovidiano che combinati e amalgamati insieme in senso formale e narrativo, e riscritti nella nuova prospettiva ideologica cristiana, danno come risultato quello che viene giustamente considerato come uno dei più memorabili inizi di canto di tutta la *Commedia*, l'*ouverture* del canto secondo del *Paradiso*:

> O voi che siete in piccioletta barca,
> desiderosi d'ascoltar, seguiti
> dietro al mio legno che cantando varca,
> tornate a riveder li vostri liti:
> non vi mettete in pelago, ché forse,
> perdendo me, rimarreste smarriti.
> L'acqua ch'io prendo già mai non si corse;
> Minerva spira, e conducemi Appollo,
> e nove Muse mi dimostran l'Orse.
> Voialtri pochi che drizzaste il collo
> per tempo al pan de li angeli, del quale
> vivesi qui ma non sen vien satollo,
> metter potete ben per l'alto sale
> vostro navigio, servando mio solco
> dinanzi a l'acqua che ritorna equale.
> Que' glorïosi che passaro al Colco
> non s'ammiraron come voi farete,

---

30 Sulla presenza del mito degli Argonauti nel *Paradiso* dantesco sono fondamentali, oltre a Curtius 1984, Hollander 1969: 220-32 e Boitani 1992: 351-91. Si vedano anche Renaudet 1951: 367-71; Batard 1952: 51-54; Portier 1965; Battaglia-Ricci 1983: 161-92.

quando Iasón vider fatto bifolco. 18

Dall'"insuetum campum" ovidiano vediamo pertanto sorgere non solo l'immagine di Giasone "bifolco" (v. 18), ma anche quella del "solco" (v. 14) lasciato dal "legno" del poeta. Direttamente dipendente dall'opposizione stabilita da Ovidio fra Colchi e Argonauti è la bipartizione dantesca dei lettori del poema in due gruppi: quelli che non sono attrezzati a compiere il viaggio paradisiaco (vv. 1-9), e quelli che lo sono (vv. 10-18). Una traduzione fedele dell'espressione ovidiana "mare non notum" è rinvenibile al v. 7: "L'acqua ch'io prendo già mai non si corse"; ma tutto il brano è ispirato al motivo del viaggio oltre il limite, della *navigatio* oceanica. Non si trova qui direttamente attestato, trattandosi di luogo liminare, il motivo della conquista del vello d'oro; ma l'intero brano implicitamente allude a questa conclusione positiva dell'attraversamento paradisiaco: basti pensare all'"ammirazione" (v. 17) che circonderà il poeta alla fine della sua impresa. In verità, la similitudine dell'ultima terzina vuole significare proprio questo: come Giasone è risultato vincitore delle prove fisiche alle quali è stato sottoposto, così il poeta moderno uscirà vittorioso dalle prove linguistico-retoriche presentate dall'affabulazione del suo itinerario stellare. Quella che qui è soltanto un'allusione, diventerà nel canto XXV un'aperta dichiarazione:

con altra voce omai, con altro vello
ritornerò poeta, e in sul fonte
del mio battesmo prenderò 'l cappello. (vv. 7-9)

Alla fine del suo viaggio l'*agens* diventato *auctor* pretenderà di ricevere l'equivalente del vello d'oro nel campo delle esperienze letterarie: quel "cappello", cioè la corona di alloro, che sarà il segno tangibile del suo trionfo di poeta.[31]

La strategica posizione che l'inizio del secondo canto occupa nella costruzione macrotestuale del *Paradiso* è dimostrata dal fatto che vengono qui coinvolte tutte le variabili della comunicazione letteraria. La prima ad essere enfatizzata è la funzione del ricevente: l'intero brano è in effetti un'allocuzione rivolta ai lettori. Troviamo poi messa in risalto la funzione dell'emittente: l'*auctor* che si trova non più alla guida di una "navicella", come all'inizio del *Purgatorio*, bensì di un equipaggiatissimo "legno che cantando varca" (v. 3). Speciale attenzione è assegnata alla funzione del referente, l'argomento trattato: le "miglior acque" purgatoriali diventano ora il "pelago" (v. 5) e l'"alto sale" (v. 13) dell'infinita realtà divina.[32] Un riguardo particolare è rivolto alla funzione del messaggio, la scrittura paradisiaca che viene qualificata attraverso la metafora conviviale del "pan de li angeli" (v. 11), del cibo spirituale destinato alla consumazione di

---

31 Importanti, per il tema dell'incoronazione poetica, sono anche i vv. 13-36 del primo canto del *Paradiso*.

32 Dante pertanto "trascorre la infinita via" della conoscenza divina, che (secondo quanto affermato da Virgilio nel canto terzo del *Purgatorio*, vv. 34-36) sarebbe da "matti" tentare di affrontare armati solo di "ragione".

pochi privilegiati. Perfino la funzione del canale riceve un competente rilievo se, come vedremo, il "solco" (v. 14) lasciato dalla nave del poeta sulla superficie sempre uguale del mare può essere considerato una metafora della scrittura, dei segni lasciati dalla penna sulle carte bianche di cui si compone il libro che abbiamo davanti. E la funzione del codice? Questa viene manifestamente introdotta proprio dalla similitudine registrata ai vv. 16-18: versi che citano (nel senso giuridico del termine: chiamano in causa) il mito argonautico *secundum Ovidium*. Il codice dunque secondo il quale è composto questo brano, e secondo il quale esso va interpretato, è quello ispirato dalle *Metamorfosi*.

E veramente l'ombra lunga del mito ovidiano degli Argonauti, dalla similitudine finale che lo evoca, si estende fino a coprire la più piccola unità semantica di questo inizio di canto. Non è solo la materia del *Paradiso* ad assumere l'aspetto di un mare vastissimo e profondissimo, sconosciuto e pericoloso, del tutto simile al mare affrontato da Giasone e dai suoi compagni nelle *Metamorfosi*; non è solo il poeta che compie la difficile *navigatio* paradisiaca a rivestire i panni di Giasone, nocchiero oltre che "bifolco" (v. 18); ma sono anche i lettori privilegiati della terza cantica che vengono associati agli Argonauti, a "que' glorïosi che passaro al Colco" (v. 16: dove ritorna il verbo "passare" dell'episodio infernale di Giasone, ad indicare il passaggio cristiano dall'*hic et nunc* della storia all'*illuc et tunc* della verità eterna); ed è soprattutto la stessa cantica paradisiaca che assume le parenze meravigliose di una nave, della nuova Argo "che cantando varca" (v. 3).[33] La fine del viaggio dantesco non potrà di conseguenza che riflettere la fine del viaggio argonautico di cui è la traduzione cristiana: compiuto il *Paradiso* l'*auctor* ritornerà (o meglio: spera di ritornare) in patria con la corona poetica così come Giasone è ritornato in Grecia con il vello d'oro, e riassumerà le funzioni di poeta così come Giasone è stato reintegrato nelle sue funzioni di re.

Svolgiamo, in conclusione della nostra analisi, due osservazioni testualmente più precise. La prima osservazione tocca l'identificazione del poeta-pellegrino con "Iasón ... fatto bifolco" (v. 18). Su quali basi poggia un simile rapporto analogico? e qual è il suo significato? Per rispondere a queste domande è necessario tenere presente l'intero contesto ovidiano relativo alla prima prova affrontata da Giasone. Giasone, ci spiega l'intertesto, è bifolco perché aggioga dei tori indomiti spiranti fuoco dalle narici. Dante sarà quindi "bifolco" per le stesse ragioni; ma i tori che egli

---

33 Anche il verbo "varcare", come "passare", si caratterizza per il suo peculiare semantismo cristiano: la nave del *Paradiso* è sul punto di "varcare", di superare il limite che separa il mondo delle esperienze finite (l'Inferno e il Purgatorio si situano all'interno della realtà sublunare) dal mondo delle esperienze infinite (la realtà angelica e divina). "Varco" indica quindi il discrimine che separa la conoscenza per la quale basta la sola ragione umana (Virgilio), dalla conoscenza per la quale è necessaria la rivelazione cristiana (simbolizzata da Beatrice). Naturalmente questo "varco" che l'*auctor* e i lettori del *Paradiso* superano positivamente è quello stesso "varco folle" che Ulisse e i suoi compagni hanno superato negativamente; ciò che oppone la "comedìa" dantesca alla "tragedìa" classica.

deve domare sono ben più temibili di quelli mitologici, trattandosi dell' "alta fantasia", del fuoco della sua ispirazione poetica (fondamentale a questo proposito il richiamo operato al v. 8: "Minerva *spira*" echeggia "efflant" del v. 104 del testo ovidiano, riferito allo spirare dei tori), e più esattamente delle dita che tengono la penna che scrive. L'associazione è pertanto fatta a partire dall'antichissima metafora della scrittura come aratura. Il corrispettivo analogico di Giasone "bifolco" diventa così Dante *scriba*: nella fattispecie, *scriba Dei*.

La seconda osservazione concerne la presunta "infedeltà" di Dante nei confronti della sua fonte: infedeltà rinvenibile al v. 17, dove il verbo "s'ammiraron" viene riferito agli Argonauti, mentre nel testo di partenza esso era riferito ai Colchi (v. 120: "Mirantur Colchi..."). Si tratta di un *lapsus memoriae* o di una licenza di traduttore? Secondo me, né dell'una né dell'altra; la "misquotation" dantesca, se considerata all'interno del processo di riscrittura cristiana del mito classico, manifesta di essere consapevole e anzi voluta. Dante infatti non solo muta la relazione sintattica del verbo (il cui soggetto non è più "i Colchi", ma i "gloriosi" Argonauti), ma altera soprattutto il suo valore semantico. Se, come si è già detto, il "mirantur" ovidiano indica la meraviglia esteriore propria di spettatori passivi come i Colchi, il "s'ammiraron" dantesco denota invece la meraviglia interiore che prende coloro che non sono più dei semplici lettori, ma degli attori che partecipano col poeta ai "mirabilia" dell'avventura paradisiaca. Lettori che ovviamente non possono più identificarsi con i Colchi, ma con gli Argonauti. Di qui l'inevitabile scambio dei titolari dell'azione ammirativa. C'è un'altra ragione, di tipo intratestuale questa volta, per spiegare la correzione dantesca del testo ovidiano (correzione che si pone nettamente all'interno della topica dell'"Ueberbietung"):[34] come vedremo subito, il verbo "ammirare" ritorna nell'ultimo canto del *Paradiso* (v. 96), e anche lì in connesione col mito degli Argonauti.

La gloriosa nave d'Argo è, in effetti, l'ultima immagine mitologica a uscire dalla fantasia del poeta della *Commedia* arrivato alla fine del suo itinerario paradisiaco. Di conseguenza il mito argonautico viene ad assumere all'interno del *Paradiso* una manifesta funzione demarcativa: esso in qualche modo "incornicia" la cantica, ne delimita i confini testuali, ne fissa il punto iniziale e quello finale. Ciò che potenzia la sua valenza di mito, come l'abbiamo definito, "poetologico": mito che serve ad affabulare, più che la realtà della visione ultraterrena o la condizione del poeta-pellegrino, la vita dell'opera stessa.

Nel canto XXXIII del *Paradiso* Dante scopre l'Oggetto finale della sua *quête* intellettuale e poetica, vede l'immagine divina nella quale la dispersione del mondo trova la sua definitiva unità. Tale *visio Dei* gli si configura come un "punto", temporale e testuale, per rappresentare il quale egli ritorna con la propria memoria al mito degli Argonauti. Davanti al mistero dell'essenza divina, faccia a faccia con Dio, Dante sente dentro di sé per l'ultima volta le palpitazioni dell'argonauta:

---

34 Curtius 1992:182-86; e vedi *supra* n. 4.

Nel suo profondo vidi che s'interna,
legato con amore in un volume
ciò che per l'universo si squaderna:
sustanze e accidenti e lor costume
quasi conflati insieme, per tal modo
che ciò ch'i' dico è un semplice lume.
La forma universal di questo nodo
credo ch'i' vidi, perché più di largo,
dicendo questo, mi sento ch'i' godo.
Un punto solo m'è maggior letargo
che venticinque secoli a la 'mpresa
che fé Nettuno ammirar l'ombra d'Argo.

Il problema che deve qui affrontare l'*auctor* è quello di descrivere il punto decisivo del suo poema sacro, di raccontare la fine della sua avventura eroica. La *Commedia* non potrà considerarsi compiuta, e quindi perfetta, se non quando questo punto sarà adeguatamente rappresentato. Come senza la fine non c'è storia, così senza questo punto finale non ci sarà libro: Dante non potrà cioè considerare la sua opera come una ripetizione o una imitazione di quel "volume" nel quale Dio ha "legato con amore... / ciò che per l'universo si squaderna" (vv. 86-87). Ai vv. 94-96 Dante vuole appunto comunicare al lettore questa sua difficoltà di autore, messo davanti ad una sfida superiore a quella presentata a qualsiasi altro poeta precedente, classico o moderno. Un punto solo della mia visione paradisiaca – afferma Dante in questa terzina, – soltanto il fatto di descrivere il "nodo" in cui la molteplicità del creato mi è apparsa "conflata" (v. 89), compenetrata nell'unità del Creatore, causa in me un "letargo" più grande, un oblio più profondo, dei venticinque secoli che ci separano dall'impresa degli Argonauti. È dunque più difficile per l'Ovidio moderno, Dante, rammemorare, e quindi mettere in poesia, il punto terminale della sua *quête* paradisiaca, che non sarebbe ricordare l'avventura mitologica degli Argonauti avvenuta in un tempo remotissimo. Ne deriva come necessaria conseguenza che la *Commedia*, storia del viaggio nell'Oltretomba cristiano, è superiore alle *Metamorfosi*, storia del viaggio ai limiti del mondo pagano. Il topos dell'"Ueberbietung" viene così funzionalizzato a traghettare l'idea di una tipologia poetica, all'interno della quale l'antico *auctor* delle *Metamorfosi* viene definitivamente superato, cioè completato e inverato, dall'*auctor* della *Commedia*.[35]

C'è un elemento in questa terzina che ha particolarmente fatto discutere critici e commentatori, ed ha causato qualche perplessità alla stesso Curtius nel saggio già citato. Perché Nettuno nella *Commedia* "ammira" l'ombra d'Argo, il riflesso della nave degli Argonauti proiettato negli abissi marini? Perché Dante altera a questo proposito l'intera tradizione precedente, classica ma anche romanza, che vede invece Nettuno "adirato" contro gli

---

35 Per l'interpretazione di questa terzina si vedano soprattutto Hollander 1969: 224-32 e Boitani 1992 : 386-91.

Argonauti per aver sfidato il suo divieto?[36] Qual è insomma la ragione sotterranea che porta Dante a trasformare l'ira di Nettuno in ammirazione? A queste domande si può solo rispondere osservando il modo nel quale Dante riscrive il mito ovidiano degli Argonauti nel corso della sua opera. Come nel canto secondo abbiamo visto trasferirsi l'ammirazione per l'impresa di Giasone dai Colchi (com'era nell'intertesto ovidiano) agli Argonauti lettori, per il fatto che questi diventano compartecipi del viaggio paradisiaco del poeta-pellegrino; così anche nel canto finale vediamo slittare l'ammirazione per la nave Argo dalle Nereidi (alle quali l'attribuivano i modelli classici) al re del mare, Nettuno, e quindi al suo omologo nell'universo cristiano, il re del Paradiso: Dio stesso ha infatti osservato con meraviglia il "legno" del *Paradiso* attraversare felicemente l'oceano dell'infinità celeste e imprimervi sopra la propria ombra poetica. È proprio una simile reazione positiva di Dio all'avventura scrittoria del poeta che si è innalzato fino alla Sua visione diretta che produce l'ultima correzione del testo classico, che impone il cambiamento dell'ira di Nettuno in ammirazione. L'ammirazione del Nettuno cristiano deve infatti sigillare la definitiva vittoria della nuova nave Argo, la *Commedia*, sull'antica, le *Metamorfosi*.

---

36 Curtius 1984 elenca tutti i luoghi, classici e romanzi, dagli *Amores* ovidiani (II. 11, vv. 1-6) al *Roman de la Rose* vv. 9371-86, che testimoniano l'ira di Nettuno contro Giasone e gli Argonauti.

BIBLIOGRAPHIE

A) Antike Texte

Ovidius, Metamorphoses. Ed. W.S. Anderson. Leipzig: Teubner, 1988.
Ovide, Héroides. Ed. H. Bornecque. Paris: Les Belles Lettres, 1991.
P. Ovidi Nasonis Heroides. Ed. A. Palmer. Oxford: Clarendon Press, 1898.
P. Ovidi Nasonis Amores, Medicamina faciei femineae, Ars amatoria, Remedia amoris ed. E.J. Kenney. Oxford: Clarendon Press, 1961.
P. Ovidi Nasonis Tristium libri quinque, Ibis, Ex Ponto libri quattuor, Halieutica, Fragmenta ed. S.G. Owen. Oxford: Clarendon Press, 1915.

Sexti Properti carmina. Ed. E.A. Barber. Oxford: Clarendon Press, 1960.
Sexti Properti elegiarum libri IV. Ed. P. Fedeli. Stuttgart: Bibliotheca Teubneriana, 1984.
Stace, Achilléide. Ed. J. Méheust. Paris: Les Belles Lettres, 1971.
Tibulli aliorumque carminum libri tres. Ed. J.P. Postgate. Oxford: Clarendon Pres, 1915.
P. Vergilius Maronis Opera ed. R.A.B. Mynors. Oxford: Clarendon Press, 1969.

Übersetzungen:

Färber, H. - Schöne, W. 1967. *Horaz. Sämtliche Werke*. München - Zürich: Artemis (11. Auflage 1993) (Sammlung Tusculum).
Helm, R. 1965. *Properz. Gedichte*. Berlin: Akademie Verlag.
Marg, W. - Harder, R. 1984. *Ovid. Liebesgedichte*. München - Zürich: Artemis (Sammlung Tusculum).
Rösch, E. 1988. *Ovid, Metamorphosen*. In dt. Hexameter übetr. u. hrsg. v. E. Rösch. Mit einer Einf. v. N. Holzberg. München - Zürich: Artemis & Winkler (11. Aufl.) (Sammlung Tusculum).
Schröder, R.A. 1952. *Vergil. Bucolica, Georgica, Aeneis*. Frankfurt a.M.: Suhrkamp (= München: Winkler 1976).
Willige, W. 1966. *Tibull und sein Kreis*. München: Artemis (Sammlung Tusculum).
Willige, W. 1990. *Ovid. Briefe aus der Verbannung*. Übertragen von W. Willige. Eingeleitet und erläutert v. N. Holzberg. München - Zürich: Artemis (Sammlung Tusculum).

B) Mittelalterliche Texte

Aimeric de Belenoi. *Poésies du troubadour Aimeric de Belenoi*, publiées par M. Dumitrescu. Paris: Société des Ancien Textes Français, 1925.

Arnaut de Mareuil. *Les Poésies lyriques du troubadour Arnaut de Mareuil*, publiées par R. C. Johnston. Paris: Champion, 1935 (rist. Genève: Slatkine, 1973).
Arnaut de Marueil. *Les Saluts d'amour du troubadour Arnaud de Mareuil*, publiés par P. Bec. Paris: Privat, 1961.
Baudri de Bourgueil. Les oeuvres poétiques de Baudri de Bourgueil (1046-1130). Edition critique publiée d'après le manuscrit du Vatican par Ph. Abrahams. Paris: Champion, 1926.
Baldaricus Burgulianus. Carmina, ed. K. Hilbert. Heidelberg: C. Winter Universitätsverlag, 1979.
Bernart de Ventadorn. *Seine Lieder*, hrsg. von A. C. Halle: Niemeyer, 1915.
Bernart de Ventadorn. *Chansons d'Amour*, éd. par M. Lazar. Paris: Klincksieck, 1966.
Bibliotheca Cluniacensis. Paris: 1614 (rist. Mâcon 1915).
Cercamon. *Il trovatore Cercamon*, ed. a cura di V. Tortoreto. Modena: Mucchi, 1981.
Cercamon. *The Poetry of Cercamon and Jaufre Rudel*, ed. by G. Wolf and R. Rosenstein. New York and London: Garland, 1983.
Chrétien. *Le Chevalier de la Charrette ou le Roman de Lancelot*, éd. par Ch. Méla. Paris: Le Livre de Poche, 1992.
Chrétien. *Cligés*, publié par A. Micha. Paris: Champion, 1957.
Chrétien. *Erec et Enide*, éd. par J.-M. Fritz. Paris: Le Livre de Poche (Lettres Gothiques), 1992.
Chrétien. *Le Conte du Graal ou le Roman de Perceval*, éd. par Ch. Méla. Paris: Le Livre de Poche, 1990.
Chrétien. *Le Chevalier au lion ou le Roman d'Yvain*, éd. par F. David Hult. Paris: Le Livre de Poche, 1993.
Chrétien. *Philomena*, publié par C. De Boer. Paris: Librairie Paul Geuthner, 1909.
Dante Alighieri. *La "Commedia" secondo l'antica vulgata*. A cura di G. Petrocchi. 4 voll. Milano: Mondadori, 1966-67.
Dante Alighieri. *Opere minori*, tomo I, parte I. A cura di D. De Robertis e G. Contini. Milano-Napoli: Ricciardi, 1984
Débats du Clerc et du Chevalier. Charles Oulmont. *Les Débats du Clerc et du Chevalier*. Paris: Les Belles Lettres, 1911 (rist. Genève: Slatkine, 1972).
Donnei des Amanz. Gaston Paris. "Le *Donnei des Amanz*." *Romania* 25, 1896. 497-541.
Flamenca. Le Roman de Flamenca. Nouvelle occitane du 13e siècle, éd. par U. Gschwind, 2 voll. Berne: Francke, 1977.
Folquet de Marselha. Stanislaw Stronski. *Le troubadour Folquet de Marselha*. Cracovie, 1910 (rist. Genève: Slatkine, 1968).
Gautier d'Arras. *Eracle*, publié par G. Raynaud de Lage. Paris: Champion, 1976.
Gautier d'Arras. *Ille et Galeron*, publié par Y. Lefevre. Paris: Champion, 1988.

Giraut de Borneil. *Sämtliche Lieder*, hrsg. von A. Kolsen, 2 voll. Halle: Niemeyer, 1910-1935.

Giraut de Borneil. *The* cansos *and* sirventes *of the troubadour Giraut de Borneil*, ed. by R. V. Sharman. Cambridge: University Press, 1989.

Guglielmo IX d'Aquitania. *Poesie*, a cura di N. Pasero. Modena: Mucchi, 1973.

Guillaume de Saint-Thierry. *Deux traités de l'amour de Dieu: De la Contemplation de Dieu, De la nature et de la dignité de l'amour*, publiés par M. M. Davy. Paris, 1953.

Guillem de Saint-Didier. *Poésies du troubadour Guillem de Saint-Didier*, éd. par A Sakari. Helsinki: Société Néophilologique, 1956.

Jaufre Rudel. *The Poetry of Cercamon and Jaufre Rudel*. Cf. Cercamon, 1983.

Jaufre Rudel. G. Chiarini. *Il Canzoniere di Jaufre Rudel*. L'Aquila: Japadre, 1985.

Jaufre Rudel. *Liriche*, a cura di R. Lafont. Firenze: Le Lettere, 1992.

Guillaume de Lorris et Jean de Meun. *Le Roman de la Rose*, publié par F. Lecoy, 3 voll. Paris: Champion, 1979-1983.

Jeux-partis. Recueil général des Jeux-partis français, publié par A. Långfors, 2 voll. Paris: Champion, 1926.

Marcabru. *Poésies complètes du troubadour Marcabru*, publiées par J. M. L. Dejeanne. Toulouse: Privat, 1909 (rist. New York: Johnson Reprint, 1971).

Marie de France. *Les lais de Marie de France*, publiés par J. Rychner. Paris: Champion, 1966.

Marie de France. *Lais*, a cura di G. Angeli. Milano: Mondadori, 1983.

Ovid's Metamorphoses, by B. More. Francestown, New Hampshire: Marshall Jones Company, 1978.

Ovide Moralisé. Poème du commencement du quatorzième siècle publié d'après tous les manuscrits connus (ed. C. de Boer). 5 vols. Amsterdam: Müller, 1915-1936.

Ovide moralisé en prose. (texte du quinzième siècle) (éd. C. de Boer). Amsterdam: North-Holland Pub. Co., 1954.

Peire Vidal. *Poesie*, a cura di D'Arco Silvio Avalle, 2 voll. Milano-Napoli: Ricciardi, 1960.

Petrus Berchorius. *Reductorium morale, Liber XV, cap. II-XV. "Ovidius moralizatus"*. Utrecht: Institut voor Laat Latijn der Rijksuniversiteit, 1962.

Pietro il Venerabile. *The Letters of Peter the Venerable*, ed. by G. Constable, 2 voll. Cambridge Mass.: Harvard University Press, 1967.

Poesie d'Amore Provenzali. I Trovatori del secolo XII, ed. a cura di L. Rossi. Roma: Salerno Editrice, 1994.

Provenzalische Inedita aus Pariser Handschriften, hrsg. von C. Appel. Leipzig: Fues's Verlag, 1890.

Raimbaut d'Aurenga. *The Life and Works of the troubadour Raimbaut d'Orange*, ed. by W. Pattison. Minneapolis: The University of Minnesota Press, 1952.

Richart de Fournival. *Li Bestiaire d'Amours de Maistre Richart de Fornival*, a cura di C. Segre. Milano-Napoli: Ricciardi, 1957.
Richeut. Ed. par Ph. Vernay. Berne: Francke, 1988.

C) Untersuchungen

Ahl, F. 1985. *Metaformations*. Ithaca, N.Y: Cornell University Press.
Albrecht, M. v. 1982. "La correspondance de Pâris et d'Hélène: Ovide et Baudri de Bourgueil." In R. Chevallier (éd.), *Colloque Présence d'Ovide*. Paris: Les Belles Lettres: 189-193.
Albrecht, M. von 1963. "Ovids Humor und die Einheit der Metamorphosen." *Der Altsprachliche Unterricht* 6:2. 47-72.
Albrecht, M. von und E. Zinn (Hrsgg.) 1982. *Ovid*. Darmstadt: Wissenschaftliche Buchgesellschaft (2. Aufl., 1.Aufl. 1968) (Wege der Forschung 92).
Albrecht. M. v. 1992. *Geschichte der römischen Literatur, Bd. 1*. Bern: Francke.
Alton, E.H. - Wormell, D.E.W. - Courtney, E. 1977. "A List of the Manuscripts of Ovid's Fasti." *Bulletin of the Institute of Classical Studies* 24. 37-61.
Alton, E.H. - Wormell, D.E.W. 1960-1961. "Ovid in the Medieval Schoolroom." *Hermathena* 94. 21-38; 95. 67-82.
Anderson, R.D. - Parsons, P.J. - Nisbet, R.G.M. 1979. "Elegiacs by Gallus from Quasr Ibrim." *Journal of Roman Studies* 69. 125-155.
Angeli, G. 1993. "Entre mémoire et dialogue: les *Lais* de Marie de France." *Actes du XXe Congrès International de Linguistique et Philologie Romanes de Zurich*. Tübingen-Basel: Francke Verlag. V, 165-80.
Aricò, G. 1981. "Contributo alla ricostruzione degli Skyrioi euripidei." In: *Studi salernitani in onore di R. Cantarella*. Salerno: P. Laveglia Ed.: 215-230.
Aricò, G. 1986. *"L''Achilleide' di Stazio: creazione letteraria e invenzione narrativa."* In: *Aufstieg und Niedergang der römischen Welt* II 32.5. Berlin-New York: de Gruyter: 2925-2964.
Aricò, G.1972. *Ricerche staziane*. Palermo: Cappugi.
Axhausen, K. 1937. *Die Theorien über den Ursprung der provenzalischen Lyrik*. Marburg-Düsseldorf (rist. Genève: Slatkine, 1974).
Bárberi Squarotti, G. 1988. *L'ombra d'Argo. Studi sulla "Commedia"*. Torino: Genesi Editrice.
Barchiesi, A. 1986. "Problemi d'interpretazione in Ovidio: continuità delle storie, continuazione dei testi." *MD* 16. 77-107.
Barchiesi, A. 1987. "Narratività e convenzione nelle Heroides." *MD* 19. 63-90.
Barkan, L. 1986. *The Gods Made Flesh. Metamorphoses and the Pursuit of Paganism*. New Haven - London: Yale University Press.
Batard, Y. 1952. *Dante Minerve et Apollon. Les images de la "Divine Comédie"*. Paris: Les Belles Lettres.
Battaglia Ricci, L. 1983. *Dante e la tradizione letteraria medievale*. Pisa: Giardini.

Battaglia, S. 1959. "La tradizione di Ovidio nel Medioevo." *Filologia romanza* 6. 185-224.
Bec, P. 1970. *Nouvelle anthologie de la lyrique occitane. Initiation à la langue et à la poésie des troubadours.* Avignon: Aubanel.
Bec, P. 1971. "L'antithèse poétique chez Bernard de Ventadour." *Mélanges J. Boutière.* Liège: Edition Soledi. I, 107-137. (rist. Bec, P. 1992. *Écrits sur les troubadours et la lyrique médiévale (1961-1991).* Caen: Éditions Paradigme).
Berry, V. 1956. "Peter the Venerable and the Crusades." *Petrus Venerabilis 1156-1956: Studies and Text Commemorating the Eight Centenary of his Death,* ed. by G. Constable and J. Kitzeck. Roma: Studia Anselmiana.
Bezzola, R.R. 1966. *Les origines et la formation de la littérature courtoise en Occident (500-1200),* 2ème partie: "La société féodale et la transformation de la littérature de cour." Paris: Champion (BEPHE 313).
Bischoff, B. 1966. "Eine mittelalterliche Ovid-Legende." *Mittelalterliche Studien.* I. Stuttgart: A. Hiersemann, 144-150.
Boitani, P. 1992. *Il tragico e il sublime nella letteratura medievale.* Bologna: Il Mulino.
Bömer, F. 1969-1986. *P. Ovidius Naso. Metamorphosen. Kommentar.* 7 Bde., Heidelberg: Winter.
Bond, G.A. 1986. "*Iocus amoris*: The Poetry of Baudri of Bourgueil and the Formation of the Ovidian Subculture." *Traditio* 42. 143-193.
Born, L.K. 1934. "Ovid and Allegory." *Speculum* 9. 362-379.
Boswell, J. 1985. *Christianisme, tolérance sociale et homosexualité. Les homosexuels en Europe occidentale des débuts de l'ère chrétienne au XIVe siècle* , trad. fr., Paris: Gallimard.
Boutemy, A. 1947. "Trois oeuvres inédites de Godefroid de Reims." *Revue du Moyen Age Latin* 3. 335-366.
Bréhier, L. 1970. *La civilisation byzantine.* Paris: Albin Michel (2. éd.).
Brink, C.O. 1971. *Horace on poetry. The 'Ars Poetica'.* Cambridge: University Press.
Brinkmann, H. 1925. *Geschichte der lateinischen Liebesdichtung im Mittelalter.* Halle: Niemeyer.
Brinkmann, H. 1926. *Entstehungsgeschichte des Minnesangs.* Halle: Niemeyer.
Brownlee, K. 1984. "Phaeton's Fall and Dante's Ascent." *Dante Studies* 102. 135-44.
Brugnoli, G. / Stok, F. 1992. *Ovidius parôidêsas.* Pisa: ETS Editrice.
Brugnoli, G. 1959. "Ovidio e gli esiliati carolingi". *Atti del Convegno Internazionale Ovidiano.* Roma: Istituto di Studi romani: 273 sqq.
Buchheit, V. 1966. "Mythos und Geschichte in Ovids Metamorphosen I". *Hermes* 94. 80-108.
Burck, E. 1966. 1981. *Vom Menschenbild in der römischen Literatur, Bd. 1 und 2.* Heidelberg:Winter.
Burck, E. 1971. *Vom römischen Manierismus.* Darmstadt: Wissenschaftliche Buchgesellschaft.

Burck, E. 1979. "Die 'Achilleis' des Statius". In E. Burck (ed.), Das römische Epos, Darmstadt: Wissenschaftliche Buchgesellschaft : 352-358.

Burkert, W. 1992. *The Orientalizing Revolution. Near Eastern Influence on Greek Culture in the Early Archaic Age.* Cambridge, Mass.: University Press.

Cahoon, L. 1989 (for 1987). "The Anxieties of Influence Ovid's by the Early Troubadours." *Ovid in Medieval Culture. Mediaevalia.* 13. 119-155.

Caillois, R. 1958. *Les jeux et les hommes. Le masque et le vertige.* Paris: Gallimard (2. éd.).

Camproux,C. 1965. *Joy d'amour (jeu et joie d'amour).* Montpellier: Causse Castelnau Imprimeurs.

Cancik, H. / Cancik-Lindemayer, H. 1985. "Ovids Bacchanal. Ein religionswissenschaftlicher Versuch zu Ov. met. 4, 1-415." *Der Altsprachliche Unterricht* 28:2. 42-62.

Cancik, H. 1965. *Untersuchungen zur lyrischen Kunst des P. Papinius Statius.* Hildesheim: Olms.

Careri, M. 1990. *Il Canzoniere Provenzale H (Vat. Lat. 3207). Struttura, contenuto e fonti.* Modena: Mucchi.

Casagrande, C. - Vecchio, S. 1978. "L'interdizione del giullare nel vocabolario clericale del XII e del XIII secolo." *Il contributo dei giullari alla drammaturgia italiana delle origini.* Viterbo: Amministrazione provinciale di Viterbo, s.d. [1978]: 207-258.

Chambers, F. M. 1971. *Proper Names in the Lyrics of the Troubadours.* Chapel Hill: University of North Carolina Press.

Chevallier, R. (éd.) 1982. *Colloque Présence d'Ovide.* Paris: Les Belles Lettres.

Citroni, M. 1986. "Le raccomandazioni del poeta: apostrofe al libro e contatto col destinatario." *Maia* 38. 111-146.

Citton, G. 1988. "L'eroe ingenuo. L'ironia nel *Chevalier de la Charrete* di Chrétien de Troyes." *Medioevo Romanzo.* 13. 331-360.

Clanchy, M.T. 1979. *From Memory to Written Record. England, 1066-1307.* Londres: Arnold.

Cnyrim, E. 1888. *Sprichwörter, sprichwörtliche Redensarten und Sentenzen bei den provenzalischen Lyrikern.* Marburg: Elwert'sche Verlagsbuchhandlung.

Coleman, R. 1977. *Vergil, Eclogues.* Cambridge: University Press.

Consolino, F.E. 1986. *Sur des pensers nouveaux faisons des vers antiques: Claudiano e il panegirico di Serena. Intr. a Claudiano, Elogio di Serena.* Venezia: Marsilio.

Conte, G.B. 1984. *Virgilio. Il genere e i suoi confini.* Milano: Garzanti.

Conte, G.B. 1985. *Memoria dei poeti e sistema letterario.* Torino: Einaudi (2. ed.).

Conte, G. B. - Barchiesi, A. 1989. "Imitazione e arte allusiva. Modi e funzioni dell'intertestualità." *Lo Spazio Letterario di Roma Antica. La produzione del testo.* Roma: Salerno Editrice. I. 81-114.

Conte, G. B. 1991. *Generi e lettori. Lucrezio, l'elegia d'amore, l'enciclopedia di Plinio.* Milano: Mondadori.
Contini, G. 1970-1976. *Un'idea di Dante.* Torino: Einaudi.
Copley, F.O. 1981. *Exclusus amator. A study in Latin love poetry.* New York.
Corti, M. 1993. *Percorsi dell'invenzione. Il linguaggio poetico e Dante.* Torino: Einaudi.
Courcelle, P. 1984. *Lecteurs païens et lecteurs chrétiens de l'Enéide.* 2 voll. Paris: De Boccard.
Crossland, J. 1947. "Ovid's contribution to the Conception of Love Known as 'l'Amour Courtois'." *The Modern Language Review.* 42. 199-206.
Curran, L.C. 1972. "Transformation and anti-Augustanism in the Metamorphoses." *Arethusa* 5. 71-91.
Curran, L.C. 1978. "Rape and rape victims in the Metamorphoses." *Arethusa* 11. 213-241.
Curtius, E.R. 1984. *Letteratura della letteratura.* Trad. it. a cura di L. Ritter Santini. Bologna: Il Mulino.
Curtius, E.R. 1986. *La littérature européenne et le Moyen Age latin.* Trad. fr. par J. Bréjoux. Paris: Presses Universitaires de France.
Curtius, E.R. 1992. *Letteratura europea e Medio Evo latino.* Trad. it. a cura di R. Antonelli. Firenze: La Nuova Italia.
Dalarun, J. "La Madeleine dans l'Ouest de la France au tournant des XIe et XIIe siècles." *Mélanges de l'Ecole française de Rome. Moyen Age* 104. 71-119.
Deipser, B. 1881. *De P. Papinio Statio Vergilii et Ovidii imitatore.* Diss. Argentorati 5. 91 ss.
Dekkers - Hoste 1980. "De la pénurie des manuscrits anciens des ouvrages les plus souvent copiés". *Sapientiae doctrina. Mélanges de théologie et de littérature médiévales offerts à Dom Hildebrand Bascour.* Louvain: Abbaye du Mont César: 24-37.
Delisle, L. 1872. "Notes sur les poésies de Baudri, abbé de Bourgueil." *Romania* 1. 23-50.
Demats, P. 1973. *Fabula. Trois études de mythographie antique et médiévale.* Genève: Droz.
Desbordes, F. 1979. *Argonautica: Trois études sur l'imitation dans la littérature antique.* Bruxelles: Latomus, 1979.
Dieterle, A. 1980. Die Strukturelemente der Intrige in der griechisch-römischen Komödie, Amsterdam: Grüner.
Dilke, O.A.W. 1954. *Statius, Achilleid.* Cambridge: University Press.
Doblhofer, E. 1960. "Ovidius urbanus. Studien zum Humor in Ovids Metamorphosen." *Philologus* 104. 63-91. 223-235.
Dominguez, F.A. 1979. *The Medieval Argonautica.* Patomac (Md.): José Porrua Turanzas.
Döpp, S. 1992. *Werke Ovids. Eine Einführung.* München: dtv.
Dörrie, H. 1960. "Untersuchungen zur Überlieferungsgeschichte von Ovids Epistulae Heroidum." *Nachrichten der Akademie der Wissenschaften in Göttingen, Phil.-Hist. Kl.*: Hefte 5 / 7.

Dörrie, H. 1968. *Der heroische Brief. Bestandsaufnahme, Geschichte, Kritik einer humanistisch-baroken Literaturgattung*. Berlin: de Gruyter.
Dronke, P. 1968. *Medieval Latin and the Rise of European Love-Lyric*. 2 vol. Oxford: Clarendon Press. (2. ed.).
Dronke, P. 1971. "Functions of classical borrowing in medieval latin verse". In R.R. Bolgar (éd.), *Classical Influences on European Culture A.D. 500-1500*. Cambridge: Cambridge University Press 1971: 159-164 (repris dans *The Medieval Poet and his World*, Rome: Edizioni di Storia e Letteratura, 1984, 105-111).
Dronke, P. 1988. "Hector in eleventh-century latin lyrics." In S. Krämer - M. Bernhard (Hrsgg.), *Scire litteras*. München: Bayerische Akademie der Wissenschaften: 137-148 (= *Intellectuals and Poets in Medieval Europe*, Roma: Edizioni di Storia e letteratura 1992: 389-405).
Dronke, P. 1990. *Dante e le tradizioni latine medievali*. Trad. it. di M. Graziosi. Bologna: Il Mulino.
Duby, G. 1964. "Les "jeunes" dans la société aristocratique dans la France du Nord-Ouest au XIIe siècle." *Annales E.S.C*. 19. 835-846 (repris dans *Hommes et structures du moyen âge*. Paris-la Haye: Mouton 1973: 213-225).
Duby, G. 1981. *Le chevalier, la femme et le prêtre. Le mariage dans la France féodale*. Paris: Hachette.
Dumeige, G. 1952. *Richard de Saint-Victor et l'idée chrétienne de l'amour*. Paris: P.U.F.
Dümmler, E. 1869. "Gedichte aus Ivrea." *Zeitschrift für deutsches Altertum* 14. 245-253.
Eco, U. 1992. *Les limites de l'interprétation*. Trad. fr., Paris: Grasset.
Eggers, T. 1984. *Die Darstellung von Naturgottheiten bei Ovid und früheren Dichtern*. Paderborn: F. Schöningh.
Ehlers, W.-W. 1988. "Poet und Exil. Zum Verständnis der Exildichtung Ovids." *Antike und Abendland* 34. 144-157.
Enciclopedia dantesca. 6 voll. Roma: Istituto della Enciclopedia Italiana, 1970-78.
Engels, J. 1945. *Etudes sur l'Ovide moralisé*. Groningen: Wolters, 1945.
Engels, J. 1974. "Les commentaires d'Ovide au XVIe siècle." *Vivarium* 12. 3-13.
Falter, O. 1934. *Der Dichter und sein Gott bei den Griechen und Römern*. Diss. Würzburg.
Fantham, E. 1979. "Statius' Achilles and his Trojan Model." *Classical Quarterly* n.s. 29. 457-462.
Faral, E. 1923. "La Pastourelle." *Romania*. 49. 204-258.
Faral, E. 1924. *Les arts poétiques du XIIe et du XIIIe siècle*. Paris: Champion.
Fedeli, P. 1965. *Properzio, Elegie. Libro IV. Testo critico e commento*. Bari: Adriatica.
Feeney, D.C. 1991. *The Gods in Epic. Poets and Critics of the Classical Tradition*. Oxford: Clarendon Press.

Ferroul, Y. 1987. "Propédeutique à une lecture du prologue du *Cligès*." *Bien dire et bien aprendre* 5. 57-71.
Fiske, A. 1970. *Friends and Friendship in the Monastic Tradition.* Cuernavaca.
Fliche, A. 1912. *Le règne de Philippe 1er, roi de France (1060-1108).* Paris: Société française d'imprimerie et librairie.
Forgarty, G.V. 1973. *The Aetas Ovidiana. The Influence of Ovid on Latin Literature of the XIIth Century.* Fordham University (PhD Thesis).
Forstner, K. 1972. "Das Traumgedicht Baudris von Bourgueil." *Mittellateinisches Jahrbuch* 6. 45-57.
Fraenkel, B. 1992. *La signature. Genèse d'un signe.* Paris: Gallimard.
Fränkel, H. 1945. *Ovid. A poet between two worlds.* Berkeley/Los Angeles: University of California Press (Sather Classical Lectures 18) (deutsche Ausgabe: Darmstadt: Wissenschaftliche Buchgesellschaft 1970).
Frécaut, J.-M. 1972. *L'esprit et l' humour chez Ovide.* Grenoble: Presses Universitaires de Grenoble.
Frécaut, J.M. - Porte, D. (eds.) 1985. *Journées Ovidiennes de Parménie.* Bruxelles.
Fredericksen, B.R. 1977. "Divine wit vs. divine folly. Mercurius and Apollo in Metamorphoses 1-2." *Classical Journal* 72. 244-249.
Friedmann, W. 1910. *Einleitung zu einer Kritischen Ausgabe der Gedichte des Troubadours Arnaut de Mareuil.* Diss. Universität Leipzig, Halle: Karras.
Gagé, J. 1955. *Apollon romain. Essai sur le culte d'Apollon et le dévelopement du "ritus Graecus" à Rome des origines à Auguste.* Paris: Boccard.
Genette, G. 1982. *Palimpsestes. La littérature au second degré.* Paris: Seuil.
Ghisalberti, F. (ed.) 1933. *Integumenta super Ovidium Metamorphoseos secundum magistrum Johannem Angeicum.* Milano: Signorelli.
Ghisalberti, F. 1932. "Arnolfo d'Orléans. Un cultore di Ovidio nel secolo XII." *Memorie del R. Istituto lombardo di scienze e lettere.* Classe di lettere XXIV. 157-234.
Ghisalberti, F. 1934. "La quadriga del Sole nel *Convivio*." *Studi danteschi* 18. 69-77.
Ghisalberti, F. 1946. "Medieval Biographies of Ovid." *Journal of the Warburg and Courtauld Institutes* 9. 10-59.
Glauche, G. 1970. *Schullektüre im Mittelalter. Entstehung und Wandlungen des Lektürekanons bis 1200 nach den Quellen dargestellt.* München: Bei der Arbeo-Gesellschaft.
Glenndinning, R. 1986. "Pyramus and Thisbe in the Medieval Classroom." *Speculum* 61. 51-78.
Goddard, R. N. B. 1985. *The early troubadours and the Latin tradition.* Ph. D. Oxford (inedita).
Goddard, R. N. B. 1987. "Marcabru, *Li Proverbe au Vilain*, and the tradition of rustic proverbs." *Neuphilologische Mitteilungen.* 88. 57-70.

Graf, F. 1988. "Ovide, les Metamorphoses et la véracité du mythe." In C. Calame (Hrsg.), *Metamorphoses du mythe en Grèce antique.* Genève: Labor et Fides: 57-70.
Graf, F. 1993a. *Griechische Mythologie.* München - Zürich (3. Aufl.): Artemis & Winkler.
Graf, F. (Hrsg.) 1993b. *Mythos in mythenloser Gesellschaft. Das Paradigma Roms.* Stuttgart/Leipzig: Teubner (Colloquium Rauricum 3).
Graves, R. 1964. *La toison d'or.* Paris.
Greimas, A. J. / Courtés, J. 1986. *Sémiotique. Dictionnaire raisonné de la théorie du langage.* 2 voll. Paris: Hachette.
Griffin, J. 1977. "Propertius and Antony." *Journal of Roman Studies* 67. 17-26.
Gruber, J. 1983. *Die Dialektik des Trobar. Untersuchungen zur Struktur und Entwicklung des occitanischen und französischen Minnesangs des 12. Jahrhunderts.* Tübingen: Niemeyer.
Guenée, B. 1978. "Les généalogies entre l'histoire et la politique: la fierté d'être capétien, en France, au Moyen Age." *Annales E.S.C.:* 450-477.
Guenée, B. 1980. "La maîtrise du temps." *Histoire et culture historique dans l'Occident médiéval.* Paris: Aubier-Montaigne: 147-165
Guida, S. 1989. "Problemi di datazione e identificazione di trovatori. I. Rigaut de Berbezilh - II. Sifre e Mir Bernat - III. Guillem Augier." *Studi Provenzali e Francesi,* a cura di G. Tavani e L. Rossi. L. L'Aquila: Japadre. 1986 / 87, 87-135.
Guyer, F. E. 1921. "The influence of Ovid on Crestien de Troyes." *Romanic Review.* XII. 97-247.
Halphen, L. 1906. *Le comté d'Anjou au XIe siècle.* Paris: A. Picard.
Hamdorf, W. F. 1964. *Griechische Kultpersonifikationen der vorhellenistischen Zeit.* Mainz: von Zabern.
Harberg, J.M. 1983. "Lycaon's impious deed and Ovid's rhetorical strategy." *Symb. Osl.* 58. 111-115.
Harvey, R. E. 1989. *The Troubadour Marcabru and Love.* London: Westfield College.
Heath, J. 1990. "Diana's understanding of Ovid's Metamorphoses." *Classical Journal* 86. 233-243.
Helm, R. 1892. *De P. Papinii Statii Thebaide.* Berlin.
Hernandez, G. E. 1989. "Some Jarcha Antecedents in Latin Inscriptions." *Hispanic Review.* 57. 189-202.
Hexter, R. J. 1986. *Ovid and Medieval Schooling. Studies in Medieval School Commentaries on Ovid's* "Ars Amatoria", "Epistulae ex Ponto", *and* "Epistulae Heroidum". München: Bei der Arbeo-Gesellschaft.
Hilty, G. 1991. "La figura del raqîb en las jarchas." *Poesía estrófica. Actas del Primer Congreso Internacional sobre Poesía Estrófica árabe y hebrea y sus paralelos romances.* Madrid: Universidad Complutense: 155-165.

Hinds, St. 1987. *The Metamorphosis of Persephone. Ovid and the Selfconscious Muse*. Cambridge/London: Cambridge University Press.

Hoepffner, E. 1961. *Le troubadour Peire Vidal, sa vie et son œuvre*. Paris: Les Belles Lettres.

Hoffmann, J. 1976. *Poeta und puella: Zur Grundkonstellation der römischen Liebeselegie*. Diss. Erlangen.

Hollander, R. 1969. *Allegory in Dante's "Commedia"*. Princeton: Princeton UP.

Hollander, R. 1983. *Il Virgilio dantesco: tragedia nella "Commedia"*. Firenze: Olschki.

Hölscher, T. 1993. "Mythen als Exempel in der Geschichte." In F. Graf (Hrsg.), *Mythos in mythenloser Gesellschaft. Das Paradigma Roms*. Stuttgart-Leipzig: Teubner: 67-87 (Colloquium Rauricum 3).

Holtz, L. 1985. "La redécouverte de Virgile aux VIIIe et IXe siècles d'après les manuscrits conservés." *Lectures médiévales de Virgile*. Rome: Ecole française de Rome: 9-30.

Holzberg, N. 1990. *Die römische Liebeselegie*. Darmstadt: Wissenschaftliche Buchgesellschaft.

Hross, H. 1958. *Die Klagen der verlassenen Heroiden in der lateinischen Dichtung*. Diss. München.

Huchet, J.C. 1987. *L'amour discourtois. La "Fin'Amors" chez les premiers troubadours*. Toulouse: Privat.

Huizinga, J. 1951. *Homo ludens. Essai sur la fonction sociale du jeu*. Trad.fr. Paris: Gallimard.

Hunt, R.W. 1948. "The Introductions to the 'Artes' in the Twelfth Century." *Studia medievalia in honorem R. J. Martin*. Bruges: 85-112.

Huygens, R.J. (ed.) 1970. *Accessus ad Auctores. Bernard d'Utrecht. Conrad d'Hirsau, Dialogus super auctores*. Leiden: Brill.

Iannucci, A.A. (ed.) 1993. *Dante e la "bella scola" della poesia. Autorità e sfida poetica*. Ravenna: Longo.

Jacobson, H. 1974. *Ovid's Heroides*. Princeton: University Press.

Jacoff, R.-Schnapp, J.T. (eds.) 1991. *The Poetry of Allusion: Virgil and Ovid in Dante's "Commedia"*. Stanford, Calif.: Stanford UP.

Jannaccone, S. 1950. *L'Achilleide, testo critico e commento*. Firenze: Barbera.

Javelet, R. 1961. "Intelligence et amour chez les auteurs spirituels du XIIe siècle." *Revue d'Ascétique et Mystique*. 37. 273-90; 429-450.

Jouan, F. 1966. *Euripide et les légendes des chants cypriens*. Paris: Les Belles Lettres.

Juhnke, H. 1972. *Homerisches in römischer Epik flavischer Zeit*. München: C.H. Beck.

Jung, M.-R. 1992. "Rencontres de troubadours et trouvères." *Actes du troisième Congrès A.I.E.O.* Montpellier: *C.E.O.* 3. 991-1000.

Kähne, M. 1983. *Studien zur Dichtung Bernarts von Ventadorn*, 2 voll. München: Fink.

Keith, A. M. 1992. *The Play of Fictions. Studies in Ovid's Metamorphoses, Book 2*. Ann Arbor: The University of Michigan Press.

Kenney, E.J. 1962. "The Manuscript Tradition of Ovid's *Amores, Ars Amatoria* and *Remedia Amoris*." *Classical Quarterly* 12. 1-31.

Keul, M. 1989. *Liebe im Widerstreit. Interpretationen zu Ovids Amores und ihrem literarischen Hintergrund*. Frankfurt/M.: Lang.

Kienast, D. 1969. "Alexander und Augustus." *Gymnasium* 76. 431-456.

King, K. C. 1987. *Achilles. Paradigms of the War Hero from Homer to the Middle Ages*. Berkeley/Los Angeles-London: University of California Press.

Klopsch, P. 1986. "Die Christen und Ovid". In J. Vaslef - M. Buschhausen (Hrsgg.), *Classica et Mediaevalia, Studies in Honour of Joseph Szövérffy*, Leiden/Washington: Classical Folia Editions: 91-102.

Köhler, E. 1959. "Zur Entstehung des altprovenzalischen Streitgedichts." *Zeitschrift für romanische Philologie*. 75. 37-88.

Köhler, E. 1976. *Sociologia della "Fin'Amor." Saggi trobadorici*, a cura di Mancini. M. Padova: Liviana.

Körte, A. 1934. "Euripides' Skyrier." *Hermes* 69.1-12.

Koster, S. 1979. "Liebe und Krieg in der 'Achilleis' des Statius." *Würzburger Jahrbücher* N.F. 5. 189-208

Krumbholz, G. 1955. "Der Erzählungsstil in der Thebais des Statius." *Glotta* 34. 93-138; 231-260.

Labate, M. 1980. "Ulisse, Eurialo e le armi di Achille." *Atene e Roma* n. s. 25. 28-32.

Labate, M. 1990. "Forme della letteratura, immagini del mondo: da Catullo a Ovidio." In AA. VV., *Storia di Roma* II, 1, Torino: Einaudi: 923-965.

Lacy, L. R. 1984. *The Myth of Actaion*. Diss. Bryn Mawr (University Microfilms, Ann Arbor 1988).

Lalou, E. 1989. "Les tablettes de cire médiévales." *Bibliothèque de l'Ecole des Chartes* 147. 123-140.

Lapôtre, A. 1901. "Le 'Souper' de Jean Diacre." *Mélanges d'archéologie et d'histoire* 21. 305-385

Lapôtre, A. 1912. "La Cena Cypriani et ses énigmes. Lettre à M. le professeur Strecker, de l'Université de Berlin." *Recherches de science religieuse* 3. 495-596.

Latacz, J. 1979. "Ovids 'Metamorphosen' als Spiel mit der Tradition." *Würzburger Jahrbücher* 1979. 133-155 (= ausführlicher in: P. Neukam (Hrsg.), *Verpflichtung der Antike*. München: Bayerischer Schulbuch Verlag 1979, 5-43 [Dialog Schule-Wissenschaft. Klassische Sprachen und Literaturen 12]).

La Penna, A. 1983. "La parola traslucida di Ovidio (sull'episodio di Ermafrodito, Met. IV 285-388)." *Vichiana* n.s. 12. 235-243 [Miscellanea di studi in memoria di F. Arnaldi].

Latzke, T. 1979. "Der Fürstinnenpreis." *Mittellateinisches Jahrbuch* 14. 22-65.

Lazar, M. 1964. *Amour courtois et Fin'amors*. Paris: Klinksieck.

Lefèvre, E. 1988. "Die unaugusteischen Züge der augusteischen Literatur." In: G. Binder (Hrsg.), *Saeculum Augustum II: Religion und Literatur*. Darmstadt: Wissenschaftliche Buchgesellschaft (Wege der Forschung 512).

Le Goff, J. 1990 "Le rire dans les règles monastiques du Haut Moyen Age." *Haut Moyen-Age. Culture, éducation et société. Etudes offertes à Pierre Riché*. Nanterre/La Garenne/Colombes: Editions Européennes Erasme: 93-103.

Leclercq, J. 1945. "L'amitié dans les lettres au moyen âge." *Revue du Moyen Age Latin* 1. 391-410.

Legras, L. 1905. *Étude sur la Thébaïde de Stace*. Paris: Société Nouvelle de Librairie et d'édition.

Legras, L. 1908. "Les dernières années de Statius. II. L'Achilléide." *Rev. Ét. Anc*. 10. 34-70.

Lehmann, P. 1927. *Pseudo-antike Literatur des Mittelalters*. Leipzig.

Lehmann, P. 1962. "Betrachtungen über Ovidius im lateinischen Mittelalter." *Erforschung des Mittelalters* 5. 179-183.

Lenzen, R.W. 1973. *Ueberlieferungsgeschichtliche und Verfasseruntersuchungen zur lateinischen Liebesdichtung Frankreichs im Hochmittelalter*. Bonn (Diss.).

Levin, R. 1989. "Exploiting Ovid. Medieval Allegorizations of the *Metamorphoses*." *Medioevo romanzo* 14. 197-213.

Lloyd-Jones, H. 1971 (1983). *The Justice of Zeus*. Berkeley/Los Angeles: Univerity of California Press (2. Aufl.).

Lubac, H. de 1964. *Exégèse médiévale. Les quatre sens de l'Ecriture*. T.II/2. Paris: Aubier.

Luchaire, A. 1890. *Louis VI le Gros. Annales de sa vie et de son règne (1081-1137)*. Paris: A. Picard.

Ludwig, W. 1965. *Struktur und Einheit der Metamorphosen Ovids*. Berlin: de Gruyter.

Lundstrom, S. 1980. *Ovids Metamorphosen und die Politik des Kaisers*. Uppsala: Acta Universitatis Upsaliensis (Studia Latina Upsaliensia 12).

Mahé, N. 1988. *Le mythe de Bacchus dans la poésie lyrique de 1549 à 1600*. Frankfurt a.M./Bern: P. Lang.

Manitius, M. 1899. "Beiträge zur Geschichte des Ovidius im Mittelalter." *Philologus* suppl. 7. 721-758.

Mannsperger, D. 1973. "Apollon gegen Dionysos." *Gymnasium* 80. 381-403.

McGregor, J.H. 1978. "Ovid at School from the IXth to the XVth Century." *Classical Folia* 32. 29-51.

McKeown, J.C. 1989. *Ovid. Amores, Vol. II*. Leeds: Francis Cairns (Arca Vol. 22).

Meneghetti, M. L. 1992. *Il pubblico dei trovatori. La ricezione della poesia cortese fino al XIV secolo*. Torino: Einaudi.

Mercuri, R. 1984. *Semantica di Gerione. Il motivo del viaggio nella "Commedia" di Dante*. Roma: Bulzoni.

Merklin, H. 1968. "Arethusa und Laodamia." Hermes 96. 461-494.
Montero Cartelle, E. 1973. *Aspectos lexicales y literarios del latín erótico (hasta el s. I d. C.).* Santiago de Compostela: Universidad de Santiago de Compostela.
Monteverdi, A. 1936. "Orazio nel Medio Evo." *Studi Medievali* 9. 162-180.
Monteverdi, A. 1959. "Aneddoti per la storia della fortuna di Ovidio nel medio Evo." *Atti del Convegno Internazionale Ovidiano.* Roma: Istituto di Studi Romani. 181-192.
Monteverdi, A. 1959. "Ovidio nel Medio Evo." *Studi ovidiani* (ed. F. Arnaldi). Roma: Istituto di Studi romani: 63-78.
Mozley, J.H. 1933. "Statius as an Imitator of Virgil and Ovid." *Classical Weekly* 27. 33-38.
Mullen, Th. E. 1982. *The Assembly of the Gods. The Divine Council in Canaanite and Early Hebrew Literature.* Chico, Cal.: Scholars Press (Harvard Semitic Monographies 24).
Müller, D. 1987. "Ovid, Iuppiter und Augustus. Gedanken zur Götterversammlung im ersten Buch der Metamorphosen." *Philologus* 131. 270-288
Munari, F. 1957. *Catalogue of the Manuscripts of Ovid's Metamorphoses.* London: University of London (BICS, Suppl.4).
Munari, F. 1960. *Ovid im Mittelalter.* Zürich: Artemis.
Munk Olsen, B. 1984-1985. "La popularité des textes classiques entre le IXe et le XIIe siècle." *Revue d'histoire des textes* 14-15. 169-181.
Munk Olsen, B. 1985. *L'étude des auteurs classiques latins aux XIe et XIIe siècles.* t. II. Paris: Editions du CNRS.
Munk Olsen, B. 1987. "Ovide au Moyen Age (du IXe au XIIe siècle)." *Le strade del testo*, a cura di G. Cavallo. Bari: Adriatica. 67-98.
Munk Olsen, B. 1991. *I classici nel canone scolastico altomedievale.* Spoleto: Centro di Studi sull'Alto Medioevo.
Nelli, R. 1963. *L'érotique des troubadours.* Toulouse: Privat.
Nightingale, J. 1990. "From Mirror to Metamorphosis. Echoes of Ovid's Narcissus in Chrétien *Erec et Enide* ." *The Mythographic Art. Classical Fable and the Rise of the Vernacular in Early France and England*, ed. by Jane Chance. Gainesville: University of Florida Press. 47-82.
Nisbet, R.G.M. - Hubbard, M. 1978. *A Commentary on Horace: Odes. Book 2.* Oxford: Clarendon Press.
Nogara, B. 1910. "Di alcune vite e commenti medievali di Ovidio." *Miscellanea Ceriani.* Milan: Hoepli: 413-431.
Norden, E. 1927. *P. Vergilius Maro. Aeneis Buch VI.* Berlin: Weidmann (3. ed.).
Norden, Ed. 1923. *Agnostos Theos. Untersuchungen zur Formengeschichte religiöser Rede.* Leipzig/Berlin: Teubner (4. Aufl.) (repr. Darmstadt 1971: Wissenschaftliche Buchgesellschaft).
Offermanns, W. 1970. *Die Wirkung Ovids auf die literarische Sprache der lateinischen Liebesdichtung des 11. und 12. Jahrhunderts.* Wuppertal-Ratingen-Düsseldorf: A. Henn.

Oksala, T. 1973. *Religion und Mythologie bei Horaz. Eine literaturhistorische Untersuchung.* Helsinki: Societas scientarum Fennica (= Commentationes Humanarum Litterarum 51).
Otis, B. 1970. *Ovid as an Epic Poet.* Cambridge: University Press (2. Aufl., 1. Aufl. 1966).
Paris, G. 1885. "Chrétien Legouais et autres traducteurs ou imitateurs d'Ovide." *Histoire littéraire de la France* 29 (1985): 455-525.
Pasquier, H. 1878. *Baudri, abbé de Bourgueil, archevêque de Dol.* Paris-Angers.
Pellegrin, E. 1957. "Les *Remedia amoris* d'Ovide, texte scolaire médiéval." *Bibliothèque de l'Ecole des Chartes* 115. 172-179.
Pépin, J. 1987. "Dante et la tradition de l'allégorie." *La tradition de l'allégorie: de Philon d'Alexandrie à Dante.* Paris: Etudes Augustiniennes. 251-320.
Pfeiffer, R. 1949. *Callimachus, Vol. I: Fragmenta.* Oxford: Clarendon Press.
Pichon, R. 1902. *De Sermone Amatorio apud Latinos Elegiarum Scriptores.* Paris: Hachette.
Picone, M. 1991. "Dante, Ovidio e il mito di Ulisse." *Lettere italiane* 63. 500-16.
Picone, M. 1993. "Dante e il canone degli *auctores.*" *Rassegna europea di letteratura italiana* 1. 9-26.
Pirot, F. 1972. *Recherches sur les connaissance littéraires des troubadours occitans et catalans des XIIe et XIIIe siècles. Les "sirventes-ensanhamens" de Guerau de Cabrera, Guiraut de Calanson et Bertrand de Paris.* Barcelona: Memorias de la Real Academia de Buenas Letras. t XIV.
Pollina, V. 1991.*"Si cum Marcabrus declina." Studies in the Poetics of the Troubadour Marcabru.* Modena: Mucchi.
Pollmann, L. 1966. *Die Liebe in der hochmittelalterlichen Literatur Frankreichs. Versuch einer historischen Phänomenologie.* Frankfurt am Main: Klostermann.
Portier, L. 1965. "Les Argonautes dantesques." *Revue des Etudes Italiennes* 11. 381-92.
Pötscher, W. 1959. "Das Person-Bereich-Denken in der frühgriechischen Periode." *Wiener Studien* 72. 5-25.
Pötscher, W. 1978. "Person-Bereich-Denken und Personifikation." *Literaturwissenschaftliches Jahrbuch* N.F.19. 217-231.
Pulega, A. 1989. *Da Argo alla nave d'amore: contributo alla storia di una metafora.* Firenze: La Nuova Italia.
Quadlbauer, F. 1962. *Die antike Theorie der genera dicendi im lateinischen Mittelalter.* Wien: H. Böhlaus.
Quain, E.A. 1945. "The Medieval Accessus ad Auctores." *Traditio* 3. 215-264.
Raby, F.J.E. 1957. *Secular Latin Poetry in the Middle Ages.* Vol. I. Oxford: Clarendon Press (2. ed.).
Rand, E.K. 1925. *Ovid and His Influence.* Boston.

Ratkowitsch, C. 1987. "Baudri von Bourgueil, ein Dichter der inneren Emigration." *Mittellateinisches Jahrbuch* 22. 142-165.
Ratkowitsch, C. 1990. "Io und Europa bei Baudri von Bourgueil." In E. Könsgen (Hrsg.), *Arbor amoena comis*. Stuttgart: Steiner: 155-161.
Ratkowitsch, C. 1991. *Descriptio Picturae. Die literarische Funktion der Beschreibung von Kunstwerken in der lateinischen Großdichtung des 12. Jahrhunderts*. Wien: Verlag der Österreichischen Akademie der Wissenschaften.
Ratkowitsch, C. 1991. "Die keusche Helena: Ovids Heroides 16/17 in der mittelalterlichen Neudichtung des Baudri von Bourgueil." *Wiener Studien* 104. 209-36.
Renaudet, A. 1951. *Dante humaniste*. Paris: Les Belles Lettres.
Reynolds, L.D. (éd.) 1983. *Texts and Transmission. A Survey of the Latin Classics*, Oxford: Clarendon.
Rieger, A. 1991. *Trobairitz. Der Beitrag der Frau in der altokzitanischen höfischen Lyrik*. Tübingen: Niemeyer.
Riese, A. 1879. "Deidamia an Achilles. Eine mittelalterliche Heroide." *Rheinisches Museum* N.F. 34. 474-480.
Rigo, P. 1989. "Tra 'maligno' e 'sanguigno'. Memoria classica e biblica nella *Commedia*." *Lettere italiane* 41. 173-224.
Robathan, D. M. 1973. "Ovid in the Middle Ages." *Ovid* (ed. J.W. Binns). London-Boston: Routledge and Kegan Paul: 191-209.
Robert, L. 1977. "Documents d'Asie Mineure." *Bull.Corr.Hell.* 101.121-124.
Rohde, E. 1914. *Der griechische Roman und seine Vorläufer*. Leipzig (3. ed.), repr. Darmstadt: Wissenschaftliche Buchgesellschaft 1974.
Roncaglia, A. 1958. "Carestia ." *Cultura Neolatina*. 18. 121-137.
Roncaglia, A. 1968. "La tenzone tra Ugo Catola e Marcabruno." *Linguistica e Filologia. Omaggio a Benvenuto Terracini,* a cura di Cesare Segre. Milano: Mondadori. 203-254.
Roncaglia, A. 1984-1985. *Il trovatore Bernart de Ventadorn, Materiali e appunti per il corso dell'a. a. 1984-1985*. Roma: Bulzoni.
Roncaglia, A. 1985. "Les troubadours et Virgile." *Lectures médiévales de Virgile. Actes du Colloque organisé par l'Ecole française de Rome*. Roma: École Française. 267-283.
Ronconi, A. 1984. "Fortuna di Ovidio". *Atene e Roma* 29. 1-16.
Roques, R. 1962. *Structures théologiques: de la Gnose à Richard de Saint-Victor*. Paris: P.U.F.
Rosa, L. 1955. "Su alcuni commenti inediti alle opere di Ovidio." *Annali della Facoltà di Lettere e Filosofia di Napoli* 5. 191-231.
Rosa, L. 1958. "Due biografie medievali di Ovidio." *La parola del passato* 58. 168-172.
Rosati, G. 1983. *Narciso e Pigmalione. Illusione e spettacolo nelle Metamorfosi di Ovidio*. Firenze: Sansoni Ed.
Rosati, G. 1989. *Epistola elegiaca e lamento femminile. Intr. a Ovidio, Lettere di eroine*. Milano. Biblioteca Universale Rizzoli.
Rosati, G. 1991. "Protesilao, Paride e l'amante elegiaco." *Maia* 43. 103-114.

Rosati, G. 1992. "L'elegia al femminile: le Heroides di Ovidio (e altre heroides)." *MD* 29. 71-94.
Rosenstein, R. S. 1980. *"locus amoenus": love, play and poetry in troubadour lyric*. Ph.D. Columbia University 1980. Ann Arbor Michigan University: Microfilms International.
Rossi, L. 1987. "Chrétien de Troyes e i trovatori: Tristan, Linhaura, Carestia." *Vox Romanica*. 46. 26-62.
Rossi, L. 1988. "Letteratura Provenzale." *Enciclopedia Virgiliana*. Roma: Istituto dell'Enciclopedia Italiana. IV: 328-334.
Rossi, L. 1989. "Noch einmal die Trobadors und Vergil." *Vox Romanica*. 48. 58-76.
Rossi, L. 1990. "Jean Bodel et le renouveau des littératures romanes." In corso di stampa in *Romania*.
Rouse, R. H. et M. A. 1989. "The vocabulary of wax tablets." *Vocabulaire du livre et de l'écriture au moyen âge*. Turnhout: Brepols: 220-230 (Etudes sur le vocabulaire intellectuel du moyen âge, t.II).
Ruhe, E. 1975. *De Amasio ad Amasiam. Zur Gattungsgeschichte des mittelalterlichen Liebesbriefes*. München: Fink.
Sabot, F.-A. 1982. "Présence d'Ovide au XIIe siècle: poésie latine élégiaque, lyrique provençale." *Colloque Présence d'Ovide*, édité par R. Chevallier. Paris: Les Belles Lettres. 241-260.
Saenger, P. 1982 ."Silent Reading: Its Impact on Late Medieval Script and Society." *Viator* 13. 367-413.
Saenger, P. 1983. "Manières de lire médiévales." In *Histoire de l'édition française*, t.1: *Le livre conquérant. Du Moyen Age au milieu du XVIIe siècle*. Paris: Promodis: 131-141.
Sakari, A. 1949-50. "Azalais de Porcairagues, le Joglar de Raimbaut d'Orange." *Neuphilologische Mitteilungen*. 50. 23-43; 56-87 e 51. 174-198.
Sakari, A. 1971. "A propos d'Azalais de Porcairagues." *Mélanges J. Boutière*. Liège: Soledi. 317-328.
Sakari, A. 1987. "Azalais de Porcairagues interlocutrice de Raimbaut d'Orange dans la tenson *Amics, en gran cossirier* ?" *Neophilologica Fennica*. 44. 429-440.
Scammel, G.V. 1956. *Hugh du Puiset, bishop of Durham*. Cambridge: University Press.
Schanz, M. - Hosius, C. 1935. *Geschichte der römischen Literatur, 2. Teil*. München: C.H. Beck.
Scheludko, D. 1927-1931. "Beiträge zur Entstehungsgeschichte der altprovenzalischen Lyrik." I: 1927. "Klassisch-Lateinische Theorie." *Archivum Romanicum*. 11. 273-312; II: 1928. "Arabische Theorie." *Archivum Romanicum*. 12. 30-127; III: 1929. "Volksliedertheorie." *Zeitschrift für französische Sprache und Literatur*. 52. 1-38 e 201-206; IV: 1931. "Mittelateinische Theorie." *Archivum Romanicum*. 15. 137-206.
Scheludko, D. 1934. "Ovid und die Troubadours." *Zeitschrift für romanische Philologie*. 54. 129-174.

Scheludko, D. 1934. "Über den Frauenkult der Troubadours." *Neuphilologische Mitteilungen*. 35. 1-40.
Scheludko, D. 1935-1937. "Religiöse Elemente im weltlichen Liebesdienst der Trobadors (Zu Form und Inhalt der Kanzone)." *Zeitschrift für französische Sprache und Literatur*. I: 1935. 59. 402-421; II: 1936-1937. 60. 18-35.
Scheludko, D. 1937. "Über die religiöse Lyrik der Troubadours." *Neuphilologische Mitteilungen*. 38. 224-250.
Scheludko, D. 1937. "Zur Geschichte des Natureinganges bei den Trobadors." *Zeitschrift für französische Sprache und Literatur*. 60. 258-294.
Scheludko, D. 1940. "Über die Theorien der Liebe bei den Trobadors." *Zeitschrift für romanische Philologie*. 60. 193-234.
Schetter, W. 1960. *Untersuchungen zur epischen Kunst des Statius*. Wiesbaden: Steiner.
Schläger, G. 1895. *Studien über das Tagelied*. Jena: Wind.
Schmidt, E.A. 1991. *Ovids poetische Menschenwelt. Die Metamorphosen als Metapher und Symphonie*. Heidelberg: Winter (Sitzungsberichte der Heidelberger Akademie, Phil.-Hist. Klasse, Bericht 1991:2)
Schmitzer, U., 1990. *Zeitgeschichte in Ovids Metamorphosen. Mythologische Dichtung unter politischem Anspruch*. Stuttgart: Teubner ((Beiträge zur Altertumskunde 4).
Schnell, R. 1975. "Ovids *Ars amatoria* und die höfische Minnetheorie." *Euphorion* 69. 132-159.
Schoeman, G. 1882. "Eine muthmassung über den wahren grund von Ovids relegation." *Philologus* 41. 171-175.
Schrötter, W. 1908. *Ovid und die Troubadours*. Halle: Niemeyer.
Schuelper, S. 1979. "Ovid aus der Sicht des Balderich von Bourgueil, dargestellt anhand des Briefwechsels Florus-Ovid." *Mittellateinisches Jahrbuch* 14. 93-118.
Schulze-Busacker, E. 1986. "*Philomena*. Une révision de l'attribution de l'œuvre." *Romania*. 107. 459-85.
Schumann,O. 1979-1983. *Lateinisches Hexameter-Lexikon*. 6 vol. München: MGH (Hilfsmittel).
Sedlmayer, H.S. 1883. "Beiträge zur Geschichte der Ovidstudien im Mittelalter." *Wiener Studien* 5. 142-158.
Sedlmayer, H.S. 1884. "Beiträge zur Geschichte der Ovidstudien im Mittelalter." *Wiener Studien* 6. 142-158.
Segal, Ch. 1991. *Ovidio e la poesia del mito. Saggi sulle "Metamorfosi"*. Venezia: Marsilio.
Segre, C. 1985. *Avviamento all'analisi del testo letterario*. Torino: Einaudi.
Segre, C. 1993. *Notizie dalla crisi. Dove va la critica letteraria?* Torino: Einaudi.
Shooner, H.V. 1981. "Les *Bursarii Ovidianorum* de Guillaume d'Orléans." *Mediaeval Studies* 43. 405-424.
Slater, D.A. 1927. *Towards a Text of the "Metamorphoses" of Ovid*. Oxford: Clarendon Press.

Smolak, K. 1978. "Der verbannte Dichter (Identifizierung mit Ovid im Mittelalter und Neuzeit)". *Wiener Studien* 91. 158-191

Sneyders de Vogel, K. 1943. "Ovide moralisé, XIV, 1067-1716." *Neophilologus* 28. 88-106.

Solimano, G. 1988. *Epistula Didonis ad Aeneam*. Genova: Pubblicazioni del Dipartimento di Archeologia.

Solmsen, F. 1932. "Zur Gestaltung des Intrigenmotivs in den Tragödien des Sophokles und Euripides." *Philologus* 87. 1-17.

Solodow, J.B. 1988. *The World of Ovid's 'Metamorphoses'*. Chapel Hill/London: The University of North Carolina Press.

Sowell, M.V. (ed.) 1991. *Dante and Ovid: Essays in Intertextuality*. Binghamton, N.Y.: Medieval and Renaissance Texts and Studies.

Stackmann, K. 1966. "Ovid im deutschen Mittelalter." *Arcadia* 1. 231-254.

Steudel, M. 1992. *Die Literaturparodie in Ovids Ars Amatoria*. Hildesheim: Olms.

Stohlmann, J. 1973 "Deidamia Achilli. Eine Ovid-Imitation aus dem 11. Jahrhundert." In A. Oennefors - J. Rathofer - F. Wagner (Hrsgg.), *Literatur und Sprache im europäischen Mittelalter. Festschrift für Karl Langosch*. Darmstadt: Wissenschaftliche Buchgesellschaft: 95-231.

Stroh, W. 1969. *Ovid im Urteil der Nachwelt*. Darmstadt: Wissenschaftliche Buchgesellschaft.

Stroh, W. 1981. "Tröstende Musen. Zur literarhistorischen Stellung und Bedeutung von Ovids Exilgedichten." *Aufstieg und Niedergang der römischen Welt, Bd. II 31, 4*. Berlin - New York: de Gryuter: 2638-2684.

Strohm, H. 1949. "Trug und Täuschung in der euripideischen Dramatik." *Würzburger Jahrbücher* 4. 140-156.

Szövérffy, J. 1992. *Secular latin lyrics and minor poetic forms of the Middle Ages*. Vol. 1. Concord: Classical Folia Editions.

Tafel, S. 1910. *Die Ueberlieferungsgeschichte von Ovidius "carmina amatoria" verfolgt bis zum 11. Jahrhundert*. Tübingen (Diss.).

Tandoi, V. 1985. "Gli epici di fine I secolo dopo Cristo, o il crepuscolo degli dei." Atene e Roma 30. 154-169.

Thomas, E. 1959. "Some Reminiscences of Ovid in Latin Literature." In: *Atti del Convegno Internazionale Ovidiano I*. Roma: Istituto di Studi Romani: 145-171.

Thoss, D. 1972. *Studien zum locus amoenus im Mittelalter*. Wien: Wilhelm Braumüller.

Thurlow, P. 1984. "Ovid's *Amores* III, iv: its reception in William of Aquitaine, Sebastian Brant and Middle High German literature" *Reading Medieval Studies*. 10. 109-135.

Tilliette, J-Y. 1981. "La chambre de la comtesse Adèle. Savoir scientifique et technique littéraire dans le c. CXCVI de Baudri de Bourgueil." *Romania* 102. 145-171.

Tilliette, J.-Y. 1983. "Note sur le manuscrit des poèmes de Baudri, abbé de Bourgueil (Vatican Reg. lat. 1351)." *Scriptorium* 37. 241-245.

Tilliette, J.-Y. 1992. "Hermès amoureux ou les métamorphoses de la Chimère. Réflexions sur les *carmina* 200 et 201 de Baudri de Bourgueil." *Mélanges de l'Ecole française de Rome. Moyen Age* 104. 121-161.

Tilliette, J.-Y. 1992. "Hermès amoureux, ou les métamorphoses de la chimère. Réflexions sur les *Carmina* 200 et 201 de Baudri de Bourgueil." *Mélanges de l'Ecole Française de Rome.* 104. 121-161.

Tortoreto, V. 1976. "Cercamon maestro di Marcabru?" *Cultura Neolatina.* 36. 61-93.

Tränkle, H. 1990. *Appendix Tibulliana.* Berlin/New York: de Gruyter.

Traube, L. 1911. *Vorlesungen und Abhandlungen.* Bd. 1. München: C.H. Beck.

Tyssens, M. 1993. "Les deux chansons de Chrétien de Troyes: propositions nouvelles." *Omaggio a Gianfranco Folena..* Padova: Editoriale Programma. I: 195-206.

Van Emden, W. G. 1973. "L'histoire de Pyramus et Thisbé dans la mise en prose de l'Ovide moralisé: texte du manuscrit de Paris, B.N. fr. 137 avec variantes et commentaires." *Romania* 94 (1973): 29-56.

van Dam, H.-J. 1984. *P.P. Statius. Silvae Book II.* Leiden: Brill.

Veyne, P. 1983. *L'élégie érotique romaine. L'amour, la poésie et l'occident.* Paris: Seuil.

Vezin, J. 1974. *Les scriptoria d'Angers au XIe siècle.* Paris: Champion.

Vezin, J. 1983."La fabrication du manuscrit". *Histoire de l'édition française*, t.1: *Le livre conquérant. Du Moyen Age au milieu du XVIIe siècle.* (s.l.n.d.) Paris: Promodis: 25-47.

Viarre, S. 1966. *La survie d'Ovide dans la littérature scientifique des XIIe et XIIIe siècles.* Poitiers: Centre d'Etudes supérieures de Civilisation médiévale.

Viarre, S. 1982. "Exil ovidien, exil médiéval". In R. Chevallier (éd.), *Colloque Présence d'Ovide.* Paris: Les Belles Lettres: 261-271.

Viarre, S. 1985. "L'androgynie dans les Métamorphoses d'Ovide. À la recherche d'une méthode de lecture." In: *Journées Ovidiennes de Parménie. Actes du Colloque sur Ovide (24-26 Juin 1983)* éd. par J.M. Frécaut e D. Porte. Bruxelles: Coll. Latomus: 229-243.

Vinay, G. 1978. "Haec est Waltharii poesis. Vos salvet Iesus". *Alto Medioevo latino. Conversazioni e no.* Napoli: Guida: 433-481.

Vivier, R. 1962. *Frères du ciel.* Bruxelles.

Wagenvoort, H. 1956."Ludus poeticus." *Studies in Roman Literature, Culture and Religion.* Leiden: Brill.

Walther, H. 1982-1986. *Lateinische Sprichwörter und Sentenzen des Mittelalters in alphabetischer Anordnung*, 3 voll. Göttingen: Kuhn.

Wattenbach, W. 1891. "Lateinische Gedichte aus Frankreich im elften Jahrhundert." *Sitzungsberichte der Kgl. Preussischen Akademie der Wissenschaften.* Berlin: 97-114.

West, St. 1988. *A Commentary on Homer's Odyssey I.* Oxford: Clarendon Press.

Wilamowitz, U. von. 1924. *Hellenistische Dichtung.* Berlin: Weidmann.

Wilhelm, J. J. 1970. *Seven Troubadours, the Creators of Modern Verse.* University Park and London: The Pennsylvania State University Press.
Williams, F. 1978. *Callimachus. Hymn to Apollo.* Oxford: Clarendon Press.
Wimmel, W. 1960. *Kallimachos in Rom. Die Nachfolge seines apologetischen Dichtens in der Augusteerzeit.* Wiesbaden: Steiner (Hermes Einzelschriften Bd. 16).
Wimmel, W. 1976. *Tibull und Delia, 1. Teil: Tibulls Elegie 1, 1.* Wiesbaden: Steiner (Hermes Einzelschriften Bd. 37).
Wise, V. 1977. "Flight Myths in Ovid's *Metamorphoses.*" *Ramus* 6. 44-59.
Wlassics, T. 1975. *Dante narratore. Saggi sullo stile della "Commedia".* Firenze: Olschki.
Zanker, P. 1987. *Augustus und die Macht der Bilder.* München: C.H. Beck.
Zink, M. 1985. *La subjectivité littéraire. Autour du siècle de saint Louis.* Paris: PUF.
Ziolkowski, J.M. 1989. *Jezebel. A norman latin poem of the early eleventh century*, New York/Bern/Frankfurt/Paris: Lang.

GPSR Compliance

The European Union's (EU) General Product Safety Regulation (GPSR) is a set of rules that requires consumer products to be safe and our obligations to ensure this.

If you have any concerns about our products, you can contact us on ProductSafety@springernature.com

In case Publisher is established outside the EU, the EU authorized representative is:

Springer Nature Customer Service Center GmbH
Europaplatz 3
69115 Heidelberg, Germany

Batch number: 10578188

Printed by Printforce, the Netherlands